名古屋学院大学総合研究所研究叢書31

戦国大名の海外交易

鹿毛敏夫［著］

勉誠出版

目次◉戦国大名の海外交易

序論
――「海」からの戦国大名論――

平成八（一九九六）年以来、二十年以上にわたって発掘調査が進む豊後府内（大分市）の一五世紀後半の遺構から、興味深い遺物が出土した。(1) お椀の形をした土師器の破片であるが、おもしろいことにその側面には二艘の「船」が線刻されている（図1）。向かって右側には、細長く反った船体とそれを漕ぎ進める櫂十数本が描かれており、帆柱をもつ構造ではないため、北陸で「ドブネ」（胴船）と呼ばれるような定置網漁で利用する大型漁船を表したもののように見える。一方、左下方に描かれているのは船の甲板部分で、船尾から帆桁中央に伸ばして帆を上げ下げする身縄や、帆桁の両端から船上に伸ばして帆の角度を変える手縄、さらには帆の両端に付けて向きを変える両方綱等が張り巡らされていることから、外海を行き来する千石積み以上の大型帆船（構造船）をイメージすることができる。

中世後期の遺物にこうした大型の漁船や帆船が描かれた事例は多くはない。しかしながら、一見稚拙な線刻画にしか見えないこの画像から、作画者が生きた時代における「船」を使った人間の生産活動（漁業や交易）の実態を推測することは可能である。特に、この土師器椀が出土したのは、豊後の守護大名大友氏の菩提寺万寿寺の門

図1　２艘の船が線刻された15世紀の土師器椀(大分市教育委員会蔵)

前である。後に述べるように、文献史料から、一五世紀の大友氏は「春日丸」と呼ぶ千五百石積みの大型帆船を保有して兵庫津までの瀬戸内海航路に就航させるとともに、室町幕府の遣明船団の一員としては九万二百斤（およそ五十四トン）の硫黄を積載した交易船を中国寧波の港まで派遣した事実が明らかである。この土師器椀の線刻船は、豊後府内を母港として碇泊する大型帆船「春日丸」や遣明船を自分の目で見た人物が、脳裏に残ったイメージとして表現したものと考えることもできよう。

戦後日本の歴史学の多くは、「陸」の権力の視線で描かれてきた。無論、本書は、「海」こそが歴史の主体だと主張するものではない。しかしながら、例えば、荘園や村落、名主、百姓、貫高制等をキーワードとして陸上中心に叙述されてきた戦国時代史を、船や海民、漁撈、水運、そして対外的な人とモノの交流や交易等をキーワードとした海の視線で見直した時、従来描ききれなかった時代相が浮かび上がってくるのではないか。そして、陸と海の両方をあわせた総合的な視野から戦国大名権力とその領国をバランスよく分析することこそ、中世と近世の間に占める時代の独自の意義を明確化させることにつながるものと考える。

ここで、研究史を振り返ってみよう。

昭和五八（一九八三）年に刊行された『戦国大名論集　一　戦国大名の研究』（吉川弘文館）のなかで、編者の永原慶二氏は、「十六世紀に入って、戦国大名という特有の領域支配権力が急速に形成される根拠を理解するためには、かれらが登場してくる時代の階級構成や社会構造を全体的に把握し、そうした社会的条件の中でかれらは何を歴史的課題として登場してくるのかを明らかにする必要がある」と述べた。(2) そして同書では、地主を中心とした封建的土地所有の問題や、守護領国下の荘園村落の実態、大名権力下における「百姓」の地位の問題、戦国法形成の原点とその展開過程等を考察する諸論文を収載している。(3)

一九八〇年代の日本の戦国大名および戦国期に関する研究は、実証研究という点でも方法論でもめざましい進展を見せた。前述の『戦国大名論集』全一八巻は、多くの研究成果を蓄積して、その内容も多様化しつつある戦国史研究の現状をひとたび総括し、今後の指針を探ることを意図して刊行されたものであり、第一巻の総論を経て、第二～七巻で列島を東北・東国・中部・近畿・中国・九州に六区分して地域別に考察、第八～一六巻に「後北条氏」「上杉氏」「武田氏」「今川氏」「徳川氏」「本願寺・一向一揆」「毛利氏」「長宗我部氏」「島津氏」の個別大名を、第一七・一八巻に織田・豊臣統一政権成立史を配した構成であった。こうした活発な研究の積み上げにより、戦国大名研究は、中世から近世への過渡期権力説を超越して「権力の中・近世の間に占める独自の地位を追究」(4)する成果を挙げるとともに、「中世在地領主制の最高の段階」(5)としての戦国大名の領国制を克服する方向性で次代の統一政権をととらえる考え方が成熟していったことは周知の通りである。

永原氏が編んだ総論としての『戦国大名論集　一　戦国大名の研究』は、「戦国大名研究の視点」「戦国期の階級構成と社会構造」「戦国大名の権力構造と領国支配」の三部構成に「戦国史研究の基軸となるべき論文」十三本を収載し、「幅広い視野からできるだけ多角的に取り上げるようつとめた」と説明する。(6) しかしながら、刊行から三十五年以上が経過した今、研究環境の変化と分野の多様化にともなって、その選択は必ずしも「幅広い視野」や「多角的」とは言いきれない状況になってしまっている。二一世紀の現代から見て、いくつかの視点の欠落のうちの最大のものが、戦国大名とその領国の特質を「海」からとらえて考察する論点の欠如である。

従来の戦国大名研究は、その領国を陸上における土地という枠組みのなかでとらえ、その所有関係や生産物の収奪実態に焦点をすえた考察が中心的課題として意識されてきたのであり、海上や海中に生活することのできない人間の海を媒介とする活動実態を積極的に分析していこうとする志向性は極めて希薄であった。前述『戦国大名論集』の編集が、「東北」「近畿」「中国」「九州」等の同一陸上地域の枠組みで進められて完結し、「瀬戸内海」「東日本海」「伊勢湾岸」等の海域の枠組みが全く想定されなかったことは、その証左である。

しかしながら、現代の研究史では、例えば、周防大内氏や対馬宗氏とその領国を対馬海峡を介した朝鮮王朝との通交関係を基軸に分析したり、薩摩島津氏の権力を薩南諸島の海の先の琉球王朝との政治的関係から考察する取り組みが進展している。(7) さらに、戦国史研究に限らず、一六世紀から一七世紀前半にかけての日本を「一国史」的な見方にとどまらず、日本「列島にうち寄せる歴史の波」を意識した世界史的な文脈のなかで理解していこうとする営みや、日本を含めた東アジアの一三世紀から一八世紀までの歴史を、海を介した人・モノ・情報の交流という視点から描こうとする動向も顕著である。(8)

実際のところ、一六世紀前後の史料によると、肥後の相良氏や周防の大内氏、豊後の大友氏等の日本列島のなかで中国大陸に近い九州・西日本に領国を有する有力戦国大名は、自ら経営する船を、国内の沿岸海域を越えて、東シナ海の遠洋を横断した先の中国や、さらに南方に下った東南アジア諸国まで派遣する技術と政治・外交力、そして財力を保有する海洋領主的側面を有していた。さらに、同時期の東アジア海域に目を向けると、中国明朝を宗主国とあおぐ勘合貿易に象徴される従来の国家間の合法的な通交に代わって、一六世紀後半には、さまざまな国と立場の交易集団が錯綜的に交流するようになり、やがてそうした人々の活動が交易システムの主流の位置を占めるようになる。この世界史における時代の大きなうねりのなかで、日本では戦国大名が一国史の枠内部にとどまらない対外活動を展開し、また、東アジア交流の活発な都市や港町を拠点とする豪商（貿易商人）が急速に成長したのである。

以上のような研究史の問題認識に基づき、本書では、以下に三つの視座を設定して、戦国大名とその領国の特質を「海」から考察する。

第一部「海と船」においては、三つの論考を配して、戦国大名領国の特質を「海洋性」の視座からとらえる。まず、第一章「遣明船と相良・大内・大友氏」では、一五・一六世紀の西日本において、守護大名や戦国大名、そして交易都市の豪商クラスの有力商人が、近隣のアジア諸国への渡航も可能な大型船を保有・活用して、領主的政策や経済的活動を行いうる海洋性を有していたことを明らかにする。さらに、そうした船持ちの守護・戦国大名が具体的にどのような対外交易を行っていたのかについて、おもに中国明朝との関係を中心に分析していく。次に、第二章「中世港町佐賀関と海部の海民文化」においては、船を操っての海上警固や兵船馳走等の史料が示す大名権力下の家臣団における海民の活動実態と、彼らを介しての港町の政治・経済的掌握の事例を紹介する。自ら船の建造や修造を行う彼らは、船という財産をどう認識し、また、その漁撈や水運、信仰等の活動はどのような特質を有していたのか、陸地に生活基盤を置く領主や農民とは異なる海民特有の生活意識や文化の特徴を考察する。そして、第三章「豊後水軍若林家文書の世界」では、戦国大名大友氏の海上合戦や流通、アジア外交を船によって支えた中世豊後大友水軍の構成員の人々の活動の様相を、古文書史料に基づいて紹介する。大友氏の水軍大将とも呼ばれた若林家に伝来した中世古文書群百数十点は、現在三ヶ所に分蔵されており、翻刻史料集における誤読も少なくない。この章では、近年実施した原史料調査の成果に基づき、未読や誤読部分の修正翻刻を行いたい。

第二部「貿易と豪商」においては、三つの論考を組み合わせて、戦国期社会の「経済力」の根源とその展開に迫ることとする。第一章「戦国大名の海洋活動と東南アジア交易」では、一五・一六世紀の中世後期に、日本人が操る木造帆船が、アジアのどの地域までを活動空間として交易していたのか、その海洋活動のエリア的実態を明らかにする。特に、一七世紀前半期になると、日本人の海洋活動は東南アジアの諸地域にまでおよび、豪商や近世大名による朱印船の派遣が全盛を迎え、日本から渡航した人々による日本町がアユタヤやホイアンなどに形成されるのは周知のことである。ここでは、その前段階の戦国後期に、各地の戦国大名が東南アジアの国々とどのような関係を結んでいたのか、また、その関係は、交易相手の主体的活動がもたらした受動的関係であるのか、それとも、戦国大名が自らの船を派遣することで獲得した能動的交易関係と言えるのか。朱印船交易時代に先立つ一六世紀後期の戦国大名による東南アジア交易の実態を考えていきたい。次に、第二章「一六世紀九州における豪商の成長と貿易商人化」では、九州の豊後を本拠として活動した豪商仲屋氏について、近年新たに確認された文献史料や考古史料を分析する。中世末期から近世初頭にかけて、京都の角倉了以や茶屋四郎次郎、大坂の末吉孫左衛門、長崎の末次平蔵等、多くの豪商が商圏を拡大して、朱印船による海外貿易を手がけたことは周知の事実であるが、そもそも彼らがどのような経緯を経て富商化し、海外取引を主導する貿易商人に成長しえたのかという問題については、史料的制約もあって、これまであまり明らかにされていない。本章では、豪商仲屋氏の二代およそ四十〜五十年間におよぶ成長の軌跡を明らかにする。そして、第三章「硫黄の世紀」においては、一五・一六世紀の守護大名や戦国大名らが、大量の荷物を遠隔地へと輸送する唯一の手段としての船を利用して、東シナ海や南シナ海を越えたユーラシア大陸南東部の諸地域に、何を運んで交易していたのか、その積荷（輸出品）の実態を考察する。特に、当該期の対中国貿易において船に大量に積み込んで輸出された日本の鉱物資源に着目し、その採鉱や選鉱、そして運搬に至る産業構造を明らかにして、大名領国の「海洋性」を支えた「経済力」の一面を考えていきたい。

第三部「倭寇とキリスト教」においては、二つの論考を提示して、戦国大名の海を越えた政治・経済的交流や外交活動がもたらした「相互認識のねじれ」について論じたい。第一章「『抗倭図巻』『倭寇図巻』と大内義長・大友義鎮」では、一六世紀の倭寇の活動と明軍によるその撃退を描いた倭寇図に関する近年の日中双方での研究状況を整理し、二つの絵巻に描かれた倭寇船が掲げる「弘治」年旗の意味を読み解く。日中双方の関連文献史料を総合することで、嘉靖大倭寇の日本側首謀者として明側から取り締まりを受けた倭寇船団がどこから来たのか、『抗倭図巻』の中に描かれる明軍被擄の倭人はどのような立場の人物なのかを解析する。そして、第二章「ドイツ・ポルトガルに現存する戦国大名絵画史料」では、一六世紀日本の戦国大名の姿がヨーロッパのキリスト教世界でどのように描かれ、また、当該の戦国後期の日本社会がどう認識されたのかという問題について、近年の史料調査で確認することができたヨーロッパ現存の絵画史料群を紹介しながら考察していく。一六世紀は、東アジアのエリアにとどまらず、人類史上はじめて「世界史」と呼べるような地球的規模での人間のダイナミックな関係が生まれた世紀である。地球を逆まわりしてアジアで出会ったイベリア半島両国の活動により、ユーラシアの東の端にある日本の状況も、さまざまな手法を使って彼らの本国に伝えられた。日中・日欧の海を越えた政治・経済的交流や外交活動が双方にもたらした相手方への認識は、必ずしも実勢や実態にそくしたものとは言えず、誤解や誇張、虚勢と都合良い解釈にあふれた認識のねじれの歴史的意義についても考察してみたい。

［註］

（1）大分市教育委員会『大友府内』二二、本文・表編一〇二頁および図版編一六九頁（二〇一六年）。

（2）永原慶二「解説」（同編『戦国大名論集　一　戦国大名の研究』吉川弘文館、一九八三年）四六九頁。

（3）峰岸純夫「室町・戦国時代の階級構成――特に「地主」を中心に――」、大山喬平「室町末・戦国初期の権力と農民」、藤木久志「戦国期の権力と諸階層の動向――「百姓」の地位をめぐって――」・「戦国法形成過程の一考察――非分国法系大名法について――」、勝俣鎮夫「戦国法の展開」等。

（4）藤木久志「解説」（同編『戦国大名論集　一四　毛利氏の研究』吉川弘文館、一九八四年）五〇一頁。

（5）永原慶二「大名領国制の史的位置――中世～近世移行期把握のための覚書――」（『歴史評論』三〇〇、一九七五年）および前掲註（2）永原「解説」。

（6）前掲註（2）永原編『戦国大名論集　一　戦国大名の研究』一～二頁。

（7）須田牧子『中世日朝関係と大内氏』（東京大学出版会、二〇一一年）、荒木和憲『対馬宗氏の中世史』（吉川弘文館、二〇一七年）、黒嶋敏『琉球王国と戦国大名――島津侵入までの半世紀――』（吉川弘文館、二〇一六年）等。

（8）村井章介『海から見た戦国日本――列島史から世界史へ――』（筑摩書房、一九九七年。のち増補のうえ同『世界史のなかの戦国日本』〈筑摩書房、二〇一二年〉として文庫化）、羽田正編『東アジア海域に漕ぎだす　一　海から見た歴史』（東京大学出版会、二〇一三年）。

第一部　海と船——大名領国の海洋性——

第一章　遣明船と相良・大内・大友氏

はじめに

大陸の国々とは異なり、日本では外国のことを「海外」と呼ぶ。前近代の日本人は、その海の外に住む人々と交渉や交易をするために、例外なく船に乗らなければならなかった。

数ある海の外の国々のなかで、前近代の日本の歴史形成に圧倒的な影響をおよぼしたのは中国である。古代の遣隋使や遣唐使、中世の遣明使は、東アジアで大きな国力を誇る中国から政治システムや文化を学ぶべく船で派遣された国家的使節であるが、やがて、室町時代の後半期に入ると、幕府の外交権は求心力を保持しつつも分散へと向かっていく(1)。本章では、この求心と分散の時代（一五世紀半ば～一六世紀）(2)の対明外交に、対外交易に関心の高い西日本の守護・戦国大名がどのような関わり方をしたのかについて、当該期社会に生きた大名や商人による船を使った経済活動にも留意しながら明らかにしていきたい。

一　西国の大名・商人と船

（一）船持ちの守護・戦国大名の活動

まずは、陸上に生活する人間が、中世後期に遠隔地渡航の可能な大型船をどのように操って経済活動を営んでいたかを明らかにしたい。

例えば、文安二（一四四五）年、筑前の有力国人麻生弘家は、「年貢米五百斛内弐百石雑具等」(3)を畿内へ運ぶ際に、九州から兵庫までを船で輸送している。二百石の年貢米を積んで瀬戸内海を縦走した麻生船は、もちろん、そのまま東シナ海を横断する貿易船とはなりえない。一五世紀半ばに遣明船として中国に渡った日本船は、最低でも五百石、大きなものは千八百石積みであったことが記録されている。(4)このことは、中世の国人クラスの領主が自らの船をアジアの諸外国へ派遣する能力を有していなかったことを物語っている。

では、同時期の守護大名や戦国大名クラスの領主はどうであっただろうか。

［史料一］

大友殿春日丸船壱艘荷足千五百石、兵庫両関幷河上諸関、無其煩可被通之状、如件、

応永十九

六月九日　　　　　　　　　　　　（長塩備前入道）（花押）

兵庫両関所

河上諸関所中(5)

［史料一］（図1）は、豊後の守護大名大友親世が、麻生船と同じ九州から兵庫までの間を「春日丸」という大

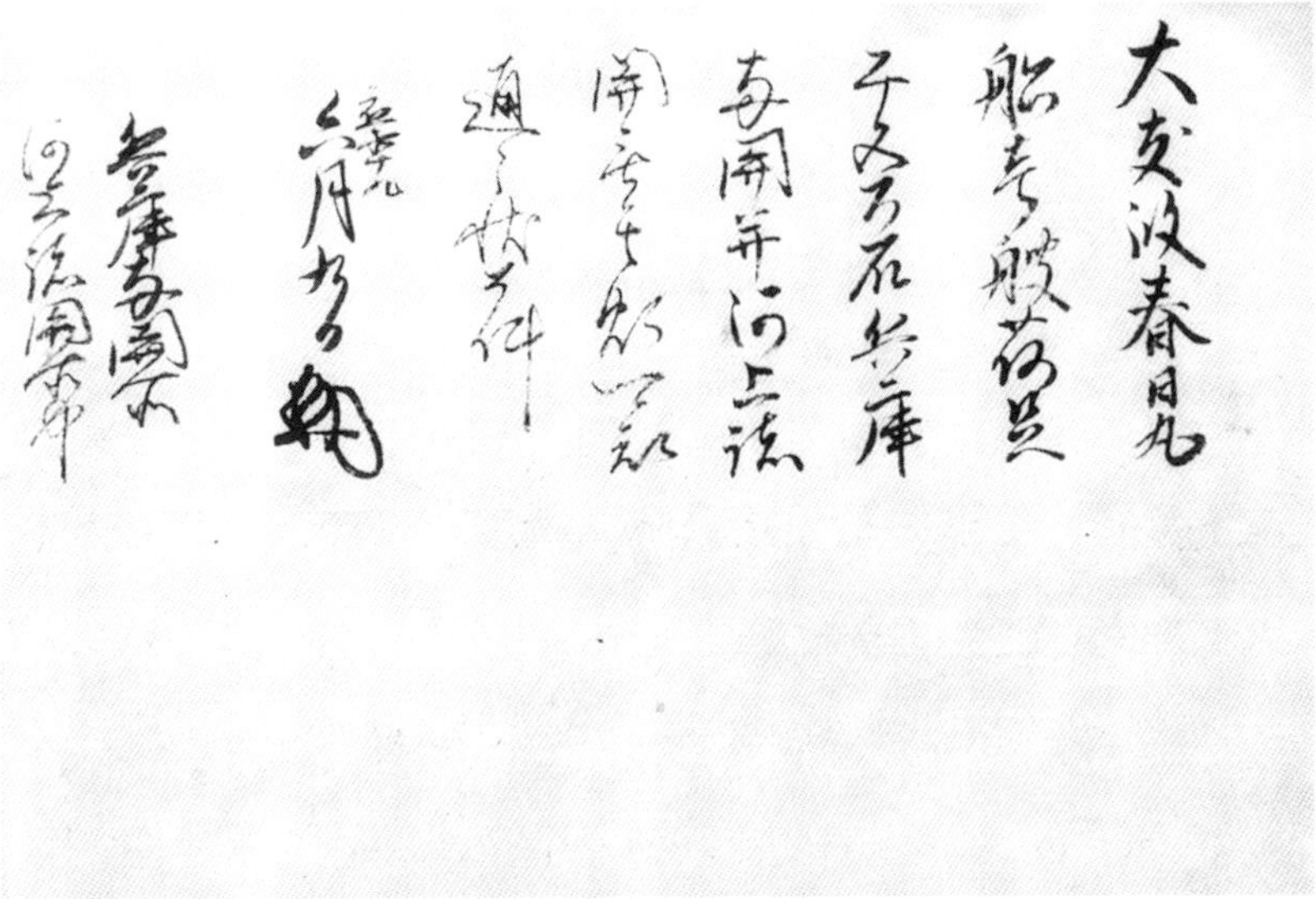

図1　「千五百石」積載「春日丸」の就航を証する摂津国守護代長塩備前入道過書
（御花史料館蔵「大友文書」）

名船を使って室町幕府への公用物資を輸送した際の、摂津国守護代長塩備前入道過書である。麻生船より三十年程早い時期の応永一九（一四一二）年に瀬戸内海を縦断した守護大名船「春日丸」の積荷は、千五百石であったことが判明する。[6]この積荷石高は、麻生船の数倍であるのみでなく、一五世紀後半に中国に渡った遣明船の規模にも匹敵する。この史料だけでは船の構造までは明らかにできないが、恐らく「春日丸」は、内海のみでなく、東シナ海等の外洋も航行可能な大型船であったであろう。

そもそも、西日本の国人領主や守護大名・戦国大名関連の文献史料の中には、船舶を使った物資の輸送や、船の建造に関わる内容のものが少なくない。例えば、薩摩の島津氏の家臣として宮崎に本拠を置いて一六世紀後半の日向を支配した上井氏の『上井覚兼日記』によると、天正一二（一五八四）年の二月二四日に「此度有馬渡海之儀ニ付、舟造作之儀共見舞候也」、三月二日に「如常、従折宇(生)迫拙者舟出候之由候て、加治木但馬拯上載（乗）にと候て打立候、同名縫殿助・江田安芸守（兼清）、是も上乗申候、其外役人共一両人乗候、衆中荷物等も彼舟ニ被乗せ候」、あるいは翌天正一三（一五八五）年一二月一二日に「紫波洲へ参候、恭安様種々御会尺也、塩（潮）時来候て、舟おろさせ見申候、酒肴共諸人持来候て、各へ御酒振舞、舟祝也」と、「舟出」「上乗」「舟造作」「舟祝」等の記録が散見される。(7) 天正五（一五七七）年に没落した伊東氏に代わって島津氏の日向地頭職として宮崎城に入った上井覚兼は、その南東郊外の紫波洲崎城に父の薫兼を入城させ、城麓の折生迫の入り江を利用して自らの船を建造し、新船が完成すると潮時をみて船おろし（進水式）をして「舟祝」で船大工等に酒を振る舞い、また、各地に物資輸送や出陣をする際には、折生迫の船蔵に碇泊させたこの船に荷物を載せ、家臣を上乗させて、目的地へと出航していったのである。

同様の記録は、肥後の戦国大名相良氏においても確認される。『八代日記』は、一五世紀末の文明末年から一六世紀半ばの永禄期にかけての相良氏の動向を記した記録であるが、ここにも、天文七（一五三八）年の六月一九日に「市木丸御船作始」、翌天文八（一五三九）年三月三〇日に「一（市）木丸為御覧、御簾中様徳口（渕）ニ御下候」、四月一三日には「市木丸出船候」等の記述が散見される。(8) 一六世紀初頭、名和顕忠の宇土城移住に伴って八代に進出した相良氏は、八代城（古麓城）の下に城下町(9)を建設し、球磨川河口の徳渕に「渡唐船」も着岸できる港を整備した。(10) 相良義滋は八代海に面するこの徳渕で自らの大名船「市木丸」を建造し、船の完成時には義滋夫人までもがその見物に訪れたのである。

西日本の守護大名や戦国大名クラスの領主が、自らの船を建造・保有する船持ち大名としての性格も有していたのには、大阪以西の守護領国のほとんどが海に隣接しているという地理的条件が大きかったこと(11)は言うまでもないが、加えて、室町幕府からの遣明船警固の下知という政治的要請もその領主的性質に大きく作用したことが推測される。

例えば、『戊子入明記』によると、幕府は、応仁度の遣明船の「渡唐荷物船事」として、「津々浦々致警固、無其煩可運送之旨、可被加下知之由、可被仰下也」と、遣明船の護送警固を各方面に指示しているが、その指令は、宗刑部少輔・松浦壱岐守・大友方・大内方・平戸松浦肥前守等の名前を明記したものに加えて、摂津国守護方をはじめ播磨・備前・備中・備後・安芸の各「守護方」という単位で執達されている。

こうした幕府からの要請に即応して守護としての職責を果たすために、遣明船の派遣ルート上に領国を有する西国の守護大名は、陸上のみでなく隣接海域までをも含めた領国支配体制の整備を進めていく必要があったのである。

明応二（一四九三）年の遣明船と関わった豊後の守護大名大友義右が家臣に発給した次の書状がある。

［史料二］

船造作為用所、方々材木之事所望候、仍別帋以注文申候、是者不可有公事候、為芳志奔走候者、悦喜候、殊早々大望候、憑入候、恐々謹言、

二月十六日　　　　　　　　義右《大友》（花押）

田北六郎殿(12)

船を造作するために必要な材木を領国内「方々」の家臣から徴集しようとした大友義右は、その材木を「公事」ではなく、家臣からの「芳志」として徴用すると明言していることが注目されよう。西日本の守護大名は、遣明船警固等の幕府からの上位命令を梃子として、土地の宛行いを媒介とした封建的な主従関係の論理を、大名船の造作という海洋政策にも援用しながら、家臣団を組織化していったのである。

そうした海洋領主としての守護大名の家臣団編成は、その後の一六世紀の戦国大名権力下には一段と強固なものとされていく。例えば、永正三（一五〇六）年に出発した遣明二号船が帰朝した際の「中乗と船頭慮外依喧嘩、客衆懸乗」った騒動に対し、大友義長は、「方々懸追手候之間、於日州外浦留置候、弥彼船無出船様、可致覚悟候之條、諸浦警固舟之事相催、急度可差下候、誠国家外聞、此題目候」[13]と述べている。騒動が起こった二号船を日向の外浦[14]（宮崎県日南市南郷町）に係留させ、船を見張るための警固船を派遣するよう、豊後の国東地方の櫛来・岐部・富来の三家臣に命じたのである。「国家外聞」の論理まで持ちだして遂行しようとする遣明船の警固命令により、西日本の戦国大名領国内の船持ち家臣団は、やがて強固な水軍組織へと編成されていくのである。

（二）中世後期の商人船の海洋活動

さて、中世後期の西日本における船を使った社会活動の実態は、室町幕府の遣明船に関わることで文献史料上に記録された守護・戦国大名の警固船や、比較的に大型の船として就航した国人領主船と大名船の活動のみに限られるものではない。例えば、『兵庫北関入船納帳』には、文安二（一四四五）年に東大寺領の兵庫北関に千九百三艘もの船が入港したことが記録されている。積載量の判明する千六百八十七艘のうち、千石積み以上の大型船はわずか四艘に過ぎず、全体の八十三パーセント（千四百六艘）を二百石積み以下の船が占めている。[15]

また、『上井覚兼日記』天正一三（一五八五）年一一月二〇日条には、「去三日、ちふく（知福）の湊にて、内海之船破艘候、然者荷物等如常留置候」と、島津義弘領の内海からの船が紫波洲崎城の北を流れる知福川河口の港で破船したことが記されている。船には「俵物四十余」が積まれており、上井覚兼は「荷物ぬれ（濡）候間、損し候ハぬ様」に俵物を保管している。

瀬戸内海同様、東九州の日向灘沿岸にも、この俵物輸送船をはじめとして様々な種類の船が往来していたようである。天正年間、鎌倉期以来の盟約関係が崩れて激しい対立期を迎えた薩摩の島津氏と豊後の大友氏は、その中間地の日向においてしばしば武力衝突を起こす。この対立のなかで、日向北部の国人領主土持氏は親島津へと傾斜していくのであるが、大友府蘭（義鎮）が息子義統に宛てた天正一三年のものと思われる書状では、「土持事、薩州へ罷越候儀必定にて候、就夫海陸通路等相留候之条、爰元売船之者、荷物以下少々日州へ捨置やう下候て、俄罷帰之由候」[16]と連絡している。土持氏の島津方への寝返りを知った大友氏は、対抗策としてその日向北部所領の経済封鎖を実行したのであり、豊後から日向方面へ商売に出ていた「売船」に対しては、合戦に巻き込まれないように少々の荷物は捨てて、急ぎ豊後に戻るよう指示を出したと言うのである。臨戦態勢下のこの史料により、日向灘方面に周辺からの商売船が日常的に往来していたことが判明する。

中世後期の商売船の動向が文献史料上に記録されることは極めて稀であるが、一五世紀の『戊子入明記』に「可成渡唐船」として記録された十艘のうち、周防上関の「薬師丸」や柳井の「宮丸」等の五百石積み前後の船は、通常期には上関や柳井を母港として瀬戸内海を往反する大型の商売船であった可能性は低くないであろう。

商人が操った船としては、博多商人の嶋井宗室の「永寿丸」に関する記録が注目される。すでに、田中健夫氏は、「島井氏の持船永寿丸は博多袖湊を根拠地として対馬府中・朝鮮釜山・京畿道・大坂表・堺・兵庫等に多彩な活動を示しており、この活躍は宗氏との関係を除外しては考えることができない」と分析されるが、[17]ここでは「嶋井氏年録」に記される「永寿丸」の活動を細かく考察してみよう。

[史料三]

一、（永禄一一＝一五六八年）二月上旬永寿丸ヨリ朝鮮国江渡海ス、同下旬ニ釜山浦着岸、三月中旬京畿道ニ参ル、此節ハ冗（兀）良哈ヨ

リ諸品多悉皆買取、五月四日ニ袖湊帰着、

一、六月五日永寿丸ヨリ大坂表江荷物積登せ候処、七月廿三日帰着、存寄とハ格別此節商ひ利潤有之、気味能覚候、船頭始加子之者共江、為褒美銀子取せ候事、

一、九月二日（元亀元＝一五七〇年）泉州堺アカネ（赤根）屋太郎右衛門方江、永寿丸ヨリ荷物送ル、郡山和泉屋慶助方へ、書通ヲ以、近国之武士方江売捌頼遣ス、尤為土産当所之産唐織壱反送ル、

一、九月廿五日（天正七＝一五七九年）当津出帆、十月五日兵庫着、翌六日致揚陸、大和郡山和泉屋慶助方へ罷越ス、道中筋ニても両三ヶ所噺合致す、数日同人方へ滞留、例と違此節ハ格別馳走取持、名所旧跡等見物す、夫ヨリ堺アカネや太郎右衛門方へ参り止宿、永寿丸ハ我等郡山在宿之内ニ堺江廻ル、右積越候商荷商ひ出来ニ付而、帰舟可致候処、太郎右衛門相談ニハ、此度仕切銀五拾壱貫三拾目ハ借用致させ候様依相談、太郎右衛門へ借渡置、勿論手形取置、十一月廿五日帰着す、[18]

まず、元亀元（一五七〇）年と天正七（一五七九）年の記録からは、嶋井氏の商船「永寿丸」が、博多と畿内（堺や兵庫）の間を「商荷」を積んで往来したことがわかる。嶋井氏が、博多や堺という交易都市の商人とその都市所縁の問丸との縁故関係を発荷・着荷の双方の地で利用する流通ネットワークを有していたことは、すでに別稿[19]で明らかにしたが、特に天正七年の行程では、博多を出発して十日程で永寿丸を兵庫に着岸させて荷物を揚陸し、宗室自身はそこから道中で商談をしながら陸路で大和郡山の和泉屋へ荷物を運んで売りさばき、その間に永寿丸は船頭によって堺に回送させて、堺商人の赤根屋のもとから船に乗り込み、ほぼ二ヶ月の商業活動を終えて博多に帰着したことがわかる。

さらに興味深いのは、その永寿丸を使った商業活動が対馬海峡を渡った朝鮮へも広がっていることである。永

禄一一（一五六八）年の記録で明らかなように、永寿丸で朝鮮に渡った宗室は、船を釜山に着岸させ、そこから京畿道に進んで兀良哈《オランカイ》（中国東北部）からの産物を買い占めて博多に戻るという、およそ三ヶ月間の朝鮮半島への仕入れ活動に出ている。

一六世紀後半の嶋井氏が、博多を代表する豪商としての経済力を保持できた背景としては、この商船「永寿丸」の存在が極めて大きかったと思われる。対馬海峡を渡った朝鮮半島方面の物資を永寿丸に乗せて五月四日に博多に運び込んだ宗室は、翌六月に今度は永寿丸で畿内方面へ転送して売りさばくことで、「商ひ利潤有之、気味能覚」たのである。永寿丸の船頭や水主に銀子の褒美を振る舞う程の利益をあげたとするその記録からは、中世後期の大型船による貿易を伴う交易活動が、守護大名や戦国大名クラスの領主のみでなく、豪商と呼ばれる有力商人たちによっても進められていた実態が明らかになるのである。

二　西国大名の対明交易

（一）肥後相良氏の対琉球・明交易と宮原銀

前節では、一五・一六世紀の西日本において、守護大名や戦国大名、そして交易都市の豪商クラスの有力商人が、近隣のアジア諸国への渡航も可能な大型船を保有・活用して、領主的政策や経済的活動を行いうる海洋性を有していたことを明らかにした。そこで、本節では、そうした船持ちの守護・戦国大名が具体的にどのような対外交易を行っていたのかについて、おもに明との関係を中心に分析していくこととする。

まず、天文年間に大名船「市木丸」を建造した肥後の戦国大名相良氏に関して、注目すべき史料がある。

[史料四]

「(折封ウハ書)
晋上　相良近江守殿台閣下　　球陽圓覚寺
「(端裏切封)(墨引)」　　全叢」

宝翰三薫捧読、万福々々、抑国料之商船渡越之儀、万緒如意、千喜万歓、無申計候、殊種々進献物、一々達上聴、御感激有餘、收(カ)至于愚老、科々御珍貺拝納、不知所謝候、為表菲礼、不腆方物砂糖百五十斤進献、叱留所仰也、此方時義、船頭可有披露候、万端期重来之便候、誠恐不備、

大明嘉靖壬ヲ閏五月廿六日　　全叢（花押）

晋上

相良近江守(義滋)殿台閣下[20]

[史料四]は、明の嘉靖二一年=日本の天文一一（一五四二）年閏五月二六日に琉球王国の外交僧円覚寺全叢が相良義滋に宛てた書状である。それによると、これ以前に相良義滋は琉球に商船を派遣して、「種々進献物」を贈ったようである。それに対して、琉球王国側が相良氏からの「御珍貺」を謝すこの書状を認めて帰国する「船頭」に申し含め、百五十斤の砂糖とともに贈答したのである。

ここで興味深いのは、相良氏が派遣した船について琉球側が「国料之商船」と認識している事実である。これ以前に相良義滋が琉球王国に宛てた書状は見出しえないが、恐らくその書状の中で、自らの派遣船を「国料船」と自称していたことによる表現であろう。このことは、相良義滋が琉球王国に派遣した船が、当該期にしばしば日本に来航していた「唐船」[21]（中国船）をチャーターしたものではないことを示している。前述した天文七（一五

三八）年の「市木丸」建造の四年後という年代を合わせ考えると、この琉球王国派遣の「国料之商船」が「市木丸」そのものであった可能性は低くないものと思われる(22)。

さらに、［史料四］の円覚寺全叢書状に記載される「船頭」の動きにも注目したい。全叢は、相良氏への砂糖と書状を答礼するとともに、「此方時義、船頭可有披露候」と述べている。この「船頭」とは、相良氏が派遣した「国料之商船」の船頭をさすものと考えられよう。

そもそも、当該期の外交においては、当事国がたてた武士や僧侶が使者となって、二国間を往来し、相互の書状や贈物を受け渡すのが一般的である。しかしながら、この戦国大名相良氏と琉球王国の外交交渉においては、相良氏が経営する「国料之商船」の船頭が、大名権力の外交使節としての役割を担っていたのである。

相良氏のもとの船頭のそうした能力を裏付けるものとして、『八代日記』天文一五（一五四六）年二月一八日条には、「一《（市）》木丸船頭兵部左衛門博多ニ御登候、四月卅日罷帰候」との記録がある。「市木丸」船頭の兵部左衛門が二月一八日に博多に向けて出発し、およそ二ヶ月半後の四月三〇日に戻ってきたとの記述であるが、この博多での船頭兵部左衛門の活動も、領主相良氏の政策に基づいた使者としての動きに相違ない。天文年間の相良氏は、海洋機動力を有する大名船「市木丸」の船頭を大名権力の指令を帯びた外交使節として、国内の交易都市や薩南諸島を南下した琉球王国へ派遣し、物資の買付・輸送や外交交渉上の文書や贈答品の交換等の業務を担わせていたのである。

さて、大名船「市木丸」による相良氏の外国交易は、この琉球王国を相手としたものに限られたものではなかった。義滋の跡を継いだ相良晴広の活動に注目すると、『八代日記』天文二三（一五五四）年二月二三日条には、「晴広さま御舟市木丸御作せ候、船おろしニ候、晴広さま・頼興さま徳渕ニ御下候」と、この年に晴広が新しい

「市木丸」を建造させ、船が完成した二月二三日の「船おろし」（進水式）のために一族の相良頼興とともに徳渕の港に下ったことがわかる。これは、先代の義滋の「市木丸」の「御船作始」が天文七年だったことから、当該期の木造大名船の寿命が十五年程度であったことを物語る興味深い記録であるが、更に注目したいのは、新しい「市木丸」を建造した晴広が、その完成した大名船を今度は明に派遣した事実である。

『八代日記』の天文二三年三月二日条に「市木丸渡唐ノかといて（門出）」、更に同年七月一二日条に「渡唐仕候市木丸御舟徳渕着候、三月二日ニ渡唐ノかといて（門出）」と記されるように、相良晴広は、完成した新「市木丸」をわずか十日程度で艤装して中国へ派遣し、四ヶ月後の七月に徳渕の港に帰港させている。新船の完成を待望しての渡唐という事実から考えて、晴広による新「市木丸」の建造は、先代「市木丸」の場合とは異なり、その当初から中国派遣を想定した遣明船仕様の造船であったと考えられよう(23)。

では、完成から十日も経ない程急いで相良氏に遣明船を派遣させた要因は何であろうか。

［史料五］

寔吉兆、千喜万祥、珍重々々、仍銀石之事、大工洞雲へ見せさせられ候、但州石にも勝候之由申候歟、満足此事候、如此之儀、日本珍物候之処、至当代現来之儀、不相応之事候之条、倍可為校量候、諸篇御　神慮無疑候之間、家繁栄心懸無申及候、去年官務殿為　勅使被成御下候、過分之至、外聞実不可過之候之処、右之趣、希代不思儀之奇恃（特）、更不及言説候、彼大工可急之由申候歟、得其心候之条、直申越候、旁以別紙申候、可入其思慮候、天文十五年丙午七月六日於宮原銀石現出之旨、記録之儀、不可有油断候、彼一通之事、為後日之条、然々被納置候て肝要候、猶期後喜候、恐々謹言、

七月十二日　　義滋（相良）（花押）

「（礼紙切封ウハ書）
（墨引）　義滋」(24)
右兵衛佐殿（相良晴広）

［史料五］は、天文一五年七月一二日付の相良晴広宛て相良義滋書状である。「吉兆、千喜万祥」「希代不思儀之奇恃（特）」の言葉からわかるように、この年の七月六日に、相良氏領肥後の宮原の山中から銀鉱石の鉱脈が見つかったことを義滋が大喜びし、但馬生野の銀石以上に良質であるとする大工洞雲の見立てとともに、晴広に書き送ったのである。

『八代日記』によると、この銀石発見から十二日後の天文一五年七月一八日条に、「求广（球磨）ニテ桐（洞）雲銀廿五文め吹出し候」との記録がある。銀鉱脈が見つかったのは、相良氏の本拠地である人吉盆地の南東部、球磨川支流の棚橋川上流域の宮原《みやはる》（熊本県球磨郡あさぎり町岡原）(25)であり、大工洞雲は早速、灰吹き法によって銀二十五匁を精錬し、相良義滋に献上したのである。鉱脈発見からわずか十二日で精錬銀を領主に献上した洞雲の行動は、相良義滋書状に記される「彼大工可急之由申候」の文言に一致する。

中国地方において、石見大森銀山や但馬生野銀山の発見と開発が進み、その鉱物資源をもとに大内氏や山名氏が経済力を拡大しつつあるとの情報は、相良氏のもとにも伝わっていたはずである。球磨郡宮原の山中からも「但州石にも勝候」銀鉱脈が見つかったとの情報は、九州地方の諸大名間の覇権争いを優位に進めたい相良義滋を歓喜させ、その「銀石現出」を「御　神慮」と位置づけて、「家繁栄心懸」に励むよう晴広に伝えたのである。

そして、この宮原銀の発見は、義滋の跡を継いだ相良晴広に、銀を財源および商品とした遣明船の派遣を決意させることとなった。前述したように、晴広は、天文二三年二月に新「市木丸」を建造し、その完成と同時に明に派遣した。さらに、『八代日記』天文二四（一五五五）年三月五日条に、「殿さま・頼興さま被遣候渡唐船出候」

とあるように、相良晴広と頼興は翌年にも遣明船を派遣している。

この天文末年における相良氏の度重なる遣明船派遣行為の最大の契機となったのは、領内の宮原における銀鉱脈の発見と銀の産出に他ならないであろう。一六世紀半ば、中国に渡る日本船にとっての銀は、対明貿易上の商品であるのみでなく、現地に長期間滞在する遣明船乗船者たちが必要な食料や生活物資、あるいは日本への土産等を購入する際の支払手段であった。天文一六（一五四七）年の大内義隆による遣明船の事例であるが、寧波への入貢を許可されるまでの数ヶ月間、乗組員一行は寧波目前の杭州湾岸に待機させられ、最寄りの舟山島の嶴山や定海で米・酒・干物・野菜・小豆・味噌・焼餅・葱菜・芋・笋《たけのこ》・蜜柑・豆腐等の食料や、薪・線香・鎌・壺・蓆・紙等の生活物資を調達し、その支払を全て銀で決済している。[26] このことは、当該期に遣明船を派遣して明との交易を実現するには、その資本となる銀をある程度潤沢に保有しておかなければならなかったことを物語っており、相良氏にとっては、天文一五年にその原資となる銀を獲得したことが、同二〇年代における度々の遣明船派遣に有効に作用したと考えられるのである。[27]

(二) 周防大内氏の遣明船とその乗船者

さて、中世後期の日本社会のなかで、東アジア交易を最も積極的に進めた守護・戦国大名として、周防の大内氏の名を欠くわけにはいかない。大内氏の外交活動については多くの先行研究があるが、[28] 特に近年の動向としては、同氏の東アジア交易を支えた外交僧の活動に着目した伊藤幸司氏の研究[29]や、同氏の対朝鮮外交の国内政治史的意義をとらえようとした須田牧子氏の研究、[30] さらに、同氏の朝鮮・琉球・明におよぶ多元的な外交活動を国内の政治や貨幣、贈与との関わりで広くとらえようとする研究[31]等が進められている。

大内氏の外国交易としては、朝鮮通交に関するものがその大半の回数を占めるが、遣明船による中国との通交貿易も極めて重要な史実を物語ってくれる。

橋本雄氏によると、大内氏は、重要な政治経済的案件に関して、唐絵や唐鐘（中国製梵鐘）、水牛等の「非常に特徴的な唐物贈与」を室町将軍家に対して敢行し、「他の大名とは異なる異国イメージのアピールに腐心していた」[32]。中国大陸に近い西日本の大名権力が有するこの特徴的な「唐物」認識については、豊後の大友氏においても、「稀少な舶来珍品を入手することが可能な自己の領国制の特質を中央政権にアピールする意図」の存在が指摘される[33]。大内氏や大友氏と「唐物」の関係性については、さらに、唐人町を中心とした渡来中国人コミュニティーを領国内部に有する九州・西日本の大名領国特有の文化意識の問題としても、今後考察していく必要があるであろう。

さて、室町期の日明関係において大内氏が明との交易に主体的に参入するようになるのは、宝徳三（一四五一）年出発の遣明船からであるが、それは、焼失した天龍寺の再建資金調達のために企画したこの遣明船派遣において、財政悪化のために幕府船を仕立てることができなかった足利義政が、遣明船への参入を希望する諸勢力に日明勘合をばらまいて勘合礼銭を獲得しようとしたことに端を発する[34]。義政のこの政策によって、宝徳度の遣明船は史上最多の十艘の派遣が計画され、畿内諸勢力以外の大内氏や大友氏が勘合を獲得することになったのである（計画段階では薩摩の島津氏への勘合頒布も予定されていた）。

この宝徳度の遣明船において大内教弘は、博多商人と結託する。文安五（一四四八）年、筑前では少弐氏と大内氏の対立が激化し、筑前国守護職を奪取した大内氏に対して、少弐氏は博多の焼き討ちに出る[35]。宝徳度の遣明船は、その戦乱による博多焼失の数年後にあたり、博多商人にとっては都市の復興に資する絶好の機会になったものと思われる。

宝徳度の遣明船において、大内教弘と博多商人が経営・差配したのは七号船であるが、伊藤幸司氏によると、九州探題渋川教直名義で派遣された四号船も実質的には大内・博多商人によって運営されていた。また、応仁二（一四六八）年に北京入貢した応仁度の遣明船三艘（幕府船・細川船・大内船）のうちの幕府船も、足利義政名義であるが、実際に艤装費を捻出して船を操ったのは教弘の跡を継いだ大内政弘であったと言う[36]。

このように、一五世紀半ば過ぎの大内氏は、従前の対朝鮮交易に加えて、明との交易に主体的に乗り出していった。その後、応仁・文明の乱における幕府との対立や、対抗する細川氏の策略という国内の政治・軍事情勢により、文明八年度・文明一五年度・明応度の三度の遣明船派遣には参画する機会を失する。しかしながら、宝徳度派遣からおよそ四十年後、一六世紀初頭の永正度の派遣において、大内義興は遣明船経営の復活を実現させ、対抗する細川氏勢力を退けて、やがて、大内氏は一六世紀半ばの天文七年度・天文一六年度の二度の遣明船経営独占を勝ち取ることになるのである。

大内義隆の独占経営による天文年間の遣明船に関しては、天龍寺の塔頭妙智院の住職として入明した策彦周良による記録『策彦入明記』（「初渡集」「再渡集」[37]）があり、副使入明した天文七年度と正使入明した天文一六年度の中国側との折衝や寧波での日本船団員の行動、運河北上中の見聞、そして北京での皇帝謁見の様子等の全貌が判明する。

ここでは天文七年度の遣明船の様相を追ってみよう。まず、天文六（一五三七）年に大内義隆の請に応じて湖心碩鼎を正使とする進貢船団の副使となった策彦は、数年の準備期間を経て、天文八（一五三九）年三月に志賀島から平戸を経て、四月一九日に五島列島の奈留島を出帆、五月二日には温州沖で出会った王四・陳八・周七の

図2　寧波の川港（中国浙江省）

中国人漁民と筆談して寧波まで順風五日であることを聞き、そして、五月七日に寧波府昌国沖に到着し、一六日に定海の港への入港を許されている。使節団はここで初めて明側から飲料水と鶏・猪肉・魚・米・酒等の食料品の支給を受けている。市舶司からの指示が出るまでのしばらくは定海に滞在し、許可が下った五月二二日に一行は定海港を出発、甬江の流れを明側軍船に護送されながらさかのぼって、遂に寧波の川港（図2）に着岸している。

その後、一行は携帯する武器の滞在中の一時接収を受け、五月二五日に正使と副使、居座が接待所である嘉賓堂に案内された。六月八日には、杭州から来た市舶司大監や寧波知府等の立ち会いのもと、進貢物の臨検や貢馬の陸揚げが行われた。

この天文七年度の遣明船は、大内船三艘で編成されていたが、各船には百数十名の人間が乗り込んでいた。船団を代表する正使・副使をはじめ、居座と呼ばれた博多東禅寺の仙甫祥鶴や等越ら五山関係の僧侶、土官と呼ばれた吉見正頼や矢田増重ら大内氏の家臣、正使に随伴する従僧、船頭の博多商人神屋主計や河上杢左衛門、さらに通事、医師、従商、水夫等、総勢四百名を越える派遣船団であり、迎える明側には大きな負担がかかっていた。

一行のもとに北京入貢許可に関する文書が届いたのは、定海入港から四ヶ月経った八月一六日であった。この間、嘉賓堂における日本使節への待遇は好ましいものではなく、「或米之紅陳者、或酒之薄濁者、醋也・醤也混雑以水、経宿則其味太酸、而難下咽喉、是故胸中不穏、有生疾者、有抵死者、各人苦之」(38)との状態であった。支給される米は紅く古く、酒は薄く濁っており、酢や醤油には水が混ざっており、一晩で腐って飲める代物ではなく、この劣悪な食事環境のために一行には疾病が発症し、死亡する者も出ていると言うのである。実際に、この記録の翌閏七月八日には孤竹が四十九歳で没し、さらにその翌日には居座の博多東禅寺仙甫祥鶴が四十二歳で入寂している。

一行の北京への進貢は五十名に限定され、九月一一日、上京する居座・土官・商伴人の名簿の提出を求められ、一〇月一七日の午後になってようやく北京行きのための乗船を許され、正使船には黄旗に「正使」、策彦の船には黄旗に「副使」の文字を掲げて、北京への移動がスタートした。寧波から杭州、蘇州を経て、一行は翌天文九(嘉靖一九・一五四〇)年三月一日に張家湾に到着、ここで進貢物等の全ての荷物を船からおろし、今度は陸路を進んで、翌三月二日に北京入城を果たしている。

北京の玉河館に到着した一行は、早速、皇帝への拝謁儀礼の予行を行い、三月七日、正使・副使と両居座、従僧が大通事を伴って宮城に入り、朝拝の儀礼をこなし、翌八日には表文、一一日には貢物を礼部に納めている。その後も、拝礼や宴会の儀礼をこなしつつ、五月一日には正使以下の幹部が各々の位に応じた唐衣裳の賜与を受け、およそ七十日間の進貢滞在の任務を終えた五月九日、一行は北京を出発し、帰路についたのである。

北京からの帰途は、蟬や蛙の声を聞く炎熱の行程であった。一行に先んじて明側の大人（役人）が南京に派遣されたが、これは「為硫黄代幷賜使臣等銅匁」[39]とあり、硫黄代あるいは使節に賜給する銅銭を準備するためであった。実際に、七月三〇日に龍江駅で使節団幹部に「正賞銅匁」が賜給されている[40]。

八月中旬、常州・蘇州まで戻ってくると土産物の購入の記録が目立ってくる。象眼鐵物一対（銀七分）、文献通考一部（銀九匁）、箱子一箇（銀二匁）、象牙小香合一箇（銀四分）、墨六丁（銀六匁）、鎗鎖（一分五厘）、印肉（三分）、唐鐵鈸（一匁七分）、唐金小鈸（八分）、楊枝筒二箇（六分）、青茶碗盃一箇（五厘）、瓶一箇（二匁一分）、鐵鎮子三箇（九分六厘）、蓆（六分）、皮箱一箇（四匁三分）、紅氈二枚（七匁二分）、そして、「寧波ミヤケ《土産》ノ用」（寧波の嘉賓堂に留まっている居座・土官への土産）として小食籠五箇（銀九分）等である。また、八月一九日には、医師の吉田宗桂の見立てで「防太守へ進物用」（大内義隆への進物）として「書擔子一箇」を銀六匁二分で購入しているのも興味深い。

九月三日には杭州まで戻って西湖を見学し、一二日に寧波に戻った。「卯刻、著霊橋門前岸、舟行八十里、同列幷従人等之在嘉賓堂者競迎候、然而正使以下次第搬貨物於懐柔館中、午時、各上岸、駕轎就館、未刻、赴浴、蓋船頭神屋主計所施也[41]」。寧波東岸の奉化江に架かる霊橋たもとの川港に着岸した一行を、嘉賓堂に残留していた大勢の日本人従人が競い合って出迎え、運んできた下賜貨物や土産荷物を揚陸し、策彦ら幹部は轎（駕籠）に乗って館に凱旋、船頭の神屋主計がこしらえた風呂に浴して長旅の疲れを癒したのである。

その後、一行は翌天文一〇（嘉靖二〇・一五四一）年五月二〇日の帰国出帆までの二百数十日の間、寧波に留まって、近隣の名勝を訪ねたり、中国人文人との交友を深めたり、あるいは、土産の品を買い求めたりしながら、帰国船の艤装を進めている。この間、土官の大内家家臣吉見正頼と矢田増重が施主となって、「凌雲院殿前左京兆傑叟秀公大居士十三回忌」(42)（大内義興の十三回忌）の法会を正使・副使・従僧を招いて行っており、この遣明船が大内氏の経営であることを使節一行に再確認させる契機となったと思われる。

　こうして大内義隆が独占派遣した天文七年度の遣明船は、五島の奈留島を天文八（一五三九）年四月一九日に出発し、天文一〇年六月二六日に帰港する二年二ヶ月余りの対明外交を成就させた。策彦が帰国した際には、義隆は安芸国佐東郡「金山」（銀山城）に出陣中であり、八月一二日に山口を出た策彦は、一八日に「金山」に到着、翌一九日に義隆に面会して「大唐返命之事」を報告し、また、九月一四日には義隆立ち会いのもと「旧勘合」の点検を終えている。義隆は策彦らの対明入貢の成功を大いに喜び、九月一六日の面会の際には、策彦に早くも「再貢入唐」（再度の入明）を命じており、ここから今度は策彦が正使となっての天文一六年度の遣明船の準備が進められていくのである。

　このようにして実現した天文年間の二度にわたる遣明船は、その派遣主体である大内氏に莫大な利益をもたらした。しかしながら、気をつけておかなければならないのは、必ずしもその利益が大内氏と同氏と結託した博多商人によって完全独占されたものではないことである。例えば、天文七年度の派遣において、一号船の船頭神屋主計は博多の商人であるが、三号船に乗り込んだ池永宗巴、池永新兵衛、片山与三右衛門、石田与三五郎、岩井七郎左衛門らは堺の商人であった。また、天文一六年度の派遣においても、四艘の派遣のうちの二号船の比々屋助五郎、絹屋惣五郎、小西与三衛門、三号船船頭森田《盛田》新左衛門らは堺商人である。(43)また、天文一六年度派遣の四号船船頭は「さつま田中豊前守」(44)であった。このように、一見大内氏と博多商人が独占経営したように見られる天文年間の遣明船にも、堺や薩摩の人物が船頭や従商として乗り込み、船団利益の配分を受けていたのである。

　さらに、こうした事態は商人層だけの問題ではなかった。豊後大友氏の家臣に、上野氏というこれまで注目されたことのない一族がいる。同氏に関わる史料は現在は分散して伝わっているが[45]、それによると、一五世紀後半の上野遠江守は大友政親から海岸部の志生木村をはじめ、佐賀郷関宮御神領御代官職等の成敗権の了承を受け、また、一六世紀半ばの上野掃部助鑑稔は大友義鎮（宗麟）から「鑑稔在所就海辺、賊船搦等之儀、堅被申付候由承候、案中候、雖無申迄候、弥無緩覚悟専要候」と認めた永禄五（一五六二）年六月一八日付書状の発給を受けている。上野氏は、豊後水道に面する臼杵湾沿岸の海部郡佐賀関から臼杵荘にかけて領主制を展開し、船を操った「賊船搦」に優れた海の武士衆であった。そして、この上野家末裔に伝わる「家譜」のなかに、天文年間の上野統知について、「大内義隆ニ頼、天文十六未年義隆明ニ公使ノ時、十一歳ニテ随兵」したとの記録がある。

その後、豊後に戻った上野統知は、天正年間の合戦では「海辺ヲ固」める軍功で大友氏より褒美を受け、主家没落後の慶長五（一六〇〇）年に六十四歳で没している。若干十一歳での遣明船への乗船は、操船の技術や海上での軍事行動に極めて優れた海の武士衆上野氏家伝の能力を買ってのものと思われるが[46]、大内氏の独占経営と見なされてきた天文年間の遣明船にこうした外部の若年武士が紛れ込むことで、相手役人との折衝術をはじめとした対明交渉のノウハウが周辺の大名のもとにも漏れ伝わっていくことになったのである。

（三）豊後大友氏の対明交易の変遷

東アジア交易を主体的に行った守護・戦国大名として、最後に、豊後大友氏の状況を考察していこう。

まず、大内氏同様に、守護大名期の大友氏が対朝鮮外交を手がけていたことは、すでに先学によって明らかにされているが[47]、なかでも、一五世紀前半の大友持直が朝鮮王朝に大般若経と大鏞を求請した事実は[48]、同時期の大内氏が朝鮮から大蔵経を頻繁に輸入して領国内寺社に戦略的に施入し、また、その圧倒的な蓄積数を誇示して日朝関係における自身の卓越した位置をアピールしたことへの対応として注目される。[49]

さて、宝徳度の遣明船における足利義政の勘合ばらまきは、大内氏のみならず大友氏にも遣明船経営への初参入という事態をうながした。実際に渡航した九艘のうち、大友親繁が艤装した六号船の動きについては詳細な記録はないが、天龍寺が艤装した一号船に従僧として乗り込んだ笑雲瑞訢による記録『笑雲入明記』[50]には、六号船が、享徳二（一四五三）年四月二三日に二号船（伊勢法楽舎船）・八号船（多武峰船）とともに寧波に入港した後、六月二日に大内氏の七号船とともに進貢物を陸揚げしたこと、斯立光幢をはじめとした大友船からの北京への進貢団が八月一二日に杭州、一〇月八日に北京に到着したこと、そして、一〇月一〇日に初めて皇帝拝謁の儀式を行ったことの記録が散見される。

遣明船史上最多の九艘が派遣されたこの宝徳度の各船には、膨大な量の進貢物と商売荷物が積まれていた。『大乗院日記目録』[51]によると、積荷の内容は、三十九万七千五百斤の「油黄《（硫黄）》」、十五万四千五百斤の「銅」、十万六千斤の「簣黄《（蘇芳）》」、九千五百振の「太刀」、四百十七振の「長刀」、千二百五十本の「扇」、六百三十四色の「蒔絵物」その他であり、最大の輸出品は硫黄であった。さらに、船別の内訳では、四万三千八百斤を積んだ一号船（天龍寺船）から一万千斤を積んだ十号船（伊勢法楽舎船）まで積載量にばらつきがあるなかで、最大の九万二百斤を積載したのが六号船（大友船）であるのは、計画段階では含まれていた五号船（島津船）が渡航しなかったこの派遣において、他船が島津氏からの硫黄供給に依存していたのに対して、唯一、自領国内に硫黄鉱山を領有す[52]る大友氏の優越性を物語っている。『臥雲日件録抜尤』には、「旦那大友《（親繁）》、国中之政、有可称道者、去歳入唐船皈、各出抽分光、命諸商定物価、令出十分一、然可出一貫者減三百、可出十貫者減三貫、余可例知也、此亦寡欲之至矣」[53]と、帰朝した六号船の商人から徴収する抽分銭率を、大友親繁が他船より三割下げて賦課したことを記しているが、他の八艘の平均積荷三万九千斤に対して、その二倍を上まわる九万二百斤を積載して対明交易を成就させた親繁にとっては、抽分銭率減額分を差し引いても余りある大きな利潤であったと言えるであろう。

こうして初参入した宝徳度の遣明船経営で莫大な利益をあげた大友氏であったが、総勢九艘・千二百名規模で入貢した日本からの渡航船団を迎える明側の負担は大きく、以後、明側は、三艘・三百名以内、十年一貢という制限規定「景泰約条」を取り決めた。このことによって、次の応仁度遣明船における大友氏の立場は、次史料のように変化した。

［史料六］

先年渡唐御船帰朝荷物之事、被仰付大内左京大夫政弘、自防州被召上訖、早相談彼斉領、諸関・津々浦々・海陸無其煩致警固、可被運送、若有押妨之族者、為処罪科、云立所、云交名、不日可注申之旨、堅可被加下知之由、所被仰下也、仍執達如件、

文明八年十二月二日

大和守（飯尾元連）　在判
弾正忠（布施英基）　在判
和泉守（清貞秀）　在判

○―大友豊前守（政親）殿(54)

［史料六］は、室町幕府奉行人が大友政親に宛てた連署奉書写である。応仁元（一四六七）年に勃発した応仁・文明の乱が終息へと向かいかけた文明八（一四七六）年一二月、その和平交渉の一環として、大内政弘は、自領赤間関で捕獲していた応仁度派遣の幕府船の積荷返還を足利義政に約した。史料は、その返還される「帰朝荷物」について、大内政弘と相談のうえ、赤間関以東の瀬戸内海を警固運送するよう、大友政親に命じたものであ

る。

この史料から明らかなように、「景泰約条」の制限により、大友氏は遣明船経営に直接参画することができなくなり、一五世紀後半の応仁度以降の遣明船においては、派遣船の警固や輸出用硫黄の供給といった後方支援にまわらざるを得なくなったのである。[55] そして、その状況は一六世紀初頭まで続いた。

そうした状況の打開策として、大友氏が遣明船派遣の表舞台に再登場する手法として選んだのが、有効勘合や「日本国王」上表文を保有しない状況のまま明に交易船を送り込む私的遣明船（それは、旧勘合をあたかも有効勘合に見せかけて入貢を試みるという面では偽使遣明船、明側から入貢拒絶されると沿岸警備の手薄な福建海域に回り込んで禁止された私貿易を行うという面では倭寇密貿易船）であった。一六世紀半ばの天文・弘治年間に、大友義鑑が派遣した寿光と清梁、大友義鎮が派遣した清授を各々代表とする三回の遣明船[56]は、まさに、有効な勘合や上表文を保有していない、私的遣明船であり偽使遣明船であり倭寇密貿易船でもあるという三つの性質をもつ対明交易船であった。

そして天文二一（一五五二）年、その状況が一変する。前年に山口で陶隆房が起こした軍事行動によって天文年度の遣明船経営を独占していた大内義隆が没し、その跡目に、大友義鎮の弟、晴英が入ったのである。晴英は、天文二一年二月二九日に大内氏の祖琳聖太子伝説の故事にならって防府多々良浜に着船し、三月三日に大内館入り、天文二二（一五五三）年春には足利将軍家から偏諱を受けて大内義長と改めた。そして、三年後の弘治二（一五五六）年一一月、倭寇禁圧宣諭のために大友義鎮のもとに滞在していた蔣洲が、山口にも使者を派遣して倭寇禁令を伝えると、大内義長は、「日本国王之印」を捺した上表文を認めて明に入貢し、倭寇被擄の中国人を本国に送還した。一方、大友義鎮も、帰国する蔣洲の護送を名目に使僧徳陽を立てて進貢物を献上し、倭寇の罪を謝して新しい勘合を明側に求請したのである。『明世宗実録』嘉靖三六（一五五七）年八月甲辰条の「浙直総督胡宗憲為巡撫時、奏差生員陳可願・蔣洲、往諭日本、至五島遇王直・毛海峯、先送可願還、洲留諭各島、至豊後阻留、転令使僧前往山口等島、宣諭禁戢、於是、山口都督源義長《(大内)》、且咨送回被擄人口、咨乃用国王印、豊後太守源義鎮《(大友)》、遣僧徳陽等、具方物、奉表謝罪、請頒勘合修貢、護送洲還」との記録に、その大内義長と大友義鎮の動きが伝えられている。

すなわち、大友氏の立場からすると、義隆没後の大内家に晴英（大内義長）が入嗣したことで、宝徳度の遣明船以来およそ百年ぶりに、「日本国王」の上表文を有する正規の遣明船（大内・大友船）を派遣するチャンスが訪れたのである。

この、言わば「弘治度の遣明船」を艤装する段階で発給されたと思われる書状がある。

［史料七］

就渡唐船、重々荷所之儀、以　御書奉書被仰出候、然者此等之趣、従我等所至各可申達之由蒙仰候之条、令啓候、必近日渡邊宗佐可参之間、其内御分別専要存候、可得御意候、恐々謹言、

九月廿日　　鑑述（花押）

三池殿《(親員)》　参御宿所[57]

［史料七］は、鑑述某が筑後の在地領主三池親員に宛てた書状である。『熊本県史料』では、鑑述の姓、および発給年を不明としているが、東京大学史料編纂所蔵写真帳にて花押を確認したところ、大友家家臣の豊饒鑑述が弘治年前後に使用した花押であることが判明した[58]。このことから、この史料は、大友氏が「弘治度の遣明船」に積み込む進貢物の調達を当時北部九州一帯に広がっていた領国各地に命じ、筑後方面からも朝貢品を上納させるべく、その調達奉行渡邊宗佐を三池氏のもとに派遣したことを通達したもので[59]、その前後関係から弘治二年九月

のものと推測できるのである。

このように、大友氏は、「日本国王」上表文を有する大内船に随伴するかたちで、宝徳度の遣明船以来およそ百年ぶりに正規遣明船の派遣に成功した。しかしながら、結果的にこの弘治度の遣明船は、「豊後雖有進貢使物、而実無印信勘合、山口雖有金印回文、而又非国王名称」[60]との理由で入貢を許されなかった。その入貢拒絶のからくりについては、近年分析が進みつつある日・中の倭寇絵巻との関連で考察した別稿[61]を参照されたい。

おわりに

最後に、明らかにしてきたことを簡潔にまとめておこう。

本章では、まず、西日本の守護大名や戦国大名クラスの領主が、自らの船を建造・保有する船持ち大名である実態を明らかにした。彼らは、遣明船警固等の幕府からの上位命令を梃子として、船による活動を介した家臣団の組織化や大名水軍の編成を進めていく一面を有する存在であった。

そうした船持ち大名として、肥後の相良氏は、領国内における銀鉱脈（アンチモニーを含む）の発見と産出を契機に大名船を新造して、従前の琉球に加えて明へも積極的に交易船を派遣していった。また、周防の大内氏は、足利義政が日明勘合をばらまいた宝徳度の遣明船から従前の対朝鮮交易に加えて明との交易に主体的に乗り出していき、一六世紀半ばの天文年間には対抗勢力をおさえて二度の遣明船経営の独占を勝ち取った。一方、豊後の大友氏も、宝徳度の派遣において遣明船経営への初参入を遂げるが、「景泰約条」により以後の遣明船では派遣船の警固や輸出用硫黄の供給といった後方支援にまわらざるを得なくなった。この間も、数度にわたって有効勘合や上表文を保持しない私的遣明船（偽使密貿易船）を派遣し続けた大友氏は、大内義隆没後の大内家家督への大友晴英送り込みに成功したことを契機に、およそ百年ぶりに正規の遣明船派遣（「弘治度の遣明船」）を実現した。
　西国の船持ち大名によるこうした遣明船は、必ずしも他勢力を排除した独占事業ではなく、大内氏の派遣船に堺商人や大友氏家臣が紛れ込み、また、事業参入できなかった大名が正規派遣船を警固したり私的遣明船を派遣したりするなかで、本来は幕府のみが有する対明交渉のノウハウが、西国諸大名のもとに経験的に分散していくことになったのである。

［註］

（1）　橋本雄「対明・対朝鮮貿易と室町幕府―守護体制」（荒野泰典・石井正敏・村井章介編『日本の対外関係　四　倭寇と「日本国王」』〈吉川弘文館、二〇一〇年〉）。
（2）　東アジア海域全体に目を向けると、特に一六世紀は「明がつくりあげた体制の揺らぎと統制にたいする海域勢力の反抗、さらにイベリア半島出身の新しい勢力の参入」という諸要素によって「せめぎあう海」が展開した時代であった（羽田正編『東アジア海域に漕ぎだす　一　海から見た歴史』〈東京大学出版会、二〇一三年〉一六～一七頁）。
（3）　「麻生文書」五〇（『九州史料叢書』一七）。
（4）　応仁二（一四六八）年の遣明船について記した『戊子入明記』によると、「可成渡唐船」は豊前・周防・備後の各国から徴用されており、その最小は周防上関の「薬師丸」で五百石積み、最大は豊前門司の「寺丸」で千八百石積みであった。なお、同じ豊前門司の「和泉丸」は二千五百石積みの巨船であったが、「是ハ大船ニテ不渡唐也」と記され、また、千八百石積みの「寺丸」も、「此寺丸モ大船ニテ度々及難儀也」と記されている。一五世紀当時、必ずしも大型の船が東シナ海を渡る遣明船に適していたわけではなかったことを示す興味深い記述である。
（5）　「大友文書」一〇―一一（『大分県史料』二六）。

（6）九州の国人領主麻生氏や守護大名大友氏による大型船の瀬戸内海就航は、史料上でそれぞれ複数回確認される。その具体的な活動については、鹿毛敏夫「戦国大名の海洋活動と東南アジア交易」（『貿易陶磁研究』三二、二〇一二年）＝本書第二部第一章を参照されたい。

（7）『大日本古記録』五（上・中・下）。

（8）熊本中世史研究会編『八代日記』（青潮社、一九八〇年）。

（9）考古学の成果によると、古麓城下からは、掘立柱や礎石を有する建物遺構が見つかったほか、中国の景徳鎮系染付や龍泉窯系青磁、朝鮮王朝系白磁等多くの輸入陶磁器も出土している。熊本県教育委員会『熊本県文化財調査報告　二二六　古麓能寺遺跡・古麓城下遺跡』（二〇〇三年）、および、鶴嶋俊彦「中世八代城下の構造」（『中世都市研究一〇――港湾都市と対外交易――』新人物往来社、二〇〇四年）を参照されたい。

（10）前掲註（8）『八代日記』永禄元（一五五八）年五月二九日条には「去春ノ渡唐船徳渕ニ着候」との記録がある。なお、『八代市史』三（八代市教育委員会、一九七二年）では、徳渕の船着き場を「紺屋町下や中島下」、市木丸の造船所を「いまの紺屋町下手の本成寺あたり」と推定している（三四八～三五〇頁）。

（11）日本列島を大阪を基点に東と西に分けた場合、東日本には上野・下野・甲斐・信濃・飛騨・美濃・近江・伊賀・山城・大和・河内等の海を有さない守護領国が多いのに対し、西日本では美作を除く全ての守護領国が海に隣接している。

（12）「田北一六文書」四七（『大分県史料』二五）。

（13）「岐部文書」七（『大分県史料』一〇）。

（14）日向国の南部に位置する外浦は、東九州において琉球船や中国船が着岸できる重要な港の一つであった。永禄六（一五六三）年には「其比外浦ニハ琉球船・唐船着」くとの記録があり、また、天正五（一五七七）年に島津氏に敗れた伊東氏は、「外ノ浦祢宜太夫ヲ頼テ雑物等取集テ船ニテ」日向から退いて豊後に向かっている（『宮崎県史叢書　日向記』巻六「三度目飫肥入弁合戦事」および巻八「同時御供人数事」）。

（15）武藤直「中世の兵庫津と瀬戸内海水運――入船納帳の船籍地比定に関連して――」（燈心文庫・林屋辰三郎編『兵庫北関入船納帳』中央公論美術出版、一九八一年）。

（16）「大友松野文書」二一―四（『大分県史料』二五）。

(17) 田中健夫「中世日鮮交通における貿易権の推移」（『史学雑誌』六三―三、一九五四年。のち、同『中世海外交渉史の研究』〈東京大学出版会、一九五九年〉収載）。
(18)『福岡県史』近世史料編　福岡藩町方（一）。
(19) 鹿毛敏夫「戦国期豪商の存在形態と大友氏」（『大分県地方史』一六〇、一九九六年。のち、同『戦国大名の外交と都市・流通――豊後大友氏と東アジア世界――』〈思文閣出版、二〇〇六年〉収載）。
(20)「相良家文書」三五〇（『大日本古文書』家わけ五―一）。
(21) 相良氏領近辺においても、例えば、前掲註（8）『八代日記』によると、天文一三（一五四四）年七月二七日条に「阿久根ニ唐舟着候」、あるいは翌天文一四（一五四五）年七月一六日に「天草大矢野ニ唐舟着候」等の記述が散見される。
(22) この「国料之商船」について、小葉田淳氏は「当時の一般通商船の実際」と述べ、田中健夫氏はそれを「琉球国と通商した博多商人・対馬商人・島津氏・種子島氏あるいは南方諸地域の商船と同類だったという意味」と解釈される。小葉田淳『中世南島通交貿易史の研究』（日本評論社、一九三九年。刀江書院、一九六八年復刻）、田中健夫「不知火海の渡唐船――戦国期相良氏の海外交渉と倭寇――」（『日本歴史』五一二、一九九一年）。
(23) この新「市木丸」については、田中健夫氏も「渡洋を目的として造られた船だった」と考察される。前掲註（22）同「不知火海の渡唐船」七頁。
(24)「相良家文書」四一七（『大日本古文書』家わけ五―一）。
(25) 肥後国内に「宮原」の地名は、阿蘇郡小国町の宮原《みやのはる》や阿蘇町の宮原《みやばる》、鹿本郡菊鹿町の宮原《みやのはる》等、複数存在するが、相良氏の支配領域内での「宮原」は、球磨郡あさぎり町の宮原《みやはる》と八代郡氷川町の宮原《みやはら》に限定される。このうち、氷川町宮原は、八代平野東部で八代海に注ぐ氷川の南岸にあたり、鉱物資源を産する地理的条件に合致しない。あさぎり町の宮原は、古くは球磨郡久米郷に属し、在地土豪久米氏の支配に属していたが、南北朝期以降は守護大名化した相良氏の領土に組み込まれていた。『球磨郡誌』（球磨郡教育支会、一九四一年）によると、球磨郡あさぎり町の宮原には岡原鉱山があり、アンチモニー（銀白色のレアメタルの一種）を産出していた。
　なお、この宮原産出鉱石については、銀ではなくアンチモニーそのものであり、その勘違いに気づいた相良義滋は大いに落胆し、「天文年間に相良氏には銀山が存在し、銀の製錬が行われたという相良家文書の内容は、歴史事実と違っていた」との指摘がある（原田史教「天文年間における相良氏の銀山開発の実相について」『日本歴史』五一九、一九九一年）。しかしながら、九州地域のアンチモニー鉱床の多くは、アンチモニー単独ではなく、金や銀を含む「含金銀アンチモニー鉱脈」として存在している（木下亀城編『日本地方鉱床誌』九〈九州地方〉朝倉書店、一九六一年）。また、『八代日記』の「桐（洞）雲銀廿五文め吹出し候」の記述にあるように、石見銀山から招かれた大工洞雲は、明らかにこの鉱石から銀二十五匁を灰吹き法で吹き出している。もしも鉱石がアンチモニーであったならば、灰吹き法は通用しなかったはず（土壌学に詳しい岩手大学名誉教授溝田智俊氏のご教示による）である。

こうしたことから、肥後宮原で天文一五年に産出した鉱石は、やはり、「相良家文書」や『八代日記』が示す通りの銀だったと考えられる。宮原の山中に存在したのは、含銀アンチモニー鉱石という、銀とアンチモニーという複数の金属を伴う鉱脈であった。採掘当初は豊富な銀を産出していたが、やがてアンチモニーに富む鉱石が多くなり、銀の産出に乏しくなったことで「銀山」としての魅力が薄れ、その後の記録に残されなくなったのであろう。

ちなみに、アンチモニーが全く利用価値のない鉱石かというと、決してそのようなものではない。アンチモニー合金は、銀と見かけも重量感も同じ、かつ表面が極めて滑らかで鋳型の繊細な文字や模様まで鮮明に仕上がる特徴を有している。一六世紀当時の鉱石の鑑定水準では、銀（Ag）とアンチモニー（Sb）を全く異なる元素と認識する化学的概念そのものがなく、恐らくはアンチモニーも銀の一種と理解して当初は採鉱したものと考えられる。レアメタルの一種であるアンチモニーは、明治から昭和の近代においても、メダルや優勝カップ、トロフィー、宝石箱などの製品として活用され、国外にも輸出して外貨獲得に貢献した貴重な金属である（松野建一・丹治明「アンチモニー産業の歴史と生産技術」『素形材料』四八―七、二〇〇七年）ことを付け加えておきたい。

(26)　妙智院蔵「於定海幷畧山下行価銀帳」。なお、牧田諦亮編『策彦入明記の研究』上（法藏館、一九五五年）を参照されたい。

(27)　なお、天文末年の相良氏単独による遣明船派遣の技術的ノウハウが、すでに、それ以前の大内氏による派遣船を相良氏が警固する過程で蓄積されたものと考えることができる史料が存在する（「相良家文書」四一五〈『大日本古文書』家わけ五―一〉）。

就御船渡唐奉行事、被仰付大内大宰大貳（義隆）訖、令存知之、往還共以致警固、可被馳走之由、被仰出候也、仍執

達如件、

天文十四

十二月廿八日

堯連《飯尾》（花押）

晴秀《松田》（花押）

相良宮内大輔殿

史料は、大内義隆による天文一六（一五四七）年派遣の遣明船の往還警固を命じた室町幕府奉行人奉書であるが、相良氏はこうした警固活動を通して遣明船の建造やその航海技術を経験的に習得したことで、大内義隆が天文二〇（一五五一）年に没してからわずか数年の後に、独自の遣明船派遣を実現することができたものと思われる。なお、本多博之氏は、相良氏が石見銀山の技術者を招致して銀山開発を推進したことにも注目される（同「戦国豊臣期の政治経済構造と東アジア」『史学研究』二七七、二〇一二年、三頁）。

(28) 特に、瀬野馬熊「大内義弘と朝鮮との関係に就て」（『史学雑誌』三〇―一、一九一九年）、臼杵華臣『大内氏の対鮮交易』（山口県協和会、一九四二年）、中村栄孝「厳島大願寺僧尊海の朝鮮紀行――巨酋使大内殿使送の一例――」（同『日鮮関係史の研究』上〈吉川弘文館、一九六五年〉）、松岡久人「大内氏の朝鮮貿易研究序説」（同『内海地域社会の史的研究』〈マツノ書店、一九七八年〉）等、朝鮮との関わりを考察する研究が多く積み上げられている。

(29) 伊藤幸司「大内氏の対外交流と筑前博多聖福寺」（『仏教史学研究』三九―一、一九九六年）、同「中世後期地域権力の対外交渉と禅宗門派――大内氏と東福寺聖一派の関わりを中心として――」（『古文書研究』四八、一九九八年）。ともに、のち、同『中世日本の外交と禅宗』（吉川弘文館、二〇〇二年）に収載。

(30) 須田牧子『中世日朝関係と大内氏』（東京大学出版会、二〇一一年）。

(31) 伊藤幸司「大内氏の琉球通交」（『年報中世史研究』二八、二〇〇三年）、同「大内教弘・政弘と東アジア」（『九州史学』一六一、二〇一二年）、本多博之「銭貨をめぐる諸権力と地域社会」（同『戦国織豊期の貨幣と石高制』第一編第一章〈吉川弘文館、二〇〇六年〉）、橋本雄「大内氏の唐物贈与と遣明船」（『アジア遊学』一三二、二〇一〇年。のち、同『中華幻想――唐物と外交の室町時代史――』〈勉誠出版、二〇一一年〉収載）等。

(32) 前掲註（31）橋本雄「大内氏の唐物贈与と遣明船」一四三頁。

(33) 鹿毛敏夫「中世『唐人』の存在形態」（同『アジアン戦国大名大友氏の研究』〈吉川弘文館、二〇一一年〉）一二六頁。

(34) 橋本雄「遣明船と遣朝鮮船の経営構造」(『遙かなる中世』一七、一九九八年)。

(35) 佐伯弘次「中世博多の火災と焼土層」(博多研究会編『法哈噠』三、一九九四年)。

(36) 前掲註(31)伊藤幸司「大内教弘・政弘と東アジア」六～一二頁。

(37) 妙智院蔵。影写本は東京大学史料編纂所蔵。翻刻と考察は、牧田諦亮編著『策彦入明記の研究』上・下(法藏館、一九五九年)を参照されたい。

(38) 『策彦入明記』「初渡集」天文八(一五三九)年閏七月七日条。

(39) 『策彦入明記』「初渡集」天文九(一五四〇)年五月九日条。

(40) 賜給額は、正使・副使が十貫文、居座・土官が八貫文、従僧衆が五貫文であった。

(41) 『策彦入明記』「初渡集」天文九(一五四〇)年九月一二日条。

(42) 『策彦入明記』「初渡集」天文九(一五四〇)年一二月二〇日条。

(43) 伊藤幸司氏によると、当該期の大内氏は、臨済宗聖一派のネットワークを利用して遣明船発着港として成長した堺の商人との関係を再形成したと言う。なお、同「大内氏の日明貿易と堺」(『ヒストリア』一六一、一九九八年。のち、前掲註(29)同『中世日本の外交と禅宗』に収載)を参照されたい。

(44) 妙智院蔵『大明譜』。影写本は東京大学史料編纂所蔵。翻刻は、前掲註(26)牧田諦亮編『策彦入明記の研究』上を参照。

(45) 二十数点の中世文書と系図は「下田文書」として対馬の厳原に移動し、別の三点の中世文書と家譜、近世文書類は大分市佐賀関の末裔に伝わっている。いずれも未翻刻であるが、対馬の「下田文書」については東京大学史料編纂所蔵影写本で確認できる。

(46) 上野家「家譜」には、同族の上野親俊(統知の叔父)についても、「同《(弘治)》二年、明朝ノ使《(蔣洲)》来着、軍船惣頭ニ命セラレ、小倉ニ年番、船ハ臼杵ヨリ出ス」との記録がある。後述する蔣洲が倭寇禁圧宣諭のために豊後を訪れた際、山口に向かおうとするもう一人の明人使者を、親俊が軍船惣頭として本拠臼杵の船に乗せて大内氏領赤間関目前の小倉まで護送したのである。

(47) 外山幹夫「一五世紀大友氏の対鮮貿易」(『史学研究』九五、一九六六年。のち、同『大名領国形成過程の研究』〈雄山閣出版、一九八三年〉収載)。

(48)『朝鮮王朝実録』世宗一一（一四二九）年七月甲戌条。
(49)大内氏による朝鮮王朝からの大蔵経輸入の実態とその意義については、須田牧子「中世後期における大内氏の大蔵経輸入」（『年報中世史研究』三二、二〇〇七年。のち、前掲註（30）同『中世日朝関係と大内氏』収載）を参照されたい。
(50)村井章介・須田牧子編『東洋文庫七九八　笑雲入明記』（平凡社、二〇一〇年）。
(51)『大乗院日記目録』享徳二（一四五三）年末尾条。
(52)大友氏本拠の豊後国内には硫黄を産出する山岳地帯が二ヶ所ある。一四世紀半ば以降の輸出用硫黄の恒常的需要の高まりに対応して、大友氏はその二つの硫黄産地と搬出ルートを直轄支配する経済政策を実行している。なお、鹿毛敏夫「一五・一六世紀大友氏の対外交渉」（『史学雑誌』一一二―二、二〇〇三年。のち、前掲註（19）同『戦国大名の外交と都市・流通』収載）を参照。
(53)『臥雲日件録抜尤』享徳四（一四五五）年正月五日条。
(54)「大友家文書録」三八七（『大分県史料』三二）。
(55)一五世紀後半から一六世紀前半にかけての大友氏の遣明船派遣事業への間接的関与（派遣船の警固、輸出硫黄の調達、帰朝船荷物の幕府からの下賜等）については、前掲註（52）鹿毛敏夫「一五・一六世紀大友氏の対外交渉」を参照されたい。
(56)鹿毛敏夫「日本『九州大邦主』大友氏と中国舟山島」（前掲註（33）同『アジアン戦国大名大友氏の研究』）一七六～一七九頁。
(57)「三池文書」一三（『熊本県史料』中世篇四）、および「肥後三池文書」一三（『三池氏の古文書』大牟田市歴史資料館、一九九三年）。
(58)豊饒鑑述は、大友氏の筑後方面の政策に関連して史料上に散見される家臣であり、弘治三（一五五七）年二月一二日付で冨来氏に宛てた上筑後の地の打渡状と坪付が残されている（「冨来文書」二―二・四〈『大分県史料』一〇〉）。このうち、打渡状の花押が『増補訂正編年大友史料』二〇の一六六号文書として掲載されており、その印影が前掲「三池文書」中の鑑述花押にほぼ一致する。なお、伊藤幸司氏は、本文書を大友義鑑の遣明船派遣に際するものと解釈される（同「大内氏の外交と大友氏の外交」〈鹿毛敏夫編『大内と大友――中世西日本の二大大名――』

勉誠出版、二〇一三年〉）が、右記理由から、弘治年間の大友義鎮の遣明船派遣時のものと考えることが妥当であろう。

（59）「荷所」について、鈴木敦子氏は「明に派遣する船の出港地」と解釈し、「三池氏の所領内にはそのような港が存在していた」（同『戦国期の流通と地域社会』〈同成社、二〇一一年〉五九頁）と推測されるが、大友氏の遣明船が筑後の港から出港するとは考え難い。「荷所」とは、①遣明船に積載する進貢物を調達する役人・役所とその業務、もしくは、②船上権益としての荷物置き場と考えるべきであろう。①明への進貢物については、例えば天文一六年度の大内義隆派遣の遣明船では、馬四頭のうちの一頭は「平戸松浦肥前守」、硫黄は「薩州島津相模守」、瑪瑙は「先例ハ越前ヨリ出之、云々、近年ハ於京堺間買得之」、金屛風と扇は「狩野大炊助被仰付之」というふうに、周辺の大名や領主からの上納、商人からの買得、技能者への発注等によって調達されるものであった。なお、妙智院蔵『渡唐方進貢物諸色注文』（影写本は東京大学史料編纂所蔵。前掲註（26）牧田諦亮編『策彦入明記の研究』上に翻刻）を参照。一方、②では、『天文日記』天文八（一五三九）年二月四日条に、堺の客衆が本願寺に遣明船上の「五駄荷所」と「一人之乗前」を進上した事例が見られる（岡本真氏のご教示による）。

（60）『明世宗実録』嘉靖三六（一五五七）年八月甲辰条。

（61）鹿毛敏夫「『抗倭図巻』『倭寇図巻』と大内義長・大友義鎮」（『東京大学史料編纂所研究紀要』二三、二〇一三年）＝本書第三部第一章。

第二章　中世港町佐賀関と海部の海民文化

はじめに

台湾に隣接する与那国島から沖縄島、奄美大島、種子島へと連なる南西諸島に沿って北流する黒潮（日本海流）の流れは、四国と九州のリアス海岸が対峙する豊後水道を入り口として、瀬戸内海に入り込む。この豊後水道に面する九州東端の「海部《あまべ》」地域（佐賀関から臼杵、津久見、佐伯へと連なる沿海地域）は、『和名類聚抄』では「安万」と訓まれるが、その郡名について、『豊後国風土記』は「此郡百姓竝海辺白水郎也、因曰海部郡」と説明している。

古代の海部は、この海域の豊かな海産物の貢納と航海技術によって朝廷に奉仕したと推測され、『延喜式』主計上によると、御取鰒・短鰒・蔭鰒・羽割鰒・葛貫鰒等の多様な鰒（鮑）の加工品や堅魚（鰹）等が、豊後国からの調や中男作物として貢進されている。佐賀関は、この古代の海部の系譜を引く東九州の伝統的な港町である。

二〇〇五年、旧豊後国（大分県）からこの「海部」の地名が消滅した。尾張国海部《あま》郡や紀伊国海部郡、隠岐国海士《あま》郡等、日本各地で脈々と続いてきた海部（海士）の歴史と伝統を受け継ぐ地名の一つが、九州から消失したのである。

　地理上の地名から消えた豊後国海部地域の歴史と伝統を、どこまで記録に残すことができるであろうか。本章では、数少ない中世の文献史料に、考古学や民俗学の成果を部分的に取り込み、さらには、絵画史料からの考察も展望しながら、歴史の記憶から消えかけようとしている中世豊後国海部地域の海民文化とその中心的港町佐賀関の往時の様相を復元していくこととする。

一　海民・港町と大名権力

（一）海民若林氏と大名権力

佐賀関の位置する九州の豊後国は、中世以来の古文書史料等が多く現存する地域である。

　数ある古文書史料群のなかで、豊後若林家文書は、豊後国海部郡佐賀郷の一尺屋（佐賀関半島南部の港町）を本貫とした若林家に伝来した古文書群である。(1) 中世の若林一族は、海岸部に所領をもち、海に生活基盤を置く大友家家臣であるが、現存する古文書群には、後述のように「敷網船」や「水居船」を所有して海上での生産活動を営む海民としての姿も記されている。若林氏が豊後国守護大友氏の家臣となった時期は特定できないが、遅くとも大友氏第一二代持直の一五世紀前半期には、守護大名権力傘下の武士として、知行地を宛行われていることが判明する。

　佐賀関は、すでに貞治三（一三六四）年には、大友氏第八代氏時の直轄領に組み込まれているが、中世後期に戦国大名大友氏の水軍組織として編成される若林氏は、まさにこの一尺屋から佐賀関にかけての古代の海部の歴史と伝統を有する豊後水道域を舞台に、海民から大名家臣へと成長を遂げた海の領主である。

黒潮が北上する豊後水道は、伊予の佐田岬と豊後の佐賀関半島が向かい合う豊予海峡（速吸瀬戸）で急激に狭まるが、半島の先端部の佐賀関と、その南方の一尺屋は、ともに外洋航路と内海航路の境界に位置する港町と言うことができる。

一尺屋は上浦・下浦の二つの浦からなる港町で、寛永・正保期（一七世紀前半）の編集と考えられる『豊後国古城蹟并海陸路程』[2]には、両浦の状況が次のように記されている。

一、壹尺屋南浦船掛り、西北風ニ六端帆より拾四、五端帆之船、五、六拾艘程懸り申候、東南の風にハ船懸り悪し、此浦南向也、深さ拾壹尋在之、

一、壹尺屋東浦船懸り、西風にハ六端帆ゟ拾四、五端帆の船、四、五(拾脱カ)艘程懸り申候、東南北風にハ懸り悪し、此湊口、艮ノ方ニ向申候、南浦ゟ船路三拾壹町、陸地ハ九町四拾間、此浦より下関迄船路弐里、

「南浦」・「東浦」は、それぞれ下浦・上浦を指しているが、「艮」（東北）向きの「東浦」（上浦）より南向きの「南浦」（下浦）の方が港の規模がやや大きい様子、および、一尺屋の下浦から上浦を経て「下関」（佐賀関の下浦）に至る沿岸航路が存在することがわかる。

若林氏が豊後国守護大友氏と被官関係を結び、守護大名権力傘下の武士として知行地を宛行われた中世後期になると、守護・戦国大名権力下での若林氏の活動も、船を操っての海上警固や兵船馳走に関わるものが数多く見られるようになる。例えば、大永から天文初年のものと思われる一〇月六日付の大友氏第二〇代義鑑書状で、義鑑は若林越後守に「兵船」馳走を求めている[3]。また、永禄一二（一五六九）年、毛利元就と合戦中の大友氏第二一代義鎮は、大内輝弘を周防の秋穂に上陸させる作戦を実行するが、この海上戦で若林鎮興は「従宗麟警固船為

大将、被　仰付」ている。[4] このように、一六世紀後半期の若林氏は、戦国大名大友氏の水軍組織のなかで中核的な役割を果たしていた状況が確認できるのである。

戦国大名大友氏は、国内的な活動のみでなく、一六世紀には中国や東南アジアの諸国へ貿易船を派遣し、活発な東アジア外交を行った大名である。中国の史料『明世宗実録』には、大友義鎮が日本から「巨舟」を派遣してきたことが記録されている。[5] この「巨舟」に、大名派遣の使僧の他にどのような立場の人物が乗船していたかは定かではないが、天正一四（一五八六）年もしくはその翌年に比定される若林越後入道宛の大友氏第二二代義統の書状には、「態染筆候、仍至口津無餘儀用所之子細候、打続辛労雖無盡期候、舟一艘可預馳走候、上乗・水主・武具以下、手堅可被申付事肝要候」[6] との一文がある。書状は、「舟一艘」を豊後国から肥前国の島原半島南端の港町「口津」（口之津）へ派遣する内容であるが、この船派遣に際して義統は「上乗」や「水主」、「武具」等の編成を若林氏に指示している。この大友義統の指示を受けた若林越後入道が、「上乗」と「水主」になるべき複数の人物を指名し、必要な武具を準備調達したのである。

船の楫取りや船頭をさす「水主」に対して、「上乗」とは、積み荷の警備、あるいは船そのものの安全航海のために乗船する警固衆である。大友氏が各地に派遣した船にどのような人々が乗り込み、また船をどのような人々が操舵したかについて、史料的に明らかにすることは容易ではないが、すでに別稿[7]で明らかにしたように、次の大友義統軍忠注進披見状では、若林氏による「警固船」の乗組員の状況が判明する。

［史料一］

（花押）（大友義統）

天正八年八月廿日従上表兵船立下、於安岐切寄表懸合防戦、依被砕手、退散之刻、向地室冨（室積）口迄付送、諸警

固船帰津之砌、同廿二若林中務少輔（鎮興）敵船一艘切取、鎮興自身分捕高名、其外親類被官討捕頸着到、銘々加披見訖、

野田弥右衛門
頸一　若林中務少輔討之、

小田原丹後
頸一　若林因幡守討之、

頸一　若林九郎兵衛尉討之、

頸一　幸野勘介討之、

頸一　丸尾野新五兵衛尉討之、

頸一　合澤市介討之、

被疵衆

首藤源介

三郎右衛門

五郎兵衛

太郎左衛門

已上、(8)

毛利氏と大友氏による海上合戦の際の軍忠注進披見状である。天正八（一五八〇）年八月二〇日、豊後国国東郡安岐郷に襲来した毛利氏の「兵船」に対し、大友氏の水軍衆は防戦し、退散する敵船を追って周防国熊毛郡「室富」（室積）まで追跡した。その二日後、豊後へ帰国途中の周防灘で敵船と遭遇した若林中務少輔鎮興の一行は、「敵船一艘切取」ったのである。

注目できるのは、この軍忠注進披見状に若林氏当主の中務少輔鎮興をはじめ、「其外親類被官」の名前が記されていることである。これは当該期の大友氏の「警固船」乗組員の構成を表している。すなわち、当主の若林中務少輔に続く若林因幡守以下九名の人物が、若林家の「親類」と称される一族、および「被官」と称される同家の従者である。

このように、中世若林氏による海上警固活動は、同氏の親類衆や被官衆の組織化によって維持されていたのであり、上級権力大友氏からの指示を受けた若林氏当主によって「上乗」や「水主」としての乗船を命じられたのも、こうした親類・被官衆であったと推測できる。

(二) 佐賀関法度と港町

大友義統は、佐賀関において次の十一ヶ条からなる袖判条々を発給している。

[史料二]

（花押）（大友義統）

条々

一、関両浦町立之事付東西構之事幷掃除之事

一、計屋両浦可為三間之事付員数等、同銀銭可召遣趣、はかりてんひん府内・臼杵可為同前たるへき事

一、火事出来之時、隣三間向三間可有其閉目、至火主者可處厳科事

一、閣本奉行人企直訴輩、縦雖為順儀之中事、可准非道之事

一、地下人或号肩入、或人被官堅可停止、剰弁指専道已下迄、甚不可然之条、稠申聞、於背法度者、則可成

敗事

一、従前々相定諸公事納所等免許之儀、可改易、於自今已後者、其取沙汰肝要之事

一、用所之刻、臨其時一雅意之口能可申族、為後人一途可申付事付一味同心之申事、禁制之事

一、旅船着津之砌、其國之問丸、従往古在之之条、以借宿憲法、売買等之取沙汰可為専一事

一、宮山之儀者不及申、若御子山・烏帽子岳其外山野法式、殊猪鹿同前之事付牧馬不可成綺事

一、喧嘩闘諍之儀、不決理非、一結可成敗事

一、神主・宮主・検校両三人江用所之砌者、公役之儀可申付之事

已上、

右、背法度輩於在之者、不謂贔屓用捨、以交名承、可加下知者也、

天正十六年六月廿八日

若林越後入道殿(9)

港町の様相が垣間見える条文をいくつか取りあげてみよう。

第一条は、佐賀関「両浦」の町立に関わる内容である。一尺屋同様、佐賀関も上浦・下浦の二つの浦(10)からなる港町である。上浦は、日本鉱業佐賀関精錬所の操業に伴い、大正から昭和初期にかけて大幅に埋め立てられたため、中世の町立の状況を探るのは容易ではないが、上浦港を囲む早吸日女神社門前の黒砂地区から鮮浜、上浦地区にかけての海岸地域に上浦の港町が栄えていたと推測される。また、条文には付けたりとして、町の「東西構」の言及があるが、これは上浦港の海岸に沿って弓なりに伸びた上浦の町の東西の入り口に施された木戸のことと思われる。佐賀関は、大友氏改易後の近世には熊本藩領となるが、明和九（一七七二）年の森本一瑞『肥後

図1　早吸日女神社(大分市佐賀関)

国志略[11]』所収の肥後国絵図「豊州海部郡佐賀関之図」によると、上浦の町の東端に「関大権現」(早吸日女神社、図1)の鳥居、西端には木戸が描かれている。一方、下浦の町も、下浦港に沿った弓状の海岸地域に想定できるが、上浦ほどの大規模な海岸埋め立てがなされなかったこの地域には、現在でも「東町」「西町」の名称が残っており、中世の「東西構」の名残を留めた地名と考えることができる。

第二条は、港町における織豊期の大名権力の衡量制政策に関わる条文である。「計屋」とは、一六世紀後半期の銀の社会的流通を前提に、港町や市町等の交易の拠点での銀の秤量を担った商人であり、中世の九州においては、豊後、筑後、肥前、肥後においてその存在形態が明らかにされている。[12]なかでも大友氏は、豊後国内の流通拠点に同一規格の秤を使用する「計屋」を設定して、領国内の複数の都市や町に共通する計量標準の創出を企図した。佐賀関におけるこの条文もその政策の一環であり、上浦と下浦に三軒ずつ設置された「計屋」は、「府内・臼杵可為同前」と規定された天秤と分銅を使用して秤量活動を行うことで、府内・臼杵・佐賀関という大友氏の領国経済の拠点となる三つの都市・町での衡量制の統一が図られたのである。

第八条からは、港町の問丸商人の営業の様子がうかがえる。領国外からの「旅船」が両浦に入港した際には、古くから営業している船籍地の問丸のもとへの着荷慣行を順守し、公平な宿泊と商取引を敢行することを定めている。下浦の正念寺の過去帳によると、一九世紀後半の安政年間頃に、上浦には大坂屋、明石屋、長門屋、平野屋、伊方屋、しわく（塩飽）屋、高松屋等の屋号が、下浦にも豊前屋、日向屋、土佐屋、志摩屋等の屋号が確認できる。(13) それらの多くは旅館業を営んでおり、中世の「其国之問丸」の系譜を引く家も含まれているものと推測される。

第九条は、早吸日女神社の神領「宮山」と、上浦北方の若御子山、下浦南西方向の烏帽子岳等、佐賀郷内の山野に関する定めである。郷内の山野、特に猪鹿狩場の管理を指示するとともに、半島の先端に近い関崎に経営する牧場の管理についても触れている。関崎の牧場は、古代の延喜年間の奉納神馬を起源とし、中世までは九十九頭の馬を放牧して名馬を産しており、熊本藩領となった近世にも細川氏の保護のもとで規模を縮小しながらも牧場経営が続けられていた。(14) 歴代の大友氏当主が各方面に贈った贈答品に含まれる駿馬の一部は、この関崎産のものと推測されよう。

この他にも、この大友義統袖判条々は、港町佐賀関の政治的支配から行政、訴訟、徴税をも含む内容となっており、「佐賀関掟書」としての性格を有する史料である。条々が定められた天正一六（一五八八）年六月段階の大友氏は、豊臣政権下の大名としての新しい領国支配体制を確立していこうとする時期である。条々が若林越後入道に宛てられ、若林家文書中に伝存している事実は、豊臣政権下の大名大友義統が、隣接する一尺屋での海民としての文化と伝統を有する若林氏を通じて、領国経営上欠くことのできない要港佐賀関の政治・経済的掌握の深化を図ったと考えることができる。

二　海部海民の生活文化

（一）海部海民の「船」意識

次に、中世の豊後水道域に生活した海民若林氏の造船に関わる史料を紹介しよう。

［史料三］

毎々警固船馳走辛労感悦候、然者野津院領地之事、万雑諸点役免許之段申候間、弥以検断不入、船誘等不可有緩之儀候、恐々謹言、

八月十一日　　　　宗麟《大友義鎮》（花押）

若林中務少輔殿(15)

［史料三］は永禄一二（一五六九）年のものと思われるが、大友義鎮が若林中務少輔に宛てた書状のなかで、「船誘《ふなごしらえ》」（船の建造）を指示している。

この他にも、別府湾岸の真那井を本拠とする渡辺氏のもとにも、「急度用所之儀、警固船之事、各申合、数艘可被誘置候」との大友義鑑書状や、「至土州、警固船可被差渡之由、兼日被仰付候条、舟誘等定而不可有油断候」との大友氏奉行人連署書状が残されている。(16) 大友氏の「用所」や土佐への警固船派遣に、「真那井衆」と呼称された渡辺氏一族が動員されたことを物語るが、史料はさらに、渡辺氏を中心とした「真那井衆」が「各申合」せ

て船の建造や修造に着手した事実を伝えている。

一方、若林家の古文書のなかには、海域活動を行う人々が、船という構造物をいかに意識していたかを物語る興味深い史料も残されている。

[史料四]

尚々敷網船之儀、如前々相違有間敷候、

御りやう（料）田并居屋敷之事、親父任譲之旨、可預進候、殊五貫分之内分地之事、至九郎兵衛尉可申付候、聊不可有相違候、恐々謹言、

正月十四日　　鎮興（若林）（花押）

三郎殿(17)

史料は元亀三（一五七二）年前後のものと考えられる。若林家当主の鎮興が一族の三郎に対して、「御りやう（料）田」と「居屋敷」の父親からの相続を了承するとともに、九郎兵衛への分地を指示した内容であるが、その尚々書で鎮興はさらに「敷網船」の相続も認めている。海を生活基盤とする若林一族にとって、海上に浮かぶ「船」は、陸上で占有する「土地」や「屋敷」と並ぶ重要な相続財産であったことをこの史料は物語っており、陸地に生活基盤を置く領主や農民とは異なる海部地域海民特有の生活意識や文化を確認することができる。

船の相続と関連して、さらに注目される史料がある。

[史料五]

一所　津久見村之内　十貫分　　津久見美作跡

一所　臼杵庄之内　十五貫分高松　　同人跡

一所　臼杵庄之内十貫分　津久見尾張跡
彼在所我等先給地浦部相當分、召替被下様ニ御取合可目出候、一入津久見海邊之事に候条、被下候ハヽ、居屋敷として水居船なとを覚悟仕、海上御用等をも涯分可致馳走候、恐惶謹言、

若林上総介
仲秀（花押）[18]

若林上総介仲秀は一五世紀後半の文明年間の人物と思われるが、大友氏から安堵を受けた「浦部」（豊後国国東郡・速見郡の海岸部）の地の替地として、本拠地一尺屋に近い臼杵庄と津久見村の闕所地安堵の斡旋を願って作成されたのがこの文書である。仲秀は、希望の海岸部の土地を宛行われたならば、居屋敷として「水居船」を構え、大友氏のために「海上御用」の馳走奉公をすると述べている。

「水居船」とは、文字通りに読めば、「家船」に象徴される水上生活船を意味する。漂泊漁民とも称される「家船」については、古くから民俗学的な研究が進められており[19]、近年では瀬戸内海中央部の豊島（広島県豊浜町）漁民の「家船」の実態が紹介されている[20]。豊後国の海部地域においても、臼杵湾央の津留地区に「シャア」と称された水上生活民が打瀬船による底曳網漁を生業とし、近代には「ウワカタ船」と呼ばれた行商船での遠隔地取引を大正末年ごろまで行っていたという[21]。若林仲秀は、「水居船」の経営を「居屋敷として」と明言していることから、同船が居住空間を伴う船であったことは間違いない。中世豊後の若林氏の場合、生活基盤の大半を水上に置く「家船」とは異なり、一尺屋を中心とした海部の海岸部に陸上の領地（「御りやう（料）田」や「居屋敷」）を有しながら、長期間の海上生活に対応可能な「水居船」や相続遺産の対象ともなる「敷網船」等の複数の船を経営する生活を送っていたと考えることができよう。

なお、佐賀関をはじめとする海部地域で伝統的に行われていたリアス海岸の各入り江を利用した造船活動は、やがて近代の産業構造の変化により、木造船の建造は斜陽となり、新たに鉄製の船の需要が高まる。佐賀関の南の臼杵では、昭和五（一九三〇）年に開設された臼杵造船所において、昭和二八（一九五三）年から鋼鉄船の建造が開始された。また、佐賀関に近い臼杵市下ノ江には「若林」を冠した造船所があり、現在はおもにＦＲＰ（強化プラスチック）船の建造と修理を手がけていることも付記しておこう。

（二）海部海民の漁撈・信仰・水運活動

中世の海部郡佐賀郷一尺屋を領有した若林家に伝わる古文書群は、その大半が一五・一六世紀のものである。この若林一族の伝統的な生活基盤が海部地域の海に展開したことは、すでに明らかにしてきた通りであるが、その生産活動のなかで豊後水道の豊かな海産物への漁撈活動が大きな比重を占めることは、容易に推測されよう。例えば、一六世紀初頭の若林源六と若林越後守が主君大友氏へ渡した贈答品として史料上に確認できるのは、「鯛」「塩鯛」「いか」等の海産物がほとんどであり、豊後水道からの特産物の贈与を受けた大友親治は「近比見事にて候」との礼状を送っている(22)。また、漁獲のための網に関しても、大友政親が若林源六に「しきあミ《（敷網）》のいと《（糸）》」を催促した事例(23)が見られる。これらの史料は、職業分化が進展する以前の中世の社会において、大名家臣団に編成された海辺領主が、日常的には海民としての漁撈活動(24)を営んでいたことを示しており、若林一族の生産活動が、武士・漁民・船大工等、多方面に展開していた事実を物語っている。

海部郡佐賀関地方の漁民の活動については、その後の近世から昭和初期にかけても活発に継続される。昭和四五（一九七〇）年発行の『佐賀関町史』では、近世末期から明治期に佐賀関の水産業の発展に貢献した人物として、仲家太郎吉と橋本権太郎を取りあげている。天保一〇（一八三九）年生まれの仲家太郎吉は、一本釣漁を営む父宮吉の跡を継ぎ、安政三（一八五六）年には大鱶《ふか》を漁獲する漁具と漁法（延縄漁法）を考案した。仲家の出漁先は、豊後水道に止まらず、種子島や硫黄島、口永良部島周辺の海域や、対馬海峡に及んでいる。一方、弘化三（一八四六）年生まれの橋本権太郎も、幼少時から漁業に従事し、従兄の仲家太郎吉とともに種子島や土佐沖に出漁した。特に、明治一〇（一八七七）年には朝鮮半島全羅南道の巨文島沖を測量して延縄漁を行い、多くの漁獲を得たと言う。

『佐賀関町史』はさらに、二〇世紀の佐賀関漁民の遠洋漁業活動についても伝えている。例えば、明治四四（一九一一）年に佐賀関港から出港した三十艘の漁船について、船は七人乗り五丁櫨の鱶縄漁船で、出漁先は朝鮮半島沖の黄海、十貫から大きいものは百二十貫程の鱶を漁獲し、中国山東省の威海衛に寄港して佐賀関に帰港したと言う。また、漁業統計では、昭和一一（一九三六）年において、佐賀関の漁業従事者の数は二千九十人にのぼり、登録漁船の数も九百十七艘（このうち、有動力船が百二十二艘、無動力船が七百九十五艘）に及んでいる。漁獲量の多いものとしては、豊後水道域の鯛《たい》、鰯《いわし》、鰺《あじ》に加え、遠洋からの鮪《まぐろ》があげられている。

黒潮が瀬戸内海へと流れ込む佐賀関沖の豊後水道は、漁獲資源の宝庫である。一六世紀初頭の若林源六が、佐賀関沖でとれた鯛を塩漬けにして豊後府内の大友親治に贈ったことは先述したが、急流に育った魚は身がしまっており、現代でも「関あじ」「関さば」ブランドの名称で評価されている。また、鮪の漁獲については、豊後府内の瑞光寺跡近辺の一四世紀の遺構から全長三メートルの黒鮪の胴体から尻尾にかけての骨が確認されており(25)（図2）、佐賀関等の漁民が遠洋漁で獲得した漁獲物が、中世前期の段階から領国経済の中心地である豊後府内にもたらされていたことを示しており、興味深い。

図2　豊後府内の14世紀の遺構から出土した黒鮪の椎骨（大分県立埋蔵文化財センター蔵）

漁獲資源以外に、佐賀関の黒ケ浜地区では、その地名の通り、海岸沿いで大量の黒石を採集することができる。弘治元（一五五五）年、倭寇禁圧宣諭のために中国から豊後を訪れた鄭舜功は、豊後の特産品として「碁子」（碁石）を紹介しているが[26]、これは佐賀関黒ケ浜産の黒石と思われる。

次に、佐賀関地域の人々の信仰文化に関しては、現在も港町の中心に鎮座する早吸日女神社を抜きに語れない。かつて、海岸線に沿って東西に弓なりに港町を形成していた上浦において、早吸日女神社は町の東はずれに鳥居を有し、港町を見下ろす高台の斜面に社殿を展開する鎮守であった。海上安全祈願の神として、地元民をはじめ港町を訪れる人々から崇敬を受けていた神社であるが、さらに、同社には豊後の領主大友義統が同社神主に宛てた次の書状も残されている。

[史料六]

急度令上洛候、海上殊在京中無異儀様、於　関

宮神前、可被励懇祈事肝要候、恐々謹言、

正月廿六日　　　　　　　　　　　　義統（大友）（花押）

関宮

神主殿(27)

天正一六（一五八八）年二月、大友義統は府内を出立して上洛し、聚楽第にて豊臣秀吉に謁見する。史料はこの上洛直前の正月二六日付けであり、上洛に際して、豊後から畿内までの瀬戸内海上での船舶の安全と在京中の無事を「関宮」（早吸日女神社）神前で祈願してほしいという内容である。

大友義統と早吸日女神社の関係については、義統が神領「宮山」の山野法式を定め、また、神主・宮主・検校の三役の公役負担を指示した袖判条々を若林氏宛てに発給したことについては、すでに［史料二］で紹介した。佐賀関上浦に鎮座する同社が海上安全祈願の神として地元の信仰を受けていただけでなく、大名大友氏からの崇敬も集めていたことを物語っている。

一方、佐賀関の南方の一尺屋には、若林家の先祖崇拝の祠が祀られている。地元で「センソバカ」（先祖墓、図3）と呼ばれているもので、現在でも一尺屋の上浦に多く見られる若林姓のうちの半数以上が、祠のある大字瓦崎の山裾に集中している。この地区が若林氏の本貫地と推測される。

さて、海に生活や文化活動の基盤を置く海部地域の中世若林氏の生業は、漁撈や造船活動のみに限られたものではなかった。大友義統は、若林越後入道の所有する船を合戦時の兵船や警固船としてだけでなく、「済物運送舟」としても利用して、大名権力のもとへの年貢物資の輸送を行わせている。(28)また、若林氏の「類船」として活動することのあった別府湾央の港町辻間の領主辻間氏も、「粮運送船」を担い、(29)また、「公米」を辻間の港から豊後府内の外港沖浜まで運送することを依頼された事例(30)も検出できる。これらは、若林氏や辻間氏といった海に存立基盤を置く海民の船が、平時には海上での物資輸送を担っていたことを物語る興味深い史料であり、中世末期の交通や流通機構のなかで海民の有する水運機動力が、港と港を結ぶ交通や流通ルート上で大きな役割を担っていたことを物語っている。

なお、豊後水道域の港町を結ぶ交通や流通のルートは、中世や近世の過去のみならず、現代においても健在である。その代表例として、現在の佐賀関港と対岸の愛媛県三崎港の間三十一キロメートルを七十分で結ぶ「国道九四フェリー」がある。このフェリー航路は、その名称が示す通り、九州の大分市から四国の高知県須崎市までつながる国道一九七号の海上区間であり、いわば「海上を行く国道」である。近年、瀬戸大橋やしまなみ海道の開通によって橋で結ばれた本州と四国の間では、多くのフェリー航路が経営縮小や廃業に追い込まれているが、いまだ架橋ルートが実現していない九州と四国の間では、このフェリー航路が双方を結ぶ最短ルートとして機能している。通常期、佐賀関朝七時発の第一便から、夜二三時発の第十六便まで、一時間ごとのシャトル運航を行っており、特に、三崎港からの便には、四国ナンバーの乗用車やトラックはもとより、岡山や神戸、関西方面から四国を経由して九州に上陸する車を多く見かける。

図3　若林家の「センソバカ」(大分市一尺屋)

おわりに

まとめにかえて、海民の生活や文化の考察に関わる史料の分析手法について、若干の展望を述べてみたい。

本章で考察したように、東九州の沿海部には、海部地域の若林氏や国東地域の岐部氏、別府湾岸真那井の渡辺氏や辻間氏など、海に生活や文化の基盤を置きながら、やがて一五・一六世紀に強大化した戦国大名大友氏の家臣団に組織されて活動したことで、わずかな古文書史料を生産することになる武士が少なからずいた。中世後期の社会における彼らは、実態としては、大名大友氏傘下の被官武士でありながら、同時に、陸上での農業より海に関わる漁撈・造船・水運等に日常的生産活動の比重を置く、いわば海民的武士である。

陸上に基盤を置いて、大名権力の編成や支配の対象とされた武士や農民に比べると、海民は本質的に権力編成の枠組みから見過ごされることが少なくない。彼らのような海に基盤を置く人々の生活や文化活動の実態は、文献史学が研究対象とする古文書史料として文字に記録されることは本来稀である。そこで本章では、そうした海民が中世後期に大名家臣団に編成されることで、その主従関係のもとで取り交わされたいくつかの書状等を分析して、彼らの本来的な生活や文化活動の様相をあぶり出そうと試みた。

こうした試みは、文字史料のみでなく絵画史料の分析においても有効になるものと思われる。近年、日本の『倭寇図巻』（東京大学史料編纂所蔵）と内容的にほとんど酷似する『抗倭図巻』という絵巻が、中国国家博物館に収められていることが明らかになった。両絵巻は、一六世紀のシナ海域で活動した後期倭寇をモチーフに、中国沿岸を襲撃する倭寇の船団に対し、明の官軍が出撃し、最終的に海賊船団を撃退する（『抗倭図巻』の方はさらに、捕らえた倭寇を連行する）構図となっている。

特に注目されるのは、中国の『抗倭図巻』には、倭寇船に「日本弘治」の年号が記された旗が掲げられていること、さらに、両絵巻を赤外線撮影したところ、『抗倭図巻』に描かれたもう一艘の倭寇船の旗にも肉眼では読み取れない「日本弘治」の年号が記され、またこれまで年号記載がないと思われていた『倭寇図巻』の倭寇船の旗からも「弘治」年号が浮かび上がってきたことである。弘治年間（一五五五〜五八）の四年間は、倭寇の中国側の頭目王直に呼応して、戦国大名大友義鎮および大内義長が数度にわたって遣明船を派遣し、最終的に王直の捕縛とともに中国舟山島に停泊中の大友船が明官軍から軍事攻撃を受けた年である。[31]『抗倭図巻』や『倭寇図巻』の倭寇船は、この弘治年間の大友・大内船を想定して描かれた可能性が極めて高く、もしそうであるならば、「日本弘治」の旗を掲げた倭寇船の甲板上で弓や槍を持って明軍と戦っている多くの乗組員は、本章で考察した若林氏のような、中世後期に大名家臣団に被官化された日本の海民的武士の姿を描いたものと考えることができる。今後、中国で作成された両絵画史料を詳細に比較考証[32]することで、これまで明らかにされたことのない海民的武士の習俗が画像的によみがえるかも知れない。

〔註〕

（1）「若林家文書」と呼ばれる一尺屋の若林家に伝わった古文書群は、現在、千葉県の国立歴史民俗博物館で保管される「豊後若林家文書」以外に、若林家や合澤家に別れて伝来している。このうち、国立歴史民俗博物館が所蔵する中世文書については、昭和五八（一九八三）年に『大分県史料』第三五巻に翻刻された。本書では、その『大分県史料』翻刻文の誤読・誤植を修正して第一部第三章に釈文掲載したので、あわせて参照されたい。

（2）大分県立図書館蔵。

（3）「若林文書」二一七（『大分県史料』三五。以下、「若林文書」の出典は同）、および「豊後若林家文書」釈文二六（本書八四頁）。

（4）「若林文書」四三、および「豊後若林家文書」釈文四二（本書九二頁）。

（5）『明世宗実録』嘉靖三六（一五五七）年一一月乙卯条。なお、大友氏の対明交渉については、鹿毛敏夫「一五・一六世紀大友氏の対外交渉」（『史学雑誌』一一二―二、二〇〇三年。のち、同『戦国大名の外交と都市・流通』〈思文閣出版、二〇〇六年〉に収載）を参照されたい。

（6）「若林文書」七二、および「豊後若林家文書」釈文七一（本書一〇九頁）。

（7）鹿毛敏夫「中世の船活動と港町・流通」（『史料館研究紀要』九、二〇〇四年。のち、前掲註（5）同『戦国大名の外交と都市・流通』に収載）。

（8）「若林文書」六七、および「豊後若林家文書」釈文六六（本書一〇五～一〇六頁）。

（9）「若林文書」八〇、および「豊後若林家文書」釈文七九（本書一一九～一二〇頁）。

（10）伊予の佐田岬と対峙する佐賀関半島の先端部手前に位置する佐賀関の町において、上浦は北方の別府湾に向けて開けた港、下浦は東南方面の臼杵湾から豊後水道に向けて開けた港である。前述『豊後国古城蹟幷海陸路程』では、「上関《（上浦）》湊、四季共ニ何之風にも無構、拾四、五端帆の船百五拾艘程懸申候、但地ゟ五拾間あらけ懸る也、此湊口乾に向、湊口の広さ三町五拾六間、横の広さ弐町五拾三間、長五町弐拾六間、岸深く懸り吉」と記し、また、「下関《（下浦）》湊、舟懸り西北風にハ六端帆ゟ拾四、五端帆の船百艘程懸り申候、東南風にハ波高く懸り悪し、此湊南に向、深さ四尋、五尋之間、但冬泊り吉」と両浦を説明している。下浦より上浦の方が大きく、かつ港湾としての地形的環境が優れていた様子が判明する。

（11）松本寿三郎『肥後国誌』補遺・索引（青潮社、一九七二年）に復刻。

（12）鹿毛敏夫「分銅と計屋――中世末期九州の衡量制――」（日本史攷究会『日本史攷究と歴史教育の視座』早稲田大学メディアミックス、二〇〇四年。のち、前掲註（5）同『戦国大名の外交と都市・流通』に収載）、および鈴木敦子『戦国期の流通と地域社会』（同成社、二〇一一年）第七章「肥前国内における銀の『貨幣化』」参照。

（13）和田太「旧佐賀関町内の「屋号」について」、丹羽演誠「過去帳に於ける「屋号」について」、小野忠彦「旧佐賀関町の「屋号」と町並」（ともに佐賀関郷土史研究会『佐賀関郷土史』二・三合輯号、一九八三年）参照。

（14）『佐賀関町史』八二六～八二七頁参照。

(15)「若林文書」四六、および「豊後若林家文書」釈文四五（本書九四頁）。
(16)「渡辺文書」二・一四（『大分県史料』三五）。
(17)「若林文書」五二、および「豊後若林家文書」釈文五一（本書九七頁）。
(18)「若林文書」一三、および「豊後若林家文書」釈文一三（本書七八頁）。
(19)宮本常一『双書　日本民衆史三　海に生きる人びと』（未来社、一九六四年）等。
(20)金柄徹『家船の民族誌――現代日本に生きる海の民――』（東京大学出版会、二〇〇三年）。
(21)『臼杵市史』下、第五編第五章第二節三。
(22)「若林文書」一七・二二、および「豊後若林家文書」釈文一七・二一（本書八〇・八二頁）。
(23)「若林文書」一〇、および「豊後若林家文書」釈文一〇（本書七六～七七頁）。
(24)豊後水道域では、現在も敷網・船曳網・刺網等の漁法が行われている。また、麻や綿、檜、藁を原材料とした漁網用の綱の製作もかつては行われていた。なお、海部地域の伝統的な漁法や漁具については、和田冨成「豊後水道域の漁網と漁法」（大分大学教育学部編『豊後水道域――自然・社会・教育――』一九八〇年）を参照。
(25)発掘調査の所見によると、同一個体の黒鮪の椎骨十五点が一括して出土しており、それらは長さ四十センチメートル程の切り身にして運搬されていたと言う。なお、大分県教育庁埋蔵文化財センター『豊後府内五――中世大友府内町跡第三十一次調査区――』（二〇〇六年）を参照。
(26)『日本一鑑』窮河話海「珍寶」条。
(27)「速吸社文書」七（『大分県史料』一二）。
(28)「若林文書」七二、および「豊後若林家文書」釈文七一（本書一〇九頁）。
(29)「城内文書」一二（『大分県史料』一一）。
(30)「城内文書」一八「城内氏歴世記」所収浦上宗鉄書状写（『大分県史料』一一）。なお前掲註（7）鹿毛敏夫「中世の船活動と港町・流通」の註（44）でも指摘したように、本写には十数カ所の誤写があり、城内家蔵の原史料と校合して補訂をなすと次のように判読できる。

猶々両寺之公米、何と候ても沖浜まて運送之儀、頼存候、必々申上、御感候やうニ取合不可有無沙汰候、
折々馳走之段、玖珠へ参陣候者、可申上候、為御存知候、

態用一書候、仍山香日差村公米之事、津出之刻者、別而馳走之由、承及候、必々遂披露被成　御感候様、可申上候、当時者日田郡へ大殿様供奉仕、堪忍仕候間、無其儀候、仍大善寺・浄土寺之公米、其方宅所へ津出之由承候、近来雖無心存候、沖浜へ運送之儀、頼存候、木付所へ先々預置度候間、是非共馳走憑存候、必可達　上聞候、為御存知候、恐々謹言、

十二月八日　　　　　　　　　　　　　　　宗鉄《(浦上)》（花押）

辻間弾正忠殿　御宿所

(31)　大友義鎮および大内義長による弘治年間の遣明船の顚末については、前掲註（5）鹿毛敏夫「一五・一六世紀大友氏の対外交渉」を参照されたい。

(32)　東京大学史料編纂所編『描かれた倭寇――「倭寇図巻」と「抗倭図巻」――』（吉川弘文館、二〇一四年）、および須田牧子編『「倭寇図巻」「抗倭図巻」をよむ』（勉誠出版、二〇一六年）を参照されたい。

第三章　豊後水軍若林家文書の世界

はじめに

中世の時代を、海に生きた人々の視点から見たらどうなるのであろうか。

前章で紹介したように、九州の豊後（大分県）には、佐賀関の若林氏や国東の岐部氏、別府湾岸の渡辺氏・辻間氏等、戦国大名大友氏の水軍に組織されて活動した海辺領主家の古文書が豊富に残されている。陸上で活躍する武士に比べて、彼らのような海に生活基盤を置いて生産活動を行う武士たちの実態は、これまであまり明らかにされていない。

しかしながら、近年、大友氏の本拠地である豊後府内（大分市）の発掘調査では、日本列島のなかの小島である九州の枠を越えて、西日本各地からの産物や、さらには中国、朝鮮、そして東南アジアの国々からの陶磁器等が大量に発見された。海を隔てた各地域から、これらの産物を運ぶ手段は船であり、その船を操ったのは豊後国内の各浦で生活し、大友氏の武士団に編成された水軍衆に違いない。

そこで本章では、戦国大名大友氏の海上合戦や流通、アジア外交を「船」によって支えた中世豊後大友水軍の構成員の人々の活動の様相を、古文書史料に基づいて紹介する。取り扱う史料は、大友氏の水軍大将とも呼ばれた若林家に伝来した中世古文書群である。

一　国立歴史民俗博物館蔵「豊後若林家文書」

（一）若林家文書と若林氏

「若林家文書」と呼ばれる若林家に伝わった古文書群は、現在、千葉県の国立歴史民俗博物館で保管される「豊後若林家文書」以外に、若林家や合澤家に別れて伝来している。本節では、このうちの国立歴史民俗博物館蔵「豊後若林家文書」の主たる内容を紹介する。

「若林家文書」は、豊後国海部郡佐賀郷の一尺屋（大分県佐賀関町）を本貫とする若林家に伝来した古文書群である。中世の若林氏は、海岸部に所領をもち、海に生活基盤を置く領主であり、現存する古文書群には、前章で紹介したように、「敷網船」や「水居船」を所有して海上での生産活動を営んでいたことが記されている。

奄美大島や種子島等の薩南諸島から日向灘へと抜ける黒潮（日本海流）の流れは、四国と九州のリアス海岸が対峙する豊後水道を入り口として、瀬戸内海に入り込む。この豊後水道は、伊予の佐田岬半島と豊後の佐賀関半島が向かい合う豊予海峡で急激に狭まるが、古くからの要港佐賀関は佐賀関半島の先端に近い位置、一尺屋はその南方の小浦で、ともに外洋航路と内海航路の境界に位置する港と言うことができる。

佐賀関は、すでに大友氏第八代氏時の貞治三（一三六四）年には、豊後国守護の直轄領に組み込まれているが、前章で紹介した天正一六（一五八八）年の大友氏第二十二代義統の袖判掟書では、「若林越後入道」が佐賀関の代官に任命されている。

以下、個別史料について若干述べていこう。

まず、豊後水道に面する海岸部に所領をもち、海に生活基盤を置く領主としての若林氏には、船を使った生産活動が予測されるが、第二節に掲載する国立歴史民俗博物館蔵「豊後若林家文書」五一（以下「若林五二」のように略称）によると、元亀三（一五七二）年のものと思われる若林鎮興のこの書状から、「敷網船」という漁船を所持していたことがわかる。実際に、黒潮が瀬戸内海へと流れ込む佐賀関沖の豊後水道は、漁獲資源の宝庫である。「若林一七」（図1）で一六世紀初頭の若林源六は、佐賀関沖でとれた鯛を塩漬けにして大友親治に贈っている。

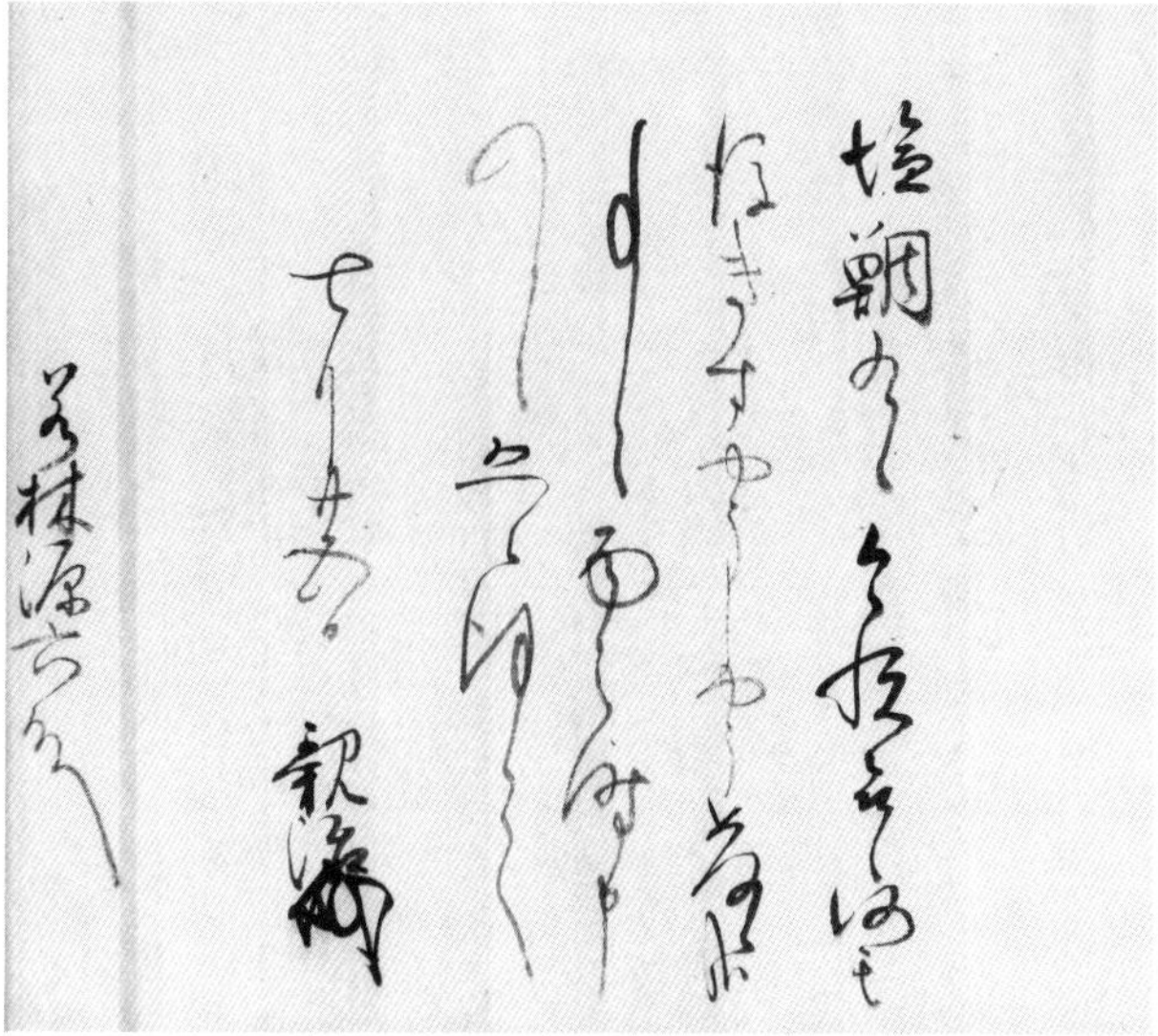

図1　若林源六からの「塩鯛」贈答を謝す大友親治書状写（国立歴史民俗博物館蔵「豊後若林家文書」）

「若林一三」からは、一尺屋に本貫地をもつ若林氏が、一五世紀後半に豊後水道沿岸部の臼杵から津久見にかけて所領を広げていることがわかる。特に注目されるのは、「居屋敷として水居船」に居住しながら、大友水軍の一員として「海上御用」で「馳走」（奉公）すると述べている部分で、同氏が、豊後水道の海の領主として、船上生活をなしうる存在であったことがわかる。

前述のように、天正一六（一五八八）年六月、大友義統は若林越後入道に宛てて、十一ヶ条からなる佐賀関掟書「若林七九」を発給している。その内容は、港町佐賀関の上浦・下浦での町立のこと、町の東西の構えのこと、掃除のことから始まり、町に設置する「計屋」商人のこと、火事や訴訟そして喧嘩ごとの処理に至るまで、関の町内で守るべき法度が記されている。なかでも、第八条は、領外からの「旅船」が入港した際の公平な宿泊と商取引の敢行を定めた条文で、海上交通の要衝として、各地からの船が集まり、問丸商人が活動する港湾都市としての様相が垣間見られる。

豊後水道を北上する黒潮の流れは、佐賀関半島と佐田岬半島が対峙する豊予海峡で急激に狭まる。佐賀関とその南方の一尺屋は、この海峡を越えて瀬戸内海航路に入り込もうとするあらゆる類いの船を監視・掌握できる絶好の地と言えよう。「若林七〇」で大友氏は、若林鎮興に対して、たとえ「小船」であろうが多くの船を建造して、出船命令にすぐに対応できるよう準備することを命じている。実際に、豊予海峡を通過する多くの船のなかには、港に着岸して海賊行為を働く船もあったようで、「若林三五」で大友義鎮は若林藤六に一尺屋での「浦警固」を命じ、また、「若林三八」で若林弾正忠には狼藉行為を働いた「賊船」追討の軍労を褒賞している。大名権力傘下の水軍としての若林氏のこうした活動に対して、「若林六五」の大友圓斎（義鎮）が息子の義統に宛てた書状で、圓斎は、船を使った若林氏の長年の奉公を「船役等多年分過之馳走」と褒めたたえるとともに、今後も「海上警固」での助力を期待すると述べているのである。

永禄一一（一五六八）年、中国地方の毛利元就と合戦中の大友義鎮は、大内輝弘を周防の「合尾浦」（山口県秋穂町）に上陸させて、北部九州に出陣中の毛利軍の裏をかく作戦を考案した。「若林四二」は、若林鎮興がこの海上戦で豊後から周防灘を横断して「合尾浦」に上陸する大友水軍の「大将」に任じられていたことを示している。翌永禄一二（一五六九）年、周防の「合尾浦」に上陸した大友水軍は、迎え討つ毛利軍と壮絶な戦いを繰り広げた。大将の若林鎮興らは敵を討ち取ったものの、合澤市介ら五名は敵からの攻撃で「手火矢疵」（鉄砲疵）や「鑓疵」を受けており、「若林四四」からは、そうした海上合戦で使われた武器の様子も明らかとなる。

さらに、天正八（一五八〇）年の「若林六六」では、豊後国国東半島の安岐（大分県安岐町）に攻めて来た毛利水軍の「兵船」に対して、若林鎮興らが防戦し、逆に退却する敵船を追って周防の「室冨」（山口県光市室積）まで攻めのぼり、「敵船一艘」を捕らえたことがわかる。この海上合戦でも敵味方に死傷者がでているが、わずか二〜三日で周防灘を往復する大友水軍の「警固船」の緊迫した状況が伝わってくる。合戦への対応という点では、「若林二六」の大友義鑑が若林越後守に宛てた一〇月六日付け書状では、三日後の「九日到来」するよう要請されている。また、若林水軍の活動範囲は、佐賀関近辺の豊後水道や周防灘に限られたものではなかった。「若林七一」によると、若林越後入道は大友義統から、島原半島の「口津」（長崎県南島原市口之津）まで「舟一艘」を派遣するよう命じられており、船には、「上乗」と「水主」（漕ぎ手）が乗り、「武具」が準備されたこともわかる。

戦国時代は、地域の大名たちが武力で覇権を競い合った時代である。ここまで複数の史料で見てきたように、この大名同士の合戦は、陸地のみならず、「警固船」を使って海上でも行われた。「若林四五」で大友宗麟（義鎮）は、若林鎮興のそうした合戦での「警固船馳走」を褒賞するとともに、今後も合戦に備えて「船誘」（船の建造）を行うよう命じている。

（二）若林家文書釈文

国立歴史民俗博物館蔵「豊後若林家文書」八十六点は、昭和五八（一九八三）年刊『大分県史料』三五に全文翻刻されているが、平成三〇（二〇一八）年に実施した原本調査により、その内の二十三点に誤読や正文・写関係の誤認、切封の見逃し、宛書き位置の見過ごし、包紙の取り違え等が確認された。そこで本節では、同「豊後若林家文書」八十六点をあらためて修正翻刻する。特に、『大分県史料』で誤読や誤認を生じている文書については、その正誤関係がわかるよう併記することとする（誤＝　、正＝　）。

一　大友持直知行預ケ状

「（包紙ウハ書）井田之御判　若林源六殿　持直」

井田郷内利根次郎跡拾五貫分事、預置候、可有知行候、恐々謹言、

九月廿六日　持直（大友）（花押）

若林源六とのへ

「（奥切封）（墨引）」

二　大友持直知行預ケ状

「（包紙ウハ書）永興之御判　若林源六殿　持直」

豊後國大分郡内永興村市河上総介跡拾参町事、預置候、可有知行候也、恐々謹言、

十月一日　持直（大友）（花押）

若林上総介殿

三　大友親重書状

[誤]

「(包紙ウハ書)朽網之御判　若林弾正忠殿　親重」

「(端裏付箋)此御書一尺屋若林忠左衛門方にて紛失候哉、
左衛門方ニ見へ不申候、
正徳二辰年八月廿九日　」

「(端裏書)上包紙在候、若林弾正忠とのへ　親重」

當所おゐて用段候之間申候、此状到来候者、不移時、可被馳越候、如日来御ゆたん申ましく候、長々御堪忍事共、御痛敷候へ共、さりとてハ、此時一味同心ほんそうニあつかり候ハて者、不可叶候、存候、早々被馳越候者喜入候、恐々謹言、

(永享八年カ)二月八日　(大友)親重　御判

若林弾正忠とのへ

三　大友親重書状写

[正]

「(端裏付箋)此御書一尺屋若林忠左衛門方にて紛失候哉、
忠左衛門方へ見へ不申候、
正徳二壬辰年八月廿九日　」

「(端裏書)上包紙在候、若林弾正忠とのへ　親重」

當所おゐて用段候之間申候、此状到来候者、不移時、可被馳越候、如日来御ゆたん申ましく候、長々御堪忍事共、御痛敷候へ共、さりとてハ、此時一味同心ほんそうニあつかり候ハて者、不可叶候存候、早々被馳越候者喜入候、恐々謹言、

(永享八年カ)二月八日　(大友)親重　御判

若林弾正忠とのへ

四　大友親重知行預ケ状

[誤]

（包紙ウハ書）「朽網之御判　若林弾正忠殿　親重」

朽網郷内朽網宮内少輔跡拾貫分事、為姫嶽堪忍忠賞、預置候、可被知行候、恐々謹言、

（永享八年カ）五月三日　（大友）親重（花押）

若林弾正忠殿

[正]

（包紙ウハ書）「朽網之御判　若林弾正忠殿　親重」

朽網郷内朽網宮内少輔跡拾貫分事、為姫嶽堪忍忠賞、預置候、可被知行候、恐々謹言、

（永享八年カ）五月三日　（大友）親重（花押）

若林弾正忠殿

（奥切封）「（墨引）」

五　大友親繁知行預ケ状

（包紙ウハ書）「若林弾正入道殿　親繁」

（筑後国）竹野郡本庄野津一房跡内田地柒町事、為山中堪忍忠賞、預置候、可被知行候、恐々謹言、

（長禄二年カ）三月二日　（大友）親繁（花押）

若林弾正入道殿

六　大友親繁書状写

（包紙ウハ書）「わかはやし殿　親繁」

ふとなた（奈多）へ御入候ハヽ、かさねてきつき（木付）方へ状をつかわしたく候、やかて〳〵此方へ御入へく候、

きつきつかいニ御こへ候事喜存候處、き方の御返事をまち候や、いまほとハなにとも申つうセす候、いかにも彼方へ御よりあい候て、さいそくあるへく候、又それまて御こへ候よし承候ところニ、こなたゑ御こへ候ハす候、心もとなく候、人のうろんニ候する事ハ、き方のおつと《（越度）》ニなるましく候、すへて〳〵くるしからす候、たれしもこなたへとうかん《（等閑）》あるましく候へ共、とりハけきつき事ハ、心中かわらしと存候、御より候ハヽ、とく〳〵此方へ御こへ候する事喜入候、おほセあるへく候、恐々謹言、

八月廿五日　親繁《（大友）》（花押影）

わかはやし入と殿

七　大友親繁知行預ケ状

（包紙ウハ書）「臼杵の御ハん　若林上総守殿　親繁」

臼杵庄之内、薬師寺次郎跡内参拾貫分事、重而預置候、可有知行候、恐々謹言、

三月廿二日　親繁《（大友）》（花押）

若林上総守殿

（異筆）「長禄弐年戊寅」

（奥切封）「（墨引）」

八　大友政親軍勢催促状写

（包紙ウハ書）「若林上総介殿」

就企七郎（日田親胤）慮外野心候、國中悉申談子細候、然者早々馳参可被抽忠節候、為都鄙可属國家、無為心中候、此
時思慮無相違、可預返事候、具以面可申候、恐々謹言、
十月五日　　（大友）政親（花押影）
（異筆）「文明七年乙未」
若林上総介殿

九　大友政親書状写

[誤]
さかなの事申候處、もたせ給候、喜入存候、かき
の候する、ちと御うたせ候て給るへく候、まち申
へく候、恐々謹言、
正月十九日　　（大友）政親（異筆）「本書判壱分高シ」（花押影）
（奥切封ウハ書）「（墨引）
若林（源）□六殿　　政親」

[正]
さかなの事申候處、もたせ給候、喜入存候、かき
の候する、ちと御うたせ候て給るへく候、まち申
へく候、恐々謹言、
二月十九日　　（大友）政親（異筆）「本書判壱分高シ」（花押影）
（奥切封ウハ書）「（墨引）
若林源六殿　　政親」

一〇　大友政親書状写

[誤]
それニまゐのしきあミのいとのうするやうニ、一

[正]
それニまゐのしきあミ（敷網）のいと（糸）のうするやうニ、一

日御ものかたり候、つる候ハヽ、此ものニ給る
へく候、これのいとに見あハせたき事候間申候、
事々郷内可申候、恐々謹言、
　　十月十二日　　　　　政親《（大友）》（花押影）
「（奥捻封ウハ書）（墨引）　若林源六殿　　　　　政親」

日御ものかたり候、つる候ハヽ、此ものニ給る
へく候、これのいとに見あハせたき事候間申候、
事々以面可申候、恐々謹言、
　　十月十二日　　　　　政親《（大友）》（花押影）
「（奥捻封ウハ書）（墨引）　若林源六殿　　　　　政親」

一一　大友政親書状写
此間早々進度候つれとも、おの〳〵へ進候程も候ハす候程に、おそく進之候、見来候間、たるさうめん《（樽素麺）》進之
候、恐々謹言、
　　二月七日　　　　　政親《（大友）》（花押影）　「（異筆）本書判下ヨリ二分高シ、」
「（奥捻封ウハ書）（墨引）　若林上総介殿
　　　　若林源六殿　　　　　政親」

一二　大友政親知行預ケ状
［誤］
佐賀郷内一尺屋残《（カ）》分拾肆貫・臼杵庄内為拾伍貫分

［正］
「（新包紙ウハ書）若林上総介殿　　　　　政親」
佐賀郷内一尺屋残分拾肆貫・臼杵庄内為拾伍貫分

代所、野津院内拾伍貫預置候、可有知行候、恐々
謹言、
卯月廿九日　政親（大友）（花押）
若林上総介殿
（奥切封）「（墨引）」

一三　若林仲秀給地坪付

［誤］
（端裏書）「つほ付　若林上総介」
一所　津久見村之内　十貫分　津久見美作跡
一所　臼杵庄之内　十五貫分高松　同人跡
一所　臼杵庄之内　十貫分　津久見尾張跡
彼在所我等先給地浦部相當分、召替被下様ニ御取
合可目出候、一入津久見海邊之事に候条、被下候
ハヽ、居屋敷として水居船なとを営（マヽ）悟仕、海上御
用等をも涯分可致馳走候、恐惶謹言、
若林上総介
仲秀（花押）

代所、野津院内拾伍貫預置候、可有知行候、恐々
謹言、
卯月廿九日　政親（大友）（花押）
若林上総介殿
（奥切封）「（墨引）」

［正］
（端裏書）「つほ付　若林上総介」
一所　津久見村之内　十貫分　津久見美作跡
一所　臼杵庄之内　十五貫分高松　同人跡
一所　臼杵庄之内　十貫分　津久見尾張跡
彼在所我等先給地浦部相當分、召替被下様ニ御取
合可目出候、一入津久見海邊之事に候条、被下候
ハヽ、居屋敷として水居船なとを覚悟仕、海上御
用等をも涯分可致馳走候、恐惶謹言、
若林上総介
仲秀（花押）

一四　大友政親書状

[誤]

（新包紙ウハ書）
「若林上総介殿　　政親」

それより若林か所ニ人をつかわし候て、めし候へ、
音（カ）もつ見せたく候、やかて来候へと可被申候、
恐々謹言、

四月廿三日　　（大友）政親（花押）

（奥捻封ウハ書）
「（墨引）市河但馬守殿　　政親」

一四　大友政親書状写

[正]

それより若林か所ニ人をつかわし候て、めし候へ、
音もつ見せたく候、やかて来候へと可被申候、
恐々謹言、

四月廿三日　　（大友）政親（花押影）

（奥捻封ウハ書）
「（墨引）市河但馬守殿　　政親」

一五　大友政親書状写

それより野津のやく人の所ニ御越候て、當給人のくわんかすつほつけ（坪付）給候する、こいにて御入給候、ゐん中
において、ゆるかせの儀あるへからさるよし、申さるへく候、恐々謹言、

三月五日　　（大友）政親 御判

（奥捻封ウハ書）
「（墨引）若林殿　　政親」

（付箋）
「此御書　一尺屋若林忠左衛門方ニて紛失候哉、
忠左衛門方へ見へ不申候、
正徳二年壬辰八月廿九日　」

一六　大友親治官途状

（包紙ウハ書）
「若林源六殿　　親治」

越後守所望之事、可存知候、恐々謹言、

九月廿一日　　（大友）親治（花押）

若林源六殿

一七　大友親治書状写

塩鯛給候、令悦喜候、仍其後きすやうしやう（疵養生）如何候哉、事々面之時申へく候、恐々謹言、

七月廿五日　　（大友）親治（花押影）

若林源六殿

一八　大友親治知行預ケ状

（包紙ウハ書）
「若林越後守殿　　親治」

去七月十三於御所之辻合戦、忠賞之条、臼杵庄内拾貫分坪付別紙在之事、預置候、可有知行候、恐々謹言、

（明応六年）
四月十一日　　（大友）親治（花押）

若林越後守殿

（奥切封）
「（墨引）」

一九　大友親治書状写

其以後不申通候、何事候之哉、仍来廿一五郎《（大友義長）》出張候、早々出陣候て、近所へしこう《（伺候）》、日夜無油断やうニ万憑入候、多分わかきものともニて候間、かやうニ申候、事々恐々謹言、

九月十六日　　親治《（大友）》（花押影）

（礼紙切封ウハ書）
「（墨引）
若林越後守殿　　親治」

[誤]

二〇　大友親治書状

就屋作、度々子細申候之処、預奔走候通、上野山城守申候、別而心さしニてこそ候へ、いかさま出《（カ）》府候者、かよひ所をふけ《（カ）》り申へく候、恐々謹言、

十二月十五日　　親治《（大友）》（花押）

若林越後守殿

（礼紙切封ウハ書）
「（墨引）
若林越後守殿　　親治」

[正]

二〇　大友親治書状写

就屋作、度々子細申候之処、預奔走候通、上野山城守申候、別而心さしニてこそ候へ、いかさま出府候者、かよひ所をふけり申へく候、恐々謹言、

十二月十五日　　親治《（大友）》（花押影）

若林越後守殿

（礼紙切封ウハ書）
「（墨引）
若林越後守殿　　親治」

二一　大友親治書状写

「(新包紙ウハ書)親治公ゟ御書出ニ　若林越後守江」

又其方角之事、万たの見入存候、其以後者堅固不申承候、仍此間下腹気由しめし給候、如何にもやう（養）生肝要にて候、近比見事にて候鯛、同いか給候、悦喜申候、事々恐々謹言、

十月九日　　　　親治(大友)（花押影）

[誤]

二二　大友親治書状

「(端裏書)若林越後守殿　　　　親治」

「(端裏付箋)此御書　一尺屋若林忠左衛門方にて紛失候哉、忠左衛門方ニ見不申候、
正徳二年壬辰八月廿九日　」

朽網大和守所まて書状披見候、今度御高名、案中なから弥憑敷候、然者豊前敵為退治々(マヽ)来廿六五郎(大友義良)出張、重々辛労なから奔走憑入候、次ひらまさき給候、悦喜(カ)候、事々恐々謹言、

卯月廿三日　　　　親治(大友)　御判

[正]

二二　大友親治書状写

「(端裏書)若林越後守殿　　　　親治」

「(端裏付箋)此御書　一尺屋若林忠左衛門方にて紛失候哉、忠左衛門方へ見へ不申候、
正徳二年壬辰八月廿九日　」

朽網大和守所まて書状披見候、今度御高名、案中なから弥憑敷候、然者豊前敵為退治之来廿六五郎(大友義良)出張、重々辛労なから奔走憑入候、次ひらまさき給候、悦き候、事々恐々謹言、

卯月廿三日　　　　親治(大友)　御判

二三　大友義長感状

(包紙ウハ書)「若林大炊助殿　　　　義長」

(端裏切封)「(墨引)」

就阿蘇武経退治、去朔日於手野矢軍粉骨之条、勝利之由承候、誠肝心候、弥被遂在陣馳走憑入候、殊申出候
任日限旨、発足一段之忠儀候、必追而賀可申候、恐々謹言、

二月十五日　　　　(大友)義長（花押）

若林大炊助殿

二四　大友親敦（義鑑）感状

(包紙ウハ書)「若林大炊助殿　　　　親敦」

(端裏切封)「(墨引)」

就今度高崎城楯籠朽網(親満)以下凶徒成敗、遂在陣、日々防戦被疵之条、粉骨無比類候、何様追而賀可申候、恐々
謹言、

(永正一四年)二月廿八日　　　　(大友義鑑)親敦（花押）

若林大炊助殿

二五　大友親敦（義鑑）感状

(包紙ウハ書)「若林掃部助殿　　　　親敦」

去月廿七於瀬田尾攻口、被砕手、小者被疵之由候、忠儀感悦候、弥軍忠肝要候、必追而可賀申候、恐々謹言、

七月六日　　親敦（大友義鑑）（花押）

若林掃部助殿

（奥切封）「（墨引）」

二六　大友義鑑（義鑑）書状

就當時兵船等之儀、済々之儀、雖推量候、有用所候、来九日到来候者、可為悦喜候、恐々謹言、

十月六日　　（大友）義鑑（花押）

若林越後守殿

（礼紙切封ウハ書）「（墨引）

若林越後守殿　　義鑑」

二七　大友氏奉行人連署奉書

（新包紙ウハ書）「民部少輔長景ら佐賀郷政所江下知状二」

（包紙ウハ書）「佐賀郷政所殿　　民部少輔長景」

當郷之内、御庵御抅之内五貫分事、被宛行若林次郎左衛門尉訖、任　御判之旨、可被打渡之由、依仰執達如件、

享禄元年十二月八日　　（臼杵長景）民部少輔（花押）

（田北親員）大和守（花押）
（田口親忠）伊賀守（花押）
（津久見常清）備中守（花押）
（入田親廉）丹後守（花押）

佐賀郷政所殿

二八　大友義鑑書状

（新包紙ウハ書）「若林越後守殿　　義鑑」
（端裏切封）「（墨引）」

（菊池）就義宗於堺目滞在之儀、心底之趣、以　神名承候、乍案中御頼敷候、弥可被励忠儀事、併頼存候、猶以面可
申候、恐々謹言、

二月廿六日　　（大友）義鑑（花押）

若林越後守殿

二九　大友義鑑書状

（包紙ウハ書）「若林藤六殿　　義鑑」
（端裏切封）「（墨引）」

（菊池）就義宗於堺目滞在之儀、心底之趣、以　神名承候、乍案中御頼敷候、弥可被励忠儀事、併頼存候、猶以面可

申候、恐々謹言、

二月廿六日　　（大友）義鑑（花押）

若林藤六殿

三〇　大友義鑑書状

（新包紙ウハ書）「義鑑公ゟ御書一　若林越後守江」

（端裏切封）「（墨引）」

今度弓矢之事、別而馳走憑存候、乍勿論弥可被任下知外、不可有之候、縦又於私雖有宿意之輩、抛萬事、可被励忠貞事、永々不可有忘却候、併頼入候、猶心底無腹蔵可承候、恐々謹言、

八月十九日　　（大友）義鑑（花押）

若林越後守殿

三一　大友義鑑知行預ケ状

[誤]

（包紙ウハ書）「若林弾正忠殿　　義鑑」

筑後國之内三町分坪付在別帋事、預置候、可有知行候、

恐々謹言、

九月二日　　（大友）義鑑（花押）

[正]

（新包紙ウハ書）「若林弾正忠殿　　義鑑」

筑後國之内三町分坪付在別帋事、預置候、可有知行候、

恐々謹言、

九月二日　　（大友）義鑑（花押）

若林弾正忠殿　　　　　　　若林弾正忠殿

三二　大友義鎮感状

（端裏切封）「（墨引）」

就今度入田丹後守親子（親廉・親真）成敗之儀、在陣辛労感悦候、弥可被励忠貞事肝要候、必追而可賀申候、恐々謹言、

（天文一九年）三月十九日　　　（大友）義鎮（花押）

若林弾正忠殿

三三　大友義鎮名字状

（包紙ウハ書）「若林藤六殿　　　義鎮」

（端裏切封）「（墨引）」

名字之事、以別紙認進之候、恐々謹言、

（弘治二年）十二月十三日　　　（大友）義鎮（花押）

若林藤六殿

三四　大友義鎮名字書出

[誤]

（包紙ウハ書）「若林藤六殿　　　義鎮」

[正]

加冠名字之事
　　橘鎮仲
弘治三年十二月十三日

加冠名字之事
　　橘鎮仲
弘治三年十二月十三日

三五　大友義鎮書状

（包紙ウハ書）「若林四郎殿　　　　義鎮」
（端裏切封）「（墨引）」
當浦警固之儀、至同名藤六申付候之處、以同心別而馳走之由、喜悦候、猶岡部大蔵少輔可申候、恐々謹言、
　六月十一日　　　　（大友）義鎮（花押）
　　若林四郎殿

三六　大友義鎮官途状

（新包紙ウハ書）「若林四郎殿　　　　義鎮」
（端裏切封）「（墨引）」
弾正忠望之由、可存知候、恐々謹言、
　八月廿五日　　　　（大友）義鎮（花押）
　　若林四郎殿

三七　大友義鎮万雑点役免許状

［誤］

（新包紙ウハ書）「若林弾正忠殿　義鎮」

安岐郷之内、其方領地分万雑点役之事、為加恩令
免許候、至役所可申理事肝要候、恐々謹言、

卯月十五日　（大友）義鎮（花押）

若林弾正忠殿

（礼紙切封）「（墨引）」

三七　大友義鎮万雑点役免許状写

［正］

（新包紙ウハ書）「若林弾正忠殿　義鎮」

安岐郷之内、其方領地分万雑点役之事、為加恩令
免許候、至役所可被申理事肝要候、恐々謹言、

卯月十五日　（大友）義鎮（花押影）

若林弾正忠殿

（礼紙切封）「（墨引）」

三八　大友義鎮感状

［誤］

（新包紙ウハ書）「義鎮公ゟ御書出二　若林弾正忠江」

於其浦賊船狼籍（マヽ）之刻、則時懸付、砕手、被疵之由、
誠忠貞之次第、感心候、必追而一段可賀之候、
恐々謹言、

二月廿九日　（大友）義鎮（花押）

若林弾正忠殿

（礼紙切封ウハ書）「（墨引）」

［正］

於其浦賊船狼籍（マヽ）之刻、則時懸付、砕手、被疵之由、
誠忠貞之次第、感心候、必追而一段可賀之候、
恐々謹言、

二月廿九日　（大友）義鎮（花押）

若林弾正忠殿

（礼紙切封ウハ書）「（墨引）」

若林弾正忠殿　　　　義鎮」　―　若林弾正忠殿　　　　義鎮」

三九　大友義鎮万雑点役免許状

「（包紙ウハ書）若林塩菊殿　　　　義鎮」

「（端裏切封）（墨引）」

野津院其方給地之事、万雑諸点役等可免許候、可得其意候、恐々謹言、

八月廿三日　　　　（大友）義鎮（花押）

若林塩菊殿

四〇　大友義鎮知行預ケ状

「（新包紙ウハ書）義鎮公ゟ若林塩菊江御書出二」

「（端裏切封）（墨引）」

於肥後國中拾町分坪付在別紙事、預置候、可有知行候、恐々謹言、

十一月十九日　　　　（大友）義鎮（花押）

若林塩菊殿

四一　若林鎮興給地坪付

「（包紙ウハ書）坪付　　　　若林中務少輔」

「（端裏書）坪付　　若林中務少輔」

坪付

京都郡之内薬丸
一所四町　　須子右馬助跡

同郡之内検地村
一所弐町九段　　石津雅楽助跡

築城郡之内忠元名八町之内
一所弐町九段　　野村備後守跡

同郡赤坂絹冨
一所八町　　柿並三河跡

同郡忠元八町之内
一所四丁壱段　　城井左衛門尉跡
　　　　　　　　防家
　　　　　　　　斎藤十郎跡

同郡桑田光富十壱町卅代之内
一所五町五段十五代　　鳥田九郎跡

同郡安末
一所四町九段卅代　　杉美作守跡

同郡大野弁分四十町之内
一所拾弐町　　杉大炊助
　　　　　　　飯田左近将監両人跡

以上、

若林中務少輔
鎮興（花押）

「（裏書）此坪付之前、不差合在所、可有知行者也、

（吉岡宗歓）（花押）

（戸次鑑連）（花押）

（吉弘鑑理）（花押）

（臼杵鑑速）（花押）」

四二　大内輝弘書状

［誤］

「(包紙ウハ書)十月六日永禄十一戊辰年
　若林中務少輔殿　　輝弘」

今度就渡海之儀、従(大友)宗麟警固船為大将、被　仰付候、遠方与申、御乗船対(大内)輝弘祝着存候、於遂本意者、於防長之間、百石足可進置候、先以明所次第、長州阿武郡萩之津麻生上総守先給五拾石足事、可有御知行候、此節別而御入魂頼存候、恐々謹言、

(永禄一一年)十月六日　　(大内)輝弘（花押）

若林中務(鎮興)少輔殿

四三　大友宗麟（義鎮）書状

［誤］

「(包紙ウハ書)若林中務少輔殿　　輝弘」

今度(大内)輝弘御渡海之条、両人事乍辛労以乗船、別而可被馳走事憑存候、殊至諸浦、警固船之儀申付候

［正］

「(新包紙ウハ書)十月六日永禄十一戊辰年
　若林中務少輔殿　　輝弘」

「(包紙ウハ書)若林中務少輔殿　　輝弘」

今度就渡海之儀、従(大友)宗麟警固船為大将、被　仰付候、遠方与申、御乗船対(大内)輝弘祝着存候、於遂本意者、於防長之間、百石足可進置候、先以明所次第、長州阿武郡萩之津麻生上総守先給五拾石足事、可有御知行候、此節別而御入魂頼存候、恐々謹言、

(永禄一一年)十月六日　　(大内)輝弘（花押）

若林中務(鎮興)少輔殿

［正］

今度(大内)輝弘御渡海之条、両人事乍辛労以乗船、別而可被馳走事憑存候、殊至諸浦、警固船之儀申付候

間、両人之裁判肝要候、万一未断之船頭於有之者、
迫而以交名承、一途可申付候、雖無申迄候、輝弘
得御意、帰國可為祝着候、猶田原近江守（親賢）可申候、
恐々謹言、

間、両人之裁判肝要候、万一未断之船頭於有之者、
迫而以交名承、一途可申付候、雖無申迄候、輝弘
得御意、帰國可為祝着候、猶田原近江守（親賢）可申候、
恐々謹言、

（尾欠）

四四　大友宗麟（義鎮）軍忠注進披見状

（新包紙ウハ書）「ヨシヽケ公永禄十二己巳年八月九日
首注文一
周防合尾浦ノカン状一」

（大友宗麟）（花押）

永禄十二年八月九日至防州合尾浦（秋穂浦）取懸、被打崩砌、若林中務少輔鎮興自身分捕高名、同親類被官或分捕粉骨、
或被疵人数着到、銘々加披見畢、
頸一　若林中務少輔　討之、
頸一　若林弾正忠　討之、
頸一　若林藤兵衛尉　討之、
頸一　樋口左馬助　討之、
頸一　手火矢疵　合澤市介　討之、
若林大炊助　手火矢疵

木田主殿助　矢疵
内田新十郎　鑓疵矢疵
仁兵衛　手火矢疵
以上、

四五　大友宗麟（義鎮）万雑点役免許状

（包紙ウハ書）
「若林中務少輔殿　　宗麟」

毎々警固船馳走辛労感悦候、然者野津院領地之事、万雑諸点役免許之段申候間、弥以検断不入、船誘等不可
有緩之儀候、恐々謹言、

（永禄一二年カ）
八月十一日　　（大友義鎮）宗麟（花押）

若林中務少輔（鎮興）殿

四六　大友宗麟（義鎮）感状

（包紙ウハ書）
「若林弾正忠殿　　宗麟」

（端裏切封）
「（墨引）」

前九至防州合尾浦（秋穂浦）取懸、打崩候之刻、被砕手、分捕高名之由、忠儀感悦無極候、必取静追而一段可賀之之趣、
猶吉岡越前入道（宗歓）可申候、恐々謹言、

（永禄一二年）
八月十六日　　（大友義鎮）宗麟（花押）

若林弾正忠殿

四七　大友宗麟（義鎮）感状

（包紙ウハ書）「若林中務少輔殿　　宗麟」
（端裏切封）「（墨引）」

前九至防州合尾浦（秋穂浦）取懸、無残所被打崩、数十人被討果之由候、就中自身分捕高名、同親類被官討捕頸注文、被疵着到加袖判進之候、今度忠儀之次第無比類候、殊敵船一艘被切取之由候、感悦候、何様取静、一稜可顕其志候、弥可被励馳走事、可為祝着候、猶吉岡越前入道（宗歓）可申候、恐々謹言、

（永禄一二年）八月十六日　　（大友義鎮）宗麟（花押）

若林中務少輔（鎮興）殿

四八　大友宗麟（義鎮）感状

（包紙ウハ書）「若林九郎殿　　宗麟」
（端裏切封）「（墨引）」

今度若林中務少輔（鎮興）以同心、令渡海、別而辛労之由、感悦候、弥可励馳走事、可為悦喜候、必追而可賀之候、恐々謹言、

（永禄一二年）八月十八日　　（大友義鎮）宗麟（花押）

若林九郎殿

四九　大友宗麟（義鎮）感状

「（包紙ウハ書）若林中務少輔殿　　宗麟」

「（端裏切封）（墨引）」

今度渡海已来、於所々軍労、殊親類被官被疵粉骨之次第、著到銘々加披見、乍案中感悦候、弥可被励馳走事、
可令悦喜候、必追而可顕其志候、恐々謹言、

（永禄一三年カ）八月二日　　（大友義鎮）宗麟（花押）

若林中務少輔（鎮興）殿

五〇　若林鎮仲書状

「（包紙ウハ書）坪付　　若林上総介」

「（端裏ウハ書）

鎮興公参人々御中　　若林次郎左衛門尉鎮仲」

一、少領地之事、自今以後至九郎、可申付由承候、任御意、時分相続不可有無沙汰候、

一、居屋敷并祭田、至三郎可被仰付候、此上相応御合力可忝候、弥々奉頼候、

一、彼五貫分之内、至三郎相當分地之事、堅九郎江可被仰聞事、可目出候、萬事御両所迄令申候、恐惶謹言、

元亀弐年

卯月二日　　（若林）鎮仲

（若林）鎮興公参人々御中

五一　若林鎮興書状

［誤］

尚々敷網船之儀、如前々相違有間敷候、
御りやう田幷居屋敷之事、親父任譲之旨、可預進
候、殊五貫分之内分地之事、至九郎兵衛可申付候、
聊不可有相違候、恐々謹言、
（元亀三年カ）
正月十四日　（若林）鎮興（花押）
三郎殿
「（礼紙切封ウハ書）
（墨引）　中務少輔
三郎殿　御宿所　鎮興」

［正］

尚々敷網船之儀、如前々相違有間敷候、
御りやう（料）田幷居屋敷之事、親父任譲之旨、可預進
候、殊五貫分之内分地之事、至九郎兵衛尉可申付
候、聊不可有相違候、恐々謹言、
（元亀三年カ）
正月十四日　（若林）鎮興（花押）
三郎殿
「（礼紙切封ウハ書）
（墨引）　中務少輔
三郎殿　御宿所　鎮興」

五二　大友宗麟（義鎮）軍忠注進披見状

（新包紙ウハ書）
「与州元亀三壬申年七月十九日
飯森頸着到一　ヨシ、ケ公　感状一」
（大友宗麟）
（花押）
元亀三年七月十九日於飯森要害攻口、若林中務少輔鎮興親類被官被疵、粉骨之次第、着到銘々加披見訖、
矢疵　若林九郎
手火矢疵　若林源四郎

石疵
丹生内蔵助
手火矢疵
合澤織部允
石疵
樋口市右衛門尉
手火矢疵
玄番
矢疵
源十郎

已上、

五三　大友宗麟（義鎮）書状

土囲廻屏之儀、至諸郷庄申付候、仍安岐郷之内、其方領地分諸点役免許之段、雖令存知候、此度之事者為所望、直馳走肝要候、猶奉行中可申候、恐々謹言、

十月廿四日　宗麟（大友義鎮）（花押）

若林弾正忠殿

（礼紙切封ウハ書）
「（墨引）
若林弾正忠殿　宗麟」

五四　大友義統名字状

（包紙ウハ書）
「若林八郎殿　義統」

（端裏切封）
「（墨引）」

名字之事、以別紙認進之候、恐々謹言、
（天正六年）正月十二日　　　（大友）義統（花押）
若林八郎（統昌）殿

五五　大友義統名字書出

［誤］
「（包紙ウハ書）若林八郎殿　　義統」
加冠名字事
橘統昌
天正六年正月十二日

［正］
加冠名字事
橘統昌
天正六年正月十二日

五六　大友義統感状

「（包紙ウハ書）若林九郎殿　　義統」
就日州行、若林中務少輔（鎮興）以同陳、従㝡前軍労感入候、必追而一段可賀之候、仍任九郎兵衛尉候、為存知候、
恐々謹言、
（天正六年）卯月十五日　　　（大友）義統（花押）
若林九郎殿

五七　大友義統書状

（包紙ウハ書）「若林中務少輔殿　　義統」

（端裏切封）「（墨引）」

就今度出張之儀申候之處、不日以渡海相籠日知屋城、別而辛労故、其堺過半属案中候、大慶候、先々諸軍打入候之条、為替番歴々差遣候、各於着城者、早々帰陣肝要候、恐々謹言、

（天正六年）卯月廿九日　　（大友）義統（花押）

若林中務少輔（鎮興）殿

五八　大友義統書状

其方事、度々之在陣軍労之段、令承知候、仍今度安岐郷之内廿貫分之事、借用候、彼代所之儀、方々取鎮、何様一稜可申与候、殊折々之書状加披見候、弥毎事可被励馳走事専一候、恐々謹言、

卯月十九日　　（大友）義統（花押）

若林弾正忠殿

（礼紙切封ウハ書）「（墨引）

若林弾正忠殿　　義統」

[誤]

五九　大友宗麟（義鎮）書状写

[正]

五九　大友宗麟（義鎮）書状

其堺無事之由、先以祝着候、然者跡勢兵粮之事、明日出船之儀申付候、彼衆被申談、来月十日迄堅固之覚悟肝要候、義統(大友)事者當國衆五日前ニ罷立、可加下知内意候、諸勢茂十日以後にてハ有ましく候、能々其國之衆へも被申聞専要候、就中山裏□調略専一候、於様躰者、柴田治右衛門尉・吉水新介へ申含候、爰元之儀少茂差急候之条、乍勿論其表不可有油断候、跡勢之事、早々可差立候處、寿庵一左右待候而遅々候、今日迄兎角之儀無到来候之間、先以跡勢之事、渡海之段申付候、聊茂油断候てハ不可然候、直所申候、日州衆無等閑一意之覚悟肝要候、於様躰者追々可申候、恐々謹言、

其堺無事之由、先以祝着候、然者跡勢兵粮之事、明日出船之儀申付候、彼衆被申談、来月十日迄堅固之覚悟肝要候、義統(大友)事者當國衆五日前ニ罷立、可加下知内意候、諸勢茂十日以後にてハ有ましく候、能々其國之衆へも被申聞専要候、就中山裏物内之調略専一候、於様躰者、柴田治右衛門尉・吉水新介へ申含候、爰元之儀少茂差急候之条、乍勿論其表不可有油断候、跡勢之事、早々可差立候處、寿庵一左右待候而遅々候、今日迄兎角之儀無到来候之間、先以跡勢之事、渡海之段申付候、聊茂油断候てハ不可然候、直所申候、日州衆無等閑一意之覚悟肝要候、於様躰者追々可申候、恐々謹言、（尾欠）

六〇　大友義統感状

(包紙ウハ書)「若林中務少輔殿　　義統」

(端裏切封)「(墨引)」

従薩州表立上賊船之事、警固船以馳走、可被打崩之段申候之處、前廿一敵船懸合、悪党被討果候之砌、鎮興(若林)

被砕手、分捕高名之次第、忠儀無比類候、連々之心懸、乍案中感悦候、殊親類被官或分捕、或被疵、貞心之覚悟祝着候、弥被申進、可被励粉骨事専一候、仍刀一腰進之候、誠顕寸志候、恐々謹言、

（天正六年カ）五月廿四日　（大友）義統（花押）

若林中務少輔（鎮興）殿

六一　大友義統一跡安堵状

「（包紙ウハ書）若林八郎殿　義統」

「（端裏切封）（墨引）」

親父（若林）中務少輔鎮興一跡之事、任相続之旨、領掌不可有相違候、恐々謹言、

二月廿一日　（大友）義統（花押）

若林八郎殿

六二　大友義統跡目安堵状

「（包紙ウハ書）若林宮菊殿　義統」

「（端裏切封）（墨引）」

養父九郎統久跡目之事、任譲之旨、領掌不可有相違候、恐々、

二月廿一日　（大友）義統（花押）

若林宮菊殿

六三　大友義統知行預ケ状

（端裏切封）
「（墨引）」

連々奉公辛労之条、佐賀郷之内多聞院領赤井五貫分・筑前國之内野間口弐拾五町分・同國博多之内寶光寺之事、（大友義鎮）休庵任御入魂之旨預置候、可有知行候、右之地如前々、万雑諸点役、可為検断不入之免許候、恐々謹言、

（天正八年カ）五月廿六日　　（大友）義統（花押）

若林中務少輔（鎮興）殿

六四　大友義統書状

[誤]

猶々爰元様躰、野上隼人入道江中含候間、不能書載候、猶重々可申上候矣、

若林中務少輔（鎮興）訴訟之事、度々以寒田勘右衛門（紹冨）入道被仰下候之条、多聞院領之事、自他國同前申与候、㝡前被仰遣之首尾之条、書状相調上進仕候、早速可被仰付候、将又南郡衆之事、急速可差寄之段、加下知候間、不可有油断之儀候、委細猶（以下折返）「重畳可申上候、恐惶謹言、

（天正八年カ）五月廿七日　　（大友）義統（花押）

[正]

猶々爰元様躰、野上隼人入道江中含候間、不能書載候、猶重々可申上候矣、

若林中務少輔（鎮興）訴訟之事、度々以寒田勘右衛門（紹冨）入道被仰下候之条、多聞院領之事、自他國同前申与候、㝡前被仰遣之首尾之条、書状相調上進仕候、早速可被仰付候、将又南郡衆之事、急速可差寄之段、加下知候間、不可有油断之儀候、委細猶（以下折返）「重畳可申上候、恐惶謹言、

（天正八年カ）五月廿七日　　（大友）義統（花押）

（奥ウハ書）「休庵様
参人々御中
義統」

――――

（折返奥ウハ書）「休庵様
参人々御中
義統」

六五　大友圓斎（義鎮）書状

（新包紙ウハ書）「宗麟公也、
休庵公江義統公ヨリ御書一
宗麟公也、
義統公江圓斎公ヨリ御返翰一
中務少輔御書状ニ添」

追而若林への判形、爰元にて可渡遣之由候条、任承申聞候、為御存知候矣、
若林中務少輔（鎮興）訴訟之儀付而、先日已来以寒田紹冨申旨候處、多聞院領之事、自他國同前裁許之由承候、祝着候、船役等多年分過之馳走、渕底依令存知申事ニ候つる、従今茂海上警固等之儀、辛労不可有盡期候条、被加力候事、尤肝要存候、右之趣前日以状承候間、自是令申候、恐々謹言、
（天正八年カ）六月三日　（大友義鎮）圓斎（朱印）
（大友）義統まいる御返申給へ

（折返奥ウハ書）「義統まいる御返申給へ
圓斎」

六六　大友義統軍忠注進披見状

[誤]

(新包紙ウハ書)
「ヨシム子公天正八庚辰年八月廿日
阿岐表ノカン状　　」
(大友義統)
(花押)

天正八年八月廿日従上表兵船立下、於安岐切寄表
懸合防戦、依被砕手、退散之刻、向地室冨口迄付
送、諸警固船帰津之砌、同廿二若林中務少輔(鎮興)敵船
一艘切取、鎮興自身分捕高名、其外親類被官討捕
頸着到、銘々加披見訖、
頸一　野田弥右衛門　若林中務少輔討之、
頸一　小田原丹後　若林因幡守討之、
頸一　若林九郎兵衛尉討之、
頸一　幸野勘介討之、
頸一　丸尾新五兵衛尉討之、
頸一　合澤市介討之、
被疵衆
首藤源介

[正]

(新包紙ウハ書)
「ヨシム子公天正八庚辰年八月廿日
阿岐表ノカン状　　」
(大友義統)
(花押)

天正八年八月廿日従上表兵船立下、於安岐切寄表
懸合防戦、依被砕手、退散之刻、向地室冨(室積)口迄付
送、諸警固船帰津之砌、同廿二若林中務少輔(鎮興)敵船
一艘切取、鎮興自身分捕高名、其外親類被官討捕
頸着到、銘々加披見訖、
頸一　野田弥右衛門　若林中務少輔討之、
頸一　小田原丹後　若林因幡守討之、
頸一　若林九郎兵衛尉討之、
頸一　幸野勘介討之、
頸一　丸尾野新五兵衛尉討之、
頸一　合澤市介討之、
被疵衆
首藤源介

三郎右衛門
五郎兵衛
太郎左衛門
已上、

三郎右衛門
五郎兵衛
太郎左衛門
已上、

六七　大友義統感状

(包紙ウハ書)「若林中務少輔殿　　義統」
(端裏切封)「(墨引)」

今度従上表兵船数十艘立下候之處、於安岐浦懸合防戦、依被砕手、即時退散之刻、向地迄付送、被盡軍労、剰鎮興事、敵船一艘切取、自身分捕高名、忠儀無比類候、同親類被官銘々討捕頸、以着到承候之条、加袖判候、然者先年防州合尾浦(秋穂浦)、殊於去年与州火振嶋(日振島)茂、分捕被励粉骨候、及度々心懸之次第、誠感悦無極候、自他之覚不可過之候之条、向後不可有忘却候、仍刀一腰左進之候、委細竹田津雅楽助申含候趣、猶志賀安房入道(道輝)可申候、恐々謹言、

(天正八年)八日廿六日　　(大友)義統(花押)

若林中務少輔(鎮興)殿

六八　大友宗麟（義鎮）感状

従志賀伊勢入道所如注進到来者、前十一於竹網代賊船一艘引取、仲津浦江誠置之由候、近日度々如申候、留守中海上用心等第一ニ申候処、如此之仕合、連々之忠意、弥令首尾候之事、貞心粉骨之次第、永々不可有忘却候、何様取鎮一稜可顕其志候、倍江中打廻等之儀、深柄（深江）与右衛門尉被申談、可被励馳走事肝要候、委細猶道輝（志賀親守）可申候、恐々謹言、（尾欠）

六九　志賀道輝（親守）書状

（包紙ウハ書）
「　　　　　志賀安房入道
若林中務少輔殿　　　　　　道輝」

（端裏切封）
「（墨引）」

今度至安岐表、兵船雖立下候、無指行引上候砌、各向地迄付送、被盡軍労、就中鎮興（若林）為一分敵船一艘切取、数輩討果頸進上、誠高名粉骨之次第　御感深重候、此等之趣　御書幷御腰物一腰被差遣候、旁御面目之至珍重候、委細至竹田津雅楽助、被　仰含候、恐々謹言、

（天正八年）
八月廿六日　　　　道輝（志賀親守）（花押）
若林中務少輔殿（鎮興）

七〇　大友氏奉行人連署奉書

（新包紙ウハ書）
「　　　志賀安房入道

若林中務少輔殿

朽網三河入道
志賀常陸入道
戸次左京進入道
一万田三河入道」

當時方々無實所候之条、其方領内浦、前々儀堅固差搦、雖為小船数艘誘持、御下知次第可被遂其節之由、
被仰出候、被得其意、聊不可有油断之儀候、恐々謹言、

二月六日

宗慶（一万田鑑実）（花押）
宗傑（戸次鎮秀）（花押）
道雲（志賀鑑隆）（花押）
宗歴（朽網鑑康）（花押）
道輝（志賀親守）（花押）

若林中務少輔（鎮興）殿

（以下折返）「志賀安房入道
朽網三河入道
志賀常陸入道
戸次左京進入道
一万田三河入道

七一　大友義統書状

（新包紙ウハ書）「若林越後入道殿　義統」

態染筆候、仍至口津（口之津）無餘儀用所之子細候、打続辛労雖無盡期候、舟一艘可預馳走候、上乗・水主・武具以下、
手堅可被申付事肝要候、殊両郷済物運送舟之儀、是又無油断、可被差渡候、猶小原右馬助可申候、恐々謹言、

（天正一四年）十一月廿一日　（大友）義統（花押）

若林越後入道殿

（折返奥ウハ書）「若林越後入道殿」

七二　大友義統感状

（新包紙ウハ書）「感状
若林越後入道殿　義統」

今度薩广之悪党國中へ令現形、既至庄内乱入候之處、遂籠城、用心方普請等無緩之由、乍案中感悦候、休庵（大友義鎮）
任下知、弥可被励馳走事肝要候、必取鎮一稜可賀之候、恐々謹言、

（天正一五年）正月廿八日　（大友）義統（花押）

若林越後入道殿

（折返奥ウハ書）「若林越後入道殿」

七三　大友義統感状

「(新包紙ウハ書)若林八郎殿　　義統」

今度薩广之悪党國中江令現形、既至庄内乱入候之處、遂籠城、用心方普請等無緩之由、乍案中感悦候、(大友義鎮)休庵任下知、弥可被励馳走事肝要候、必取鎮一稜可賀申候、恐々謹言、

(天正一五年)正月廿八日　　(大友)義統（花押）

若林八郎殿

「(折返奥ウハ書)若林八郎殿」

七四　若林中務入道（鎮興）給地坪付

「(新包紙ウハ書)若林中務入道とのへ」

(大友義統)（花押）

坪付

高田庄之内
一所拾七貫分　　森左近跡

野津院之内
一所拾貫分　　木付左馬助 先給

野津院之内
一所拾貫分　　堀民部丞 先給

已上、

天正十五年八月十三日

若林中務入道殿（鎮興）

（折返奥ウハ書）
「若林中務入道殿」

七五　若林中務入道（鎮興）給地坪付

（大友義統）
（花押）

坪付

高田庄之内
一所廿七貫分　森左近跡

同庄之内
一所十貫分　挾間田甚介跡

已上、

天正十五年八月十三日

若林中務入道殿（鎮興）

（折返奥ウハ書）
「若林中務入道殿」

七六　若林中務入道（鎮興）給地坪付

（大友義統）
（花押）

坪付

一所五貫分（野津院下村上平野）

中村左京跡

已上、

天正十五年八月十三日

若林中務入道殿（鎮興）

（折返奥ウハ書）
「若林中務入道殿」

七七　若林中務入道（鎮興）給地坪付

（大友義統）
（花押）

坪付

一所五貫分（野津院下村上平野）

中村左京跡

一所三貫（佐賀郷之内）

安藤掃部跡

己上、

天正十五年九月十一日

若林中務入道殿（鎮興）

（折返奥ウハ書）
「若林中務入道殿」

七八　若林中務入道（鎮興）給地坪付

（新包紙ウハ書）
「若林中務入道殿　　賀嶋織部佐
　　　　　　　　　　薭田内記允」

野津院木付左馬助先給弐拾貫分□割分拾貫分坪付之事

篠枝七貫分之内半分三貫五百分

一所田地壱斗六舛蒔　おなふ
一々田地六舛蒔　秋田
一々田地五舛蒔　柿木田
一々田地弐斗二舛蒔　鬼法師か迫
一々田地六舛蒔　同所
一々田地壱斗蒔　同所
一々田地壱斗六舛蒔　同所
一々田地壱斗六舛蒔　あらけ
一々田地七舛蒔　小河内
一々田地四舛蒔　小谷
一々田地壱舛蒔　戸ノ下
一々田地弐舛蒔　戸ノ上
一々田地三舛蒔　すミかま

一々田地壱斗蒔　新かひ
一々田地四舛蒔　たかひやけ
一々田地三舛蒔　杉その

畠地分

一所畠地一段　前はたけ
一々畠地四舛蒔　同所北ノ下
一々畠地四舛蒔　同所
一々畠地弐舛蒔　同所
ふこたんうらにとをす
一々下ノ屋敷　篠枝門
一々屋敷　徳ノ尾上ノ屋敷
一々野畠一段　うしろその
一々畠地一段　いはのくほ
一々畠地三舛蒔　こへかと
一々畠地壱舛蒔　すきその
一々畠地弐舛蒔　なかはたけ
一々畠地三舛蒔　にし畠
一々野畠半一段ヲ二ニワル　ひかし畠
浮免
一々野畠一段　中ノ原之内 くほ

一々野畠一段下ノキレ　ゑひらかさこ
一々野畠半上ノキレ　同所
中之原
山野半分堺一方ハ畠ノドイ 一方ハツイチ三ノスミ　東ノ方
鍛冶屋三貫分之内半分壱貫五百分
一所田地壱斗弐舛蒔　井のさこ
しり
一々田地六舛蒔一段ヲ二ツニワル　おき原田
一々田地六舛蒔町ほり　田尻
畠地分
一所畠地半分ひかしの方道わけ　鍛冶屋津留
一々野畠四舛蒔　井のさこ
一々畠地五舛蒔田ふち　同所
一々畠地八舛蒔うへのたん　同所
一々畠地八舛蒔尾の上　同所
下ノ方
一々野畠一枚堺ハ秡、一方ハほんれい花　鳥居畠
一々野畠六舛蒔　井のさこの辻
大山野半分ひかしの方
日南六貫分之内半分三貫文
一所田地弐斗壱舛蒔　みたれはし

一々田地壱舛五合蒔　同所かミのきれ
一々田地弐舛蒔　同所かミのきれ
一々田地四舛蒔　野そひかミのきれ
一々田地四舛蒔上ノ方　竹遍の下
一々田地九舛蒔寺の方　興善寺ノ前
一々田地四舛蒔　同所
一々田地六舛蒔なふての下はかり　ひ井かけのさこ
一々田地四舛五合蒔町ほり　八くまの下
一々田地三舛蒔用作之上　同所
一々田地壱斗三舛蒔　池田口
一々田地六舛蒔年々あれふ（荒不）　同所
一々田地八舛蒔用作　八くまの下
双方井手料
一々田地弐舛五合蒔　興善寺ノ前三段之内

畠地分

一所畠地七舛蒔　八くまの下
一々畠地五舛蒔　同所
一々畠地八舛蒔茶木畠相加之、　城のひら
一々畠地一段（マヽ）　おふちかさこ

一々畠地六斗蒔　まへ畠
一々畠地壱斗蒔　屋敷分
一々野畠弐舛蒔　むかいひら
一々野畠三舛蒔　にしのひら
一々畠地三舛蒔　屋敷分
一々一屋敷　大くほ
一々畠地六舛蒔　同所
一々野畠二枚　寺の上
一々畠地八舛蒔　でくち
一々畠地壱斗二舛蒔　くほ畠半分
一々一屋敷　そのゝやしき
一々野畠くほ分　たうせうくほ半分
一々屋敷中 さかいひかし秡 ノさかいほう蔵 西ハツイチノスミ　原のやしき半分
一々畠地半分　屋敷分
寺上之原之堺南ハついちのすミ 北ハひなた屋敷のすミの桜也、
日南之原大堺東西之大道を限て北之方此内也、
下はらい三貫分之内壱貫五百分
一所田《すなた》地六舛蒔　弁指分

いわのもと
一々田地三舛蒔　同人

こへ
一々田地三舛蒔吉野おもて　同人

こまた
一々田地壱斗蒔　用作

かち田
一々田地壱斗蒔　用作

柿田ノさこ
一々田地三舛蒔　弁指分

上のせまち
一々田地壱斗蒔　柿田

なか
一々田地八舛蒔　溝辺

水口
一々田地壱斗五舛蒔　なりあい

一々田地三舛五合蒔　びしや門

畠地分

まへくほ
一所畠地弐斗八舛蒔　弁指分

うしろくほ
一々畠地半分八舛蒔　同人

一々屋敷山野ハ谷分半分此内也、　名子分

一々畠地半分六舛蒔　柿田屋敷

一々山野半分　柿田

大堺者、惣見いミの谷たわら石

田ふちハ、竹のうしろ岩藤か谷三ツ石　人遣有り、

松尾のひらの栗木なり、大山野半分

已上、

天正拾五年丁亥拾月十日

蒋田内記允
鎮真

賀嶋織部佐
鎮恵（花押）

若林中務入道殿（鎮興）

七九　大友義統袖判佐賀関掟書

（新包紙ウハ書）
「若林越後入道殿　　義統」

（大友義統）
（花押）

條々

一、関両浦町立之事付東西構之事幷掃除之事

一、計屋両浦可為三間之事付員数等、同銀銭可召遣趣、府内・臼杵可為同前はかりてんびんたるへき事

一、火事出来之時、隣三間向三間可有其閉目、至火主者可處厳科事

一、閣本奉行人企直訴輩、縦雖為順儀之中事、可准非道之事

一、地下人或号肩入、或人被官堅可停止、剰弁指専道已下迄、甚不可然之条、稠申聞、於背法度者、則可成敗事

一、従前々相定諸公事納所等免許之儀、可改易、於自今已後者、其取沙汰肝要之事

一、用所之刻、臨其時一雅意之口能可申族、為後人一途可申付事付一味同心之申事、禁制之事

一、旅船着津之砌、其國之問丸、従往古在之之条、以借宿憲法、売買等之取沙汰可為専一事
一、宮山之儀者不及申、若御子山・烏帽子岳其外山野法式、殊猪鹿同前之事付牧馬不可成綺事
一、喧嘩闘諍之儀、不決理非、一結可成敗事
一、神主・宮主・検校両三人江用所之砌者、公役之儀可申付之事
　　己上、
右、背法度輩於在之者、不謂贔屓用捨、以交名承、可加下知者也、
　天正十六年六月廿八日　　　　　　浦長□
　　若林越後入道殿

八〇　浦上道冊書状

（前欠）其刻者、如貴宿可参之由承候、御懇之御意畏存候、先日ふた〳〵と罷帰候而、于今無念千萬候、公用之事候へハ、不及兎角候、爰元様子承合候而、必々参上之有無自是可申達候、重々前日之様ニ御座候へハ、無曲存候間、重而可申達候、煩之故書中不可有正躰候、恐々謹言、
　三月十四日　　　　　　道冊（浦上）（花押）

八一　大友吉統（義統）書状写

（包紙ウハ書）「若林中務入道殿　　　　吉統」

「《（端裏切封）》（墨引）」
為八朔祝儀、三種送給候、祝着候、従是茂賀例計之趣、猶斎藤紀伊入道《（道瓅）》可申候、恐々謹言、
八月一日　　吉統《（大友）》（花押影）《（異筆）「本書判壱分半高シ」》
若林中務入道《（鎮興）》殿

八二　大友義延書状

「《（新包紙ウハ書）》若林中務入道殿　　義延」
尚々内膳と久内事、此表別而辛労候、感悦候、已上、
書状祝着候、此表牧東城無程落去候而、一昨日八昌原迄被打入候、近々如其表可罷越候之間、以面可申候、其元堪忍之段、辛労不及申候、尚小田原左京亮可申候、恐々謹言、
《（文禄元年カ）》七月十日　　義延《（大友）》（花押）
「《（折返奥ウハ書）》若林中務入道殿」

八三　大友中庵（義統）書状写

なを〳〵下かういこ、たうらい《（到来）》なく候、心もとなく候、甚ない事、へつ《（別）》してれんミんをくハへ候、心やすかるへく候、
こんとくハんとう《（関東）》けかう《（下向）》につゐて、甚《（若林）》ない事おんこくまでの見とゝけ、まことにれん〳〵のかくこ《（覚悟）》とハ申なから、たのもしく候、いますこしこゝもと《（爰元）》ありつき候ハゝ、しふんを以て、そのかたの見まひ申付へく候、

此せつのことに候まゝ、何とそるすあひつゝけ、此「(以下折返)かたのたうらい(到来)まちうけ候へく候、甚ない事れんみん
さうゐ(相違)なく候あひた、心やすかるへく候、ことに長くまさかしく候や、すいふん人たて候へく候、くハしく
ハかさねて申へく候、かしく、

(慶長五年カ)二月廿五日　　ちう庵(大友義統)（花押影）

わか林甚内允
うらへ(裏)

「(貼紙)本書ノ帋ニ
竪三分横五分
弱シ判分中下ル」

[誤]

八四　大友中庵（義統）書状

「(新包紙ウハ書)中庵公ヨリ
若林甚内允江御書三
同人裏江　同　一写」

今度関東迄見届之次第、乍案中感悦無極候、高麗
以来至于今馳走之心懸、永代不可有忘却候、然者
爰元當時人数等、無用所候間、以番手差替度候、
為其臼杵右京亮差上候、以同心罷上、老母妻子以

[正]

八四　大友中庵（義統）書状写

「(新包紙ウハ書)中庵公ヨリ
若林甚内允江御書三
同人裏江　同　一写」

今度関東迄見届之次第、乍案中感悦無極候、高麗
以来至于今馳走之心懸、永代不可有忘却候、然者
爰元當時人数等、無用所候間、以番手差替度候、
為其臼杵右京亮差上候、以同心罷上、老母妻子以

[誤]

下、以作舞（マヽ）来秋速下向待入候、宗巌（大友義統）進退外聞、可
然於成立者、相應之心付、何様不可有別儀候、雖
無申迄候、此節之事候条、牢労（籠カ）相続候之様ニ、以
才覚弥可被励貞意「（以下折返）事肝要候、猶岐部左近入道（一達）・
竹田津志广（一木）入道可申候、恐々謹言、
（慶長五年カ）三月二日　中庵（大友義統）（花押）
「（奥ウハ書）若林甚内允殿」
（貼紙）「本書竪三分弱」

八五　大友中庵（義統）書状

（新包紙ウハ書）「中庵公ヨリ
若林甚内允江御書」
（端裏書）「若林甚内允殿」
幸便之条染筆候、其表毎事無替儀之由、珍重候、
此地無事候、可心安候、殊先度清水半内罷下候刻、
為音信銀子到来、祝着之至候、各當時之仕合、従
此方私歎敷候處、如此之志却而痛入候、何茂寄特

[正]

下、以作舞来秋速下向待入候、宗巌（大友義統）進退外聞、可
然於成立者、相應之心付、何様不可有別儀候、雖
無申迄候、此節之事候条、牢労（籠カ）相続候之様ニ、以
才覚弥可被励貞意「（以下折返）事肝要候、猶岐部左近入道（一達）・
竹田津志广（一木）入道可申候、恐々謹言、
（慶長五年カ）三月二日　中庵（大友義統）（花押影）
「（奥ウハ書）若林甚内允殿」
（貼紙）「本書竪三分弱」

八五　大友中庵（義統）書状写

（新包紙ウハ書）「中庵公ヨリ
若林甚内允江御書」
（端裏書）「若林甚内允殿」
幸便之条染筆候、其表毎事無替儀之由、珍重候、
此地無事候、可心安候、殊先度清水半内罷下候刻、
為音信銀子到来、祝着之至候、各當時之仕合、従
此方私歎敷候處、如此之志却而痛入候、何茂寄特

之存寄、雖不新儀候、感心深重候、必用所次第可
召寄候之間、可得其意候、恐々謹言、

（慶長五年カ）九月五日　（大友義統）中庵（花押）

若林甚内允殿

八六　大友中庵（義統）書状

[誤]

幸便之条染筆候、其後其許無到来候、無事候之哉、
此方聊無替儀候条、可心安候、仍一木（竹田津）事妻子為見
舞罷帰候、就其至其方、彼是用所之子細共候之条、
申遣候、能々承知干要候、銘々雖申度候、遠路之
儀候之条、（以下折返）「巨細一木江申聞候、為存知候、恐々
謹言、

（慶長五年カ）正月廿日　（大友義統）中庵（花押）

若林甚内允殿

（貼紙）「横本書ノ帋ニ
七分弱シ」

之存寄、雖不新儀候、感心深重候、必用所次第可
召寄候之間、可得其意候、恐々謹言、

（慶長五年カ）九月五日　（大友義統）中庵（花押影）

若林甚内允殿

八六　大友中庵（義統）書状写

[正]

幸便之条染筆候、其後其許無到来候、無事候之哉、
此方聊無替儀候条、可心安候、仍一木（竹田津）事妻子為見
舞罷帰候、就其至其方、彼是用所之子細共候之条、
申遣候、能々承知干要候、銘々雖申度候、遠路之
儀候之条、（以下折返）「巨細一木江申聞候、為存知候、恐々
謹言、

（慶長五年カ）正月廿日　（大友義統）中庵（花押影）

（奥ウハ書）「若林甚内允殿」

（貼紙）「横本書ノ帋ニ
七分弱シ」

二　合澤康就氏蔵「若林文書」と伊東東氏稿本「若林文書」

（一）『大分県史料』収載「若林文書」の誤刻

昭和三二（一九五七）年に刊行された『大分県史料』一三のなかに、「原本焼失伊東東氏稿本による」とした「モト三重町大字市場合沢金兵衛氏所蔵「若林文書」」二十七点が翻刻されている。大分県三重町（現豊後大野市）の合沢金兵衛氏が所蔵していた「若林文書」が焼失してしまったため、大正から昭和前期に多くの郷土資料を調査・蒐集した伊東東氏の昭和六（一九三一）年作成稿本から同文書を復元翻刻したというのである。

以後、合沢金兵衛氏所蔵「若林文書」は、全国の中世史研究者が分析可能な活字史料となったが、実は、当該の「若林文書」は焼失していなかった。平成一六（二〇〇四）年三月、「若林文書」の現所蔵者合澤康就氏のご協力を得て、同文書群の調査を実施したところ、『大分県史料』一三掲載「若林文書」二十七点全ての現存を確認するとともに、『大分県史料』に未掲載の中世文書七点を現認することができた。そこで、平成二七（二〇一五）年一〇月に大分市教育委員会文化財課とともに、同三〇（二〇一八）年六月には国立歴史民俗博物館の荒木和憲氏とともに同家を再訪して、現存文書群全体の調査を行った[1]。

前述のように、『大分県史料』一三掲載「若林文書」は、昭和初期の伊東東氏稿本から復元翻刻したため、その釈文に多くの誤りを有している。その典型事例を一つ示そう。

『大分県史料』に、「若林文書」二〇として次の「大友義鑑書状」が翻刻されている。

如存知、真那井細々事申付候處、綱常（カ）候由申候、上野又六・深栖・若林其外彼方角者共、被申候て、調可然

候、其方も馳走肝要候、巨細若林弾正忠可申候、恐々謹言、
七月廿五日　義鑑《（大友）》（花押）
臼杵民部少輔《（長景）》殿

この翻刻文から、書状は、大友義鑑が有力家臣であり海部郡臼杵庄の領主である臼杵長景に宛てたもので、真那井地方の家臣に何らかの「細々事」を指示したので、上野・深栖・若林等に命じ、自身も含めて、その調略に奔走せよ、との大意が読み取れる。

しかし、合澤康就氏所蔵の本書状原本（図2）を確認すると、実際の文言は次の内容であった。

如存知、真那井網之事申付候処、網候ハす候由申候、上野又六・深柄《（深江）》・若林其外彼方角者共、被申候て、調可然候、其方も馳走あるへく候、巨細若林弾正忠可申候、恐々謹言、
七月廿五日　義鑑《（大友）》（花押）
臼杵民部少輔《（鑑栄）》殿

両者を比較して明らかなように、誤読は四ヶ所に及んでいる。「真那井細々事申付候」は「真那井網之事申付候」、「網常《（カ）》候由」は「網候ハす候由」、「深栖」は「深柄《（深江）》」、そして「其方も馳走肝要候」は「其方も馳走あるへく候」と修正できるのである。

すると、この書状の意味は、大友義鑑が真那井地方の家臣に網の調達を申し付けたところ、（網は調納できたが）

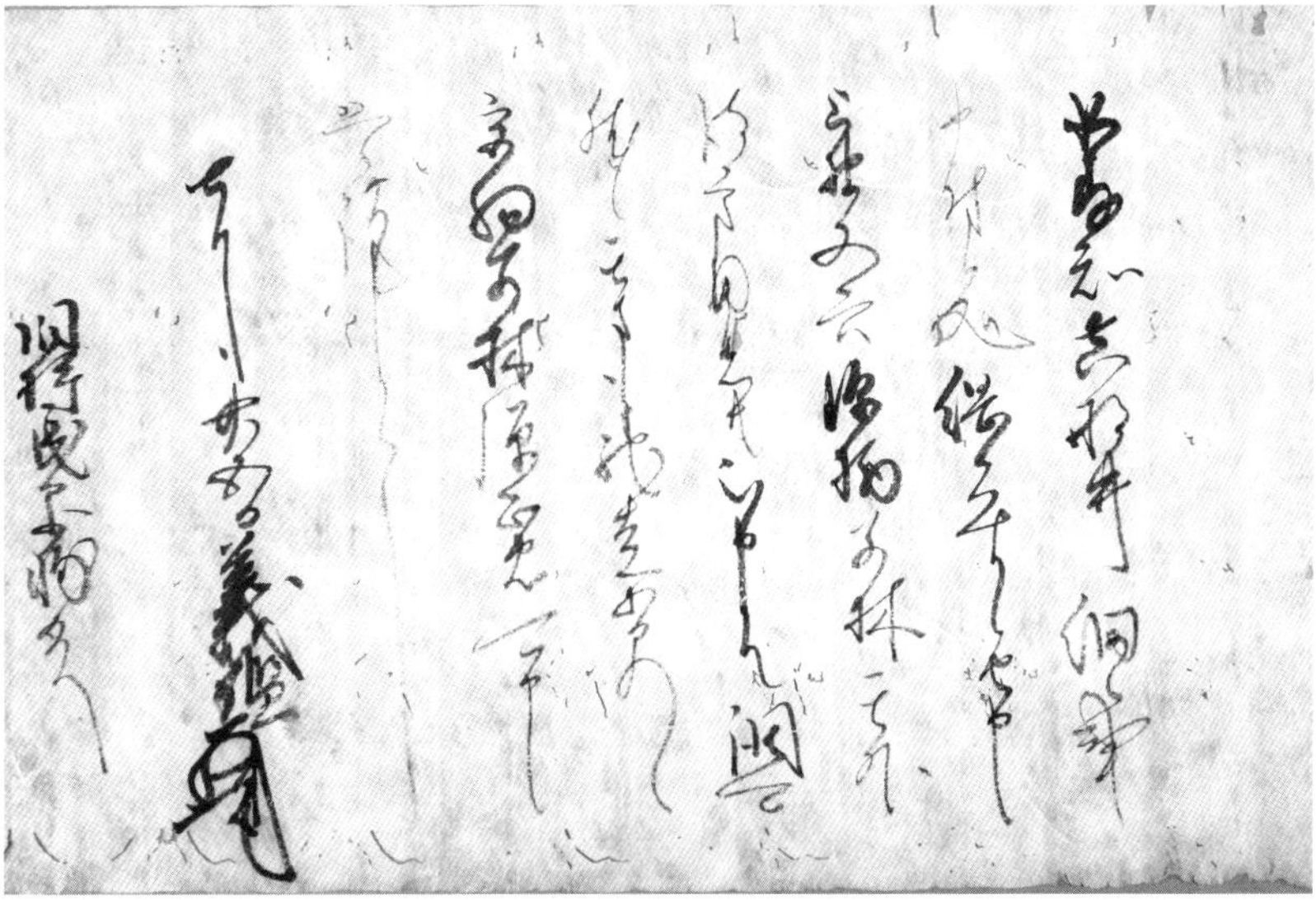

図2　合澤康就氏蔵「若林文書」中の「大友義鑑書状」原本

綱が払底していて調納できないとの返答があったため、上野・深江・若林等沿海部の他の家臣に命じ、自身も含めて、その調達に奔走せよ、となる。当初、「細々事」「綱常《(カ)》候」と読んだために、何らかの細かな政治的指示を大友氏が家臣に命じたものとして漠然ととらえることしかできなかったこの書状が、実は、戦国大名大友義鑑が家臣団から「綱」を調達する目的で発給した書状として生まれ変わったのである。

さらに、大名による「綱」や「綱」の調達という事実は、本書状に登場する家臣団の意味を際立たせる。例えば、綱の調達を命じられた「真那井」とは、別府湾を挟んで大友氏の本拠地豊後府内（大分市）の対岸に位置する速見郡真那井（大分県日出町）を本拠とする渡辺氏を指しており、同氏のもとには、「警固船之事、各申合、数艘可被誘置候」との大友義鑑書状や、「至土州、警固船可被差渡之由、兼日被仰付候条、舟誘等定而不可有油断候」との大友氏奉行人連署書状が残されている。(2)「真那井衆」と呼称された渡辺氏一族が、大友氏家臣として「警固船」の建造を担っているのである。

一方、綱の調納を要請された上野氏は、豊後国海部郡の臼杵庄から佐賀郷にかけての沿海部を本貫とする領主であり、海の武士衆として、永禄年間の上野鑑稔は「賊船搦」の活動を大友義鎮（宗麟）から賞され、上野統知は大内義隆による天文一六（一五四七）年度の遣明船に「十一歳ニテ随兵」し、また、統知の叔父親俊は弘治二（一五五六）年に倭寇禁圧宣諭のために豊後を訪れた明朝使節蔣洲を臼杵から豊前小倉へ護送する「軍船惣頭」として活動している(3)。そして、上野氏同様、若林氏も海部郡佐賀郷の港町一尺屋を本貫とする海民的性質を有する武士であることは、前節紹介「若林家文書」の随所から窺い知ることができる。すなわち、本書状で大友氏から「綱」の調達を要請された渡辺氏や上野氏、深江氏、若林氏は、多くの家臣団のなかでも、日常的には漁撈や造船・操船、水運等に生産活動の基盤を置き、合戦時等には大名権力参加の水軍として軍事的奉仕をする海民的武士衆としての性質を有していたことが、「若林文書」二〇の修正翻刻から明らかになるのである。

（二）合澤康就氏蔵「若林文書」の修正釈文

前節で述べたように、『大分県史料』一三掲載「若林文書」の翻刻文と現存の合澤康就氏蔵「若林文書」とでは、その内容に大きな相違点があり、現状のままでは『大分県史料』からの引用研究に支障をきたし、学界の発展を阻害しかねない。そこで本節では、合澤康就氏蔵「若林文書」の中世文書三十四点をあらためて修正翻刻する。特に、『大分県史料』で誤刻を生じている文書については、その正誤関係がわかるよう併記することとする（誤＝　、正＝　）。

一　大友義長官途書出

右衛門尉所望之由承候、可存知候、恐々謹言、

十一月三日　　　　(大友)義長（花押）

若林二郎殿

「(奥切封)（墨引）」

二　大友義長感状

(包紙ウハ書)「若林右衛門尉殿　　　　義長」

「(端裏切封)（墨引）」

就肥筑対治之儀、自最前預馳走候、令悦喜候、殊為無足辛労一入候、必追而可賀申候、恐々謹言、

(永正六年カ)十一月九日　　　　(大友)義長（花押）

若林右衛門尉殿

三　大友親安（義鑑）知行預ケ状

直入郷内市用宮内少輔跡北薗拾貫分事、預置候、可有知行候、恐々謹言、

(永正一三年)十二月廿一日　　　　(大友義鑑)親安（花押）

若林右衛門尉殿

「(奥切封)（墨引）」

四　大友氏奉行人連署奉書

［誤］

直入郷内北之薗市用宮内少輔跡拾貫分事、被宛行
若林右衛門尉跡(マヽ)、任御判旨可被打渡之由、依仰執
達如件、

永正十三年十二月廿三日　大炊助（花押）
右衛門尉（花押）
(臼杵長景)民部少輔（花押）
左衛門尉（花押）
(豊饒親富)弾正忠（花押）
(大神親照)左衛門大夫（花押）
(本庄右述)伊賀守（花押）

政所殿

［正］

直入郷内北之薗市用宮内少輔跡拾貫分事、被宛行
若林右衛門尉訖、任　御判旨可被打渡之由、依仰
執達如件、

永正十三年十二月廿三日　大炊助（花押）
右衛門尉（花押）
(臼杵長景)民部少輔（花押）
左衛門尉（花押）
(豊饒親富)弾正忠（花押）
(大神親照)左衛門大夫（花押）
(本庄右述)伊賀守（花押）

政所殿

五　親毎打渡状

［誤］

直入郷之内、北之薗拾貫分事、任御判旨進(マヽ)渡候、
可有御知行、依仰執達如件、

［正］

直入郷之内、北之薗拾貫分事、任　御判旨進渡候、
可有御知行候、依仰執達如件、

［誤］

永正十三年十二月廿七日　左近《（西牟田）》大夫親毎（花押）

若林右衛門尉殿

六　大友親敦（義鑑）名字状

［誤］

名字之事承《（候脱カ）》、別帋認進候可《（マヽ）》候、恐々謹言、

二月八日　親敦（花押）

若林源六殿

［正］

永正十三年十二月廿七日　左近大夫親毎（花押）

若林右衛門尉殿

［正］

「《（端裏切封）》（墨引）」

名字之事承候、別帋認進之候、恐々謹言、

二月八日　親敦《（大友義鑑）》（花押）

若林源六殿

七　大友親敦（義鑑）名字書出

加冠名字之事

橘敦俊

永正十七年二月七日

八　臼杵長景官途書出

次郎左衛門尉所望之由承候、可存知候、恐々謹言、

三月五日　長景《（臼杵）》（花押）

□（若林）源六殿
「（奥切封）（墨引）」

九　若林二郎左衛門尉坪付案

（端裏書）「つほつけ案文」

坪付之事

一所《はた田》弐反　一所《こけのはな》壱反小
一所《へひ田》弐反半　一所《まへふか田》大
一所《こちかしら》壱反大　一所《いて》壱反

此前上之屋敷分

うき免之事

一所《へひ田》弐反　一所《たかつひ》弐反
一所《まり》壱反　一所《はた田》半

若林二郎左衛門尉
敦□（俊カ）（花押）

一〇　若林仲盛書状案

[誤]　一　[正]

畏言上仕候、抑　義長様肥筑御退治之時、初拙者
御供申候、為無足辛労之證(マヽ)請上意候、自其所々
御在陣悉罷立候、□永正十三年十二月廿一日、
直入郷之内ニ市用宮内少輔跡十貫分被下候、餘無
能候之間、侘言申上候處、直入をハ御公文所ニ召
□候、石垣御公領浮免所壱貫分被渡候、□方
御給恩之内、矢所被申、まうと一ケ所田畠八段
と被申候、先以拘置うへ、此□(御)判□由、拾貫分
以御闕所可申上之由、□被申候、連々侘言申
上候へとも、于今不知行候、今度御扶持被下候者、
可目出候、□御取合候て御披露奉憑候、恐惶謹
言、

□(享禄カ)三年庚刁　十一月八日　若林右衛門尉
仲盛

□(田カ)北殿
津久見殿
□殿
□田殿

畏言上仕候、抑　義長様肥筑御退治之時、初拙者
御供申候、為無足辛労之儀(カ)請上意候、自其所々御
在陣悉罷立候、□永正十三年十二月廿一日、直
入郷之内ニ市用宮内少輔跡十貫分被下候、餘無能
候之間、百姓□も候す、侘言申上候處、直入をハ
御公文所ニ召□候、石垣御公領浮免所壱貫分被
渡候、□(臼杵カ)方御給恩之内、矢所被申、まうと一ケ
所田畠八段と被申候、先以拘置うへ、此□(御)判□
由、拾貫分以御闕所可申上之由、□被申候、
連々侘言申上候へとも、于今不知行候、今度御扶
持被下候者、可目出候、□御取合○(候て)御披露奉憑
候、恐惶謹言、

□(享禄カ)三年庚刁　十一月八日　若林右衛門尉
仲盛

□(田カ)北殿
津久見殿
□殿
□(入カ)田殿

一一　大友義鑒（義鑑）感状

［誤］

俄兵船之事申候之処、地（馳）走令悦喜候、猶以面可申候、恐々謹言、

八月十五日　　義鑒（大友義鑑）（花押）

若林次郎左衛門尉殿

［正］

俄兵船之事申候之処、馳走令悦喜候、猶以面可申候、恐々謹言、

八月十五日　　義鑒（大友義鑑）（花押）

若林次郎左衛門尉殿

一二　大友義鑒（義鑑）感状

［誤］

俄兵船之事申候之処、地（馳）走令悦喜候、猶以面可申候、恐々謹言、

八月十五日　　義鑒（大友義鑑）（花押）

若林右衛門尉殿

［正］

（礼紙ウハ書）
「　（墨引）
若林右衛門尉殿　　義鑒」

俄兵船之事申候之処、馳走令悦喜候、猶以面可申候、恐々謹言、

八月十五日　　義鑒（大友義鑑）（花押）

若林右衛門尉殿

一三　大友義鑑知行預ケ状

［誤］

［正］

「（端裏切封）（墨引）」

筑後國之内五町分坪付在二別紙一事、預置候、可有知行候、恐々謹言、

三月一日　　　　　　　（大友）義鑑（花押）

若林右衛門尉殿

「（端裏切封）（墨引）」

筑後國之内五町分坪付在別紙事、預置候、可有知行候、恐々謹言、

三月一日　　　　　　　（大友）義鑑（花押）

若林右衛門尉殿

一四　安岐郷内知行坪付

[誤]

「（端裏書）坪付之事　　　　　　若林右衛（門尉）□」

坪付之事

（安岐郷之内）一所十貫分　なかにし（カ）

（同郷）一所六貫分　淵のうへ

此内一所請　上意候様、御取合可目出候、恐々謹言、

六月十八日

若林右衛門尉

[正]

「（端裏書）坪付之事　　　　　　若林右衛（門尉）□」

坪付之事

（安岐郷之内）一所十貫分　なかにし（カ）

（同郷）一所六貫分　淵のうへ

此内一所請　上意候様、御取合可目出候、已上、

六月十八日

若林右衛門尉

一五　大友義鑑（義鑑）受領書出

［誤］

「（端裏切封ウハ書）（墨引）
若林右衛門尉殿　　義鑑」

加賀守所望之由、可存知候、恐々謹言、
十月五日　　義鑑（大友義鑑）（花押）
若林右衛門尉殿

［正］

加賀守所望之由、可存知候、恐々謹言、
十月五日　　義鑑（大友義鑑）（花押）
若林右衛門尉殿
「（奥切封）（墨引）」

一六　小深田惟述書状

［誤］

腰状之躰恐入候、
御状委細令拝見候、仍石垣御闕所奉行就蒙仰下子
細承候、去年申有様ニ春方御給地石垣右京亮方御
同前ニ、御給候由承候間、田北将監・右田兵部
少輔方申合、尤無異儀存候間、御帳ニ乗不申候、

［正］

「（礼紙ウハ書）（墨引）
若林右衛門尉殿　まいる　　小深田杢助
御報　　惟述」

腰状之躰恐入候、
御状委細令拝見候、仍石垣御闕所奉行就蒙仰候子
細承候、去年申候様ニ其方御給地石垣右京亮方御
同前ニ、御給候由承候間、田北将監・右田兵部
少輔方申合、尤無余儀存候間、御帳ニ乗不申候、

為御心得候、必以面上可申述候之間、令省略候、
恐々謹言、
五月八日　（小深田）惟述（花押）
若林右衛門尉殿　まいる　御報

一七　小深田惟述書状

［誤］

「（包紙ウハ書）若林右衛門殿　まいる　御報　小深田杢助　惟述」
（端裏切封）「（墨引）」
御状委細拝見候、仍就御給領之儀巨細示給候、御
合役右田兵部方・田北将監方申談、少不可有無沙
汰候、必参府之時、以面訴可申述候間、省略候、
恐々謹言、
九月十一日　惟述（花押）
若林右衛門殿
御報

為御心得候、必以面上可申述候之間、令省略候、
恐々謹言、
五月八日　（小深田）惟述（花押）
若林右衛門尉殿　まいる　御報

［正］

（端裏切封）「（墨引）」
御状委細拝見候、仍就御給領之儀巨細示給候、御
合役右田兵部方・田北将監方申談、少不可有無沙
汰候、必参府之時、以面訴可申述候間、省略候、
恐々謹言、
九月十一日　（小深田）惟述（花押）
若林右衛門尉殿
御報

一八　親忠・元継連署書状

［誤］

旅宿より申候間、腰札可有御免候、
不寄存候處、預御懇志候、畏入候、仍而就當庄
御闕所在庄候、然者御給領之儀、前日至小深田
方、就仰遣候趣委細承候、併両人之事無案内之条、
参府之時以面訴可申承候間、不能重言候、恐々謹
言、

九月十三日　　　　　親忠（田北）（花押）
　　　　　　　　　　元継

若林右衛門殿
　　御報

［正］

旅宿より申候間、腰札可有御免候、
不寄存候處、預御懇書候、畏入候、仍而就當庄
御闕所在庄候、然者御給領之儀、前日至小深田方、
被仰遣候趣委細承候、併両人之事無案内之条、参
府之時以面訴可申承候間、不能重言候、恐々謹言、

九月十三日　　　　　親忠（花押）
　　　　　　　　　　元継（花押）

若林右衛門尉殿
　　御報

一九　大友義鑑感状

［誤］

（包紙ウハ書）「若林土佐守殿　　　　　義鑑」
（端裏切封ウハ書）「　（墨引）」
若林土佐守殿　　　　　義鑑」

［正］

（礼紙ウハ書）「　（墨引）
若林土佐守殿　　　　　義鑑」
（端裏切封）「（墨引）　」

今度非番《（マヽ）》長々被勤候、感心候、必追而可顕其志候、恐々謹言、
十二月廿五日　義《（大友）》鑑（花押）
若林土佐守殿

今度非番長々被勤候、感心候、必追而可顕其志候、恐々謹言、
十二月廿五日　義《（大友）》鑑（花押）
若林土佐守殿

二〇　大友義鑑書状

[誤]
如存知、真那井細々事申付候処、綱常候《（カ）》由申候、上野又六・深栖・若林其外彼方角者共、被申候て、調可然候、其方も馳走肝要候、巨細若林弾正忠可申候、恐々謹言、
七月廿五日　義《（大友）》鑑（花押）
臼杵民部《（長景）》少輔殿

[正]
如存知、真那井綱之事申付候処、綱候ハす候由申候、上野又六・深柄《（深江）》・若林其外彼方角者共、被申候て、調可然候、其方も馳走あるへく候、巨細若林弾正忠可申候、恐々謹言、
七月廿五日　義《（大友）》鑑（花押）
臼杵民部《（鑑栄）》少輔殿

二一　鑑勝書状

[誤]
「《（端裏切封）》（墨引）」
御渡海已後細々可申候処、遠国候条、乍存候、

[正]
「《（端裏切封）》（墨引）」
御渡海已後細々可申候処、遠国候条、居存候、

長々之在陣御辛労至候、仍今度高城於攻口御粉骨
之由候、誠御忠儀候、弥御高名専一候、尚重々可
申候条、省略候、恐々謹言、
二月十七日　鑑勝（花押）
若林源六殿　御宿所

長々之在陣御辛労至候、仍今度新城於攻口御粉骨
之由候、誠御忠儀候、弥御高名専一候、尚重々可
申候条、省略候、恐々謹言、
二月十七日　鑑勝（花押）
若林源六殿　御宿所

二二　大友義鎮一字書出

[誤]

「（端裏切封）（墨引）」
一字之事　鎮堅
遣之候、恐々謹言、
八月四日　（大友）義鎮（花押）
若林源六殿

[正]

「（端裏切封）（墨引）」
一字之事、鎮堅
進之候、恐々謹言、
八月四日　（大友）義鎮（花押）
若林源六殿

二三　大友義鎮一跡安堵状

「（端裏切封）（墨引）」
親父弾正忠一跡之事、任相続之旨、領掌不可有相違候、恐々謹言、
九月十五日　（大友）義鎮（花押）

若林靏㕘殿

二四　鎮仲書状案

［誤］

（端裏ウハ書）「鎮興公　参　人々御中　　鎮仲」

一別領地（マヽ）之事、自今以後、至九郎可申付由承候、任御意、時分相続不可有無沙汰候、

一居屋敷幷祭田、至三郎可被仰付候、此上相応御合力可忝候、弥々奉頼候、

一彼五貫分之内、至三郎相當分地之事、堅九郎江可被仰聞事、可目出度候、萬事御両所迄令申候、恐惶謹言、

元亀弐年

卯月二日　　鎮仲

鎮興公（マヽ）

参人々御中

［正］

（端裏ウハ書）「鎮興公　参人々御中　　鎮仲」

一少領地之事、自今以後、至九郎可申付由承候、任御意、時分相続不可有無沙汰候、

一居屋敷幷祭田、至三郎可被　仰付候、此上相応御合力可忝候、弥々奉頼候、

一彼五貫分之内、至三郎相當分地之事、堅九郎江可被　仰聞事、可目出度候、萬事御両所迄令申候、恐惶謹言、

元亀弐年

卯月二日

鎮興公　　鎮仲

参人々御中

二五　若林鎮興書状案

「(端裏切封ウハ書)(墨引)　中務少輔

三郎殿　　鎮興

御宿所へ　」

御りやう田幷居屋敷之事、親父任譲之旨、可預進候、殊五貫分之内分地之事、至九郎兵衛尉可申付候、聊不可有相違候、恐々謹言、

正月十四日　　(若林)鎮興　在判

三郎殿

二六　大友義統官途書出

[誤]

「(端裏切封)(墨引)」

主馬允望之由、可存知候、恐々謹言、

八月十一日　　(大友)義統（花押）

若林四良殿

[正]

「(端裏切封)(墨引)」

主馬允望之由、可存知候、恐々謹言、

八月十一日　　(大友)義統（花押）

若林四郎殿

二七　為続書状

[誤]

[正]

腰状之躰恐入候、
御吉事、重畳目出度申納候畢、然者田数多之通蒙
仰候、濱田之事も三段にて候、此内柿之木田弐
段・竹の中作壱段、合三段にて御座候、将又坪付
之事、御使被申候へ共、□迫之儀三所有り候へ
と承候間、何之坪付をもなをし可申候間、重進覧
可申□、令省略候、恐々謹言、
正月廿五日　　為続（花押）
□殿
参　御宿所

腰状之躰恐入候、
御吉事、重畳目出度申事納候畢、然者田数多見通
蒙仰候、濱田之事も三段にて候、此内柿之木田弐
段・竹の中作壱段、合三段にて御座候、将又坪付
之事、御使被申候へ共、□迫之儀三にわり候へ
と承候間、何之坪付をもなをし可申候間、重進覧
可申□、令省畧候、恐々謹言、
正月廿五日　　為続（花押）
□殿
参　御宿所

◎以下は、『大分県史料』未収の中世文書

二八　親毎書状

御札委細令披見候、仍就御給地借給候、渡状之事、蒙仰候、得其心候、明春早々可申承候間、省略候、恐々
謹言、
十二月廿七日　　親毎（花押）
若林殿　御報

二九　大友義鎮万雑点役免許状

（包紙ウハ書）
「若林弾正忠殿　　義鎮」

安岐郷之内、其方領地分万雑点役之事、為加恩令免許候、至役所可被申理事肝要候、恐々謹言、

卯月十五日　　（大友）義鎮（花押）

若林弾正忠殿

三〇　大友義鎮万雑点役免許状案

（端裏ウハ書）
「案文　」

安岐郷之内、其方領地分万雑点役之事、為加恩令免許候、至役所可被申理事肝要候、恐々謹言、

卯月十五日　　（大友）義鎮

若林弾正忠殿

三一　大友義鎮安堵状案

安岐郷之内其方領地原之畠地、同山野分之事、先證明白之上者、早々知行肝要候、恐々謹言、

十二月十三日　　（大友）義鎮

若林弾正忠殿

三二　大友宗麟感状

（包紙ウハ書）
「若林弾正忠殿　　宗麟」

今度其表於所々軍労之次第、従佐伯惟教到来候、感悦候、弥馳走肝要候、必追而一段可賀之候、恐々謹言、

八月二日　　（大友）宗麟（花押）

若林弾正忠殿

三三　大友宗麟書状案

至安岐郷小門之儀申付候、然者其方領地之事、従前々万雑諸点役免許之儀、雖令承知候、可預馳走事、可為祝着之段申候之處、以用脚直納喜悦候、於検断不入之儀者、永々不可有相違候、為存知候、恐々謹言、

九月三日　　（大友）宗麟

若林弾正忠殿

三四　大友義統感状

就日州行、若林中務少輔以同陣、従最前軍労感入候、必追而可賀之候、仍任因幡守候、為存知候、恐々謹言、

卯月十五日　　（大友）義統（花押）

若林弾正忠殿

おわりに

本章で指摘した昭和三二（一九五七）年刊『大分県史料』一三における合沢金兵衛氏所蔵「若林文書」の誤刻の問題は、「原本焼失」と誤認したことのみが原因ではなく、史料集が編纂された昭和中・後期の日本史学界の研究関心のあり方そのものにも起因すると思われる。当該期の日本史研究、特に戦国時代史研究の興味・関心は、割拠する諸大名権力の政治・軍事的動向の解明に集中しており、古文書探訪する研究者が史料に注ぐ視線も、大名権力間の政治的駆け引きや合戦における家臣団の活動実態を証する史料の発掘に傾倒していた。研究者のそうした視線が、史料がもつ本来の意味と意義の見落としにつながるという事実を、謙虚に受けとめる必要があろう。

残存する歴史史料には、過去に生きた人間の多様な生産活動や生活実態を繙く鍵が内包されている。「網之事申付候」を「細々事申付候」と読み、「綱候ハす候由」を「綱常（カ）候由」と読んでしまった背景には、大名権力が家臣団から漁撈用の「網」や「綱」を調達するような社会史的史料への関心の希薄さが影響していよう。二一世紀の現代の歴史学が必ずしも人間社会全ての領域に配慮した研究を実現できているわけではないが、従来見過ごされてきた分野にも幅広く目配りをし、史料が語る本質を見落とすことのない分析を心がけていきたいものである。

［註］

（1）本調査は、国立歴史民俗博物館平成三〇年度共同研究「「豊後若林家文書」の修正翻刻と総合比較」の採択を受けて実施した。同館および荒木和憲氏には記して感謝申し上げたい。

（2）「渡辺文書」二・一四（『大分県史料』三五）。
（3）上野氏の活動詳細については、鹿毛敏夫「遣明船と相良・大内・大友氏」（『日本史研究』六一〇、二〇一三年）＝本書第一部第一章を参照されたい。

第二部　貿易と豪商——西国社会の経済力——

第一章　戦国大名の海洋活動と東南アジア交易

はじめに

一五・一六世紀の中世後期、日本人が操る木造帆船は、アジアのどの地域までを活動エリアとして交易していたのであろうか。

日本の歴史において、守護大名や戦国大名が列島各地に割拠したこの時代、彼ら大名権力による領域活動は、陸上のみならず海域にもおよんでいたはずである。まずは、その海洋活動のエリア的実態を明らかにするのが、本章第一節の課題である。

やがて、一六世紀末、文禄の豊臣統一政権期から一七世紀前半期になると、日本人の海洋活動は東南アジアの諸地域にまでおよび、豪商や近世大名による朱印船の派遣が全盛を迎え、日本から渡航した人々による日本町がアユタヤやホイアンなどに形成されるのは周知のことであるが、では、その前段階の戦国後期に、各地の戦国大名は東南アジアの国々とどのような関係を結んでいたのであろうか。また、その関係は、いわゆるキリスト教や鉄砲の「伝来」のような、交易相手の主体的活動がもたらした受動的関係であるのか、それとも、戦国大名が自らの船を能動的に派遣することで獲得した交易関係と言えるのであろうか。朱印船交易時代に先立つ一六世紀後期の戦国大名による東南アジア交易の実態を明らかにするのが、第二節の課題である。

一　船による能動的海洋活動の実態

（一）有力領主・大名の船経営

まず最初に、一六世紀の戦国大名による海外交易を考察する前提として、中世後期の守護大名や戦国大名、有力商人らによる船を使った能動的海洋活動の実態について触れておきたい。

例えば、一五世紀半ばの筑前国の有力領主麻生弘家は、自領からの年貢米を次の史料のようにして船で兵庫まで輸送している。

【史料一】

麻生上総介（弘家）知行分九州所々年貢米五百斛内弐百石雑具等運送云々、任例無其煩令勘過之由候也、仍執達如件、

文安弐

十二月十五日　　永祥（飯尾為種）（花押）

真妙（飯尾為行）（花押）

兵庫弁河上五ケ供菜関所(1)

九州から兵庫までの瀬戸内海を縦断する麻生氏の船による年貢輸送は、この文安二（一四四五）年の他に、同四（一四四七）年二月と宝徳元（一四四九）年一二月にも各々積荷二百石と五百石を乗せて瀬戸内海を就航したこ

とが確認できる。(2)

麻生氏の船が数百石積みであるのに対し、同じ九州から千五百石もの荷物を積んだ船を瀬戸内海に就航させたのが豊後国の守護大名大友氏である。

［史料二］

大友殿春日丸船壱艘荷足千五百石、兵庫両関幷河上諸関、無其煩可被通之状、如件、

応永十九

六月九日　（長塩備前入道）（花押）

兵庫両関所

河上諸関所中(3)

［史料三］

大友修理権大夫入道祖孝（親世）舟壱艘春日丸事、公用已下連々所運送也、兵庫両関幷河上諸関無其煩可勘過之状、下知如件、

応永十九年十一月廿六日(4)

（足利義持）（花押）

［史料二］の摂津国守護代長塩備前入道過書によると、応永一九（一四一二）年六月に大友氏の船「春日丸」が豊後から兵庫まで千五百石の荷物を積んで往来したことがわかる。しかも、この大友船の瀬戸内海就航は、［史料三］の足利義持袖判御教書から明らかなように、室町将軍への「公用」荷物を兵庫まで輸送し、さらにその荷物の一部は兵庫で川船に積み替えて「河上諸関」を通過して京都へと運ばれるものであった。この大友氏の大型

船の瀬戸内海就航も、上の応永一九年六月・一一月の他に、同二〇（一四一三）年四月、同二一（一四一四）年七月に確認することができる。[5]

このように、すでに一五世紀において、数百から千数百石積みの大型船が麻生氏や大友氏のような有力守護大名のもとに保有され、数百キロメートル先の遠隔地へ物資を乗せて運ぶ輸送手段として経営されていた。

こうした有力領主による船を利用した能動的交易活動は、続く一六世紀にはさらに活発化する。例えば、肥前国の平吉氏は、有明海に面した港町嘉瀬を本拠とし、戦国大名龍造寺氏や鍋島氏との関わりのなかで財力を蓄えた商人である。同家に伝わる「平吉家由緒書」は、一七世紀後半の貞享年間にまとめられたものであるが、その中に、同氏が上級権力のもとで船を使った交易活動を行っていたことを示す次の記述がある。

[史料四]

（前略）

一、天正之比、上方筋瀬戸内、野嶋（能島）・久留嶋（来島）・犬之嶋（因島）とて、海賊共徒党を組取構、登リ下リ之者打殺シ、往来之諸人致困窮、直茂様上方筋御用をも難相整ニ付而、形部之允より船を仕立、海賊之大将江使を以申遣候ハ、他国之儀ハ不存、肥前鍋嶋領内之船を無異儀於被差通ハ、謝礼銀子壱貫目可差出之由申越候故、海□（賊カ）中致納得、免々判物幷船印之旗二拾本相渡候故、早速壱貫目銀差出候、依之、其後ハ御用之飛脚扨又御領内之商売船まて、右船印を以致渡海、（後略）[6]

一六世紀後半の天正年間のこととして、平吉氏が領主鍋島直茂の「上方筋御用」として九州から畿内へ向かう際、能島・来島・因島のいわゆる三島村上氏に「謝礼銀子」一貫目を手渡すことで、「免々判物」と「船印之旗」

二十本を獲得し、以後、鍋島氏関連の船は、この判物と船旗を掲げることで村上氏領内の瀬戸内海を安全に通行することができるようになったことを記録している。

一方、豊後国の大友氏に関わる軍記物『大友興廃記』にも、一六世紀後半の瀬戸内海を東上する大友氏の船に関する類似の記述がある。

［史料五］

（前略）去程に、豊後国に、東福寺の三聖寺より領する地、四百貫文あり。万寿寺幷に神護山同慈寺、此両寺より年々是を取納す。義鎮公、六人の老中より年貢運送の船奉行を相添へ、毎年為登らるゝ。或年、吉岡宗観《歓》の侍、佐藤八郎兵衛と云ふ者、船奉行として、十六端の船にて上洛の時、船中にて一の不思議あり。府内の沖を出し、四国路を過るに、讃岐国汐分《塩飽》七浦の海賊ども起て、此舟を奪取んと思ひ船数を催し集め、矢比に推寄せ、散々に射掛る。矢のしげき事雨の降るが如くなり。其時、船より是を防ぐ。（後略）(7)

豊後国内の東福寺三聖寺領の年貢四百貫文を京都へ送るに際して、大友義鎮は、老中配下の家臣を「船奉行」に任命して毎年運送していたのである。ある年の輸送では、大友氏の加判衆の一人吉岡宗歓の家臣の佐藤八郎兵衛が船奉行となり、十六端帆の船で瀬戸内海を航行していたところ、讃岐の塩飽（香川県丸亀市）で海賊の襲撃に遭遇したと記している。

後世に編纂された家系の由緒書や軍記物という二次史料に記された上記の大名船の活動と出現する海賊対策については、次の確実な史料により、その記述の真実性を確認することができる。

［史料六］

就少用之儀、至堺津人差上候、其表通道之儀、別而御馳走可為祝着候、殊於塩飽津、公事之儀、是又預分

別候者、可為喜悦候、随而、任到来、腹巻一領・甲一刎同毛・并太刀一振・刀一腰、進之候、聊表礼儀斗候、
猶毛利兵部少輔可申候、恐々謹言、

宗麟《（大友義鎮）》（花押）

二月十三日

村上掃部《（武吉）》頭殿（8）

［史料六］は、大友義鎮（宗麟）が能島の村上武吉に宛てた書状であり、宗麟の花押から永禄六（一五六三）年から天正三（一五七五）年の間のものと判明する。大友氏が豊後から堺へ派遣する使者の船に対して、瀬戸内海の安全通行の便宜を依頼した内容で、大友氏は村上氏に腹巻・甲・太刀・刀という武具を進上することで塩飽の港で徴収されるべき公事の免除を獲得しようとしていることがわかる。

一五世紀に瀬戸内海を縦断して年貢米を輸送した麻生船や、千五百石の「公用」荷物を運送した大友船「春日丸」、そして、一六世紀には銀子や武具進上の見かえりとして過所判物と船旗を獲得して瀬戸内海を縦断した鍋島船や十六端帆の大友船。中世後期の九州の有力領主や大名は、こうした大型の船を海に浮かべ、遠隔地へと派遣しながら、自らの領国を経営していたのである。

（二）戦国大名の海洋交易活動

この有力大名による船を使った能動的交易活動は、いわゆる国家の国境意識が芽生える以前の前近代社会においては、例えば瀬戸内海などの、近現代に生きる私たちが必然のように意識する日本国内の領海にとどまるものではなかった。

例えば、一六世紀半ばの天文年間、肥後国の戦国大名相良氏は、「市木丸（一木丸）」という大名船を建造して、

球磨川の河口に位置する八代徳渕を母港として八代海近辺に就航させているが、『八代日記』の天文二三（一五五四）年七月条には、「同十二日、渡唐仕候市木丸御舟徳渕着候、三月二日ニ渡唐ノかといて《（門出）》」[9]と、市木丸を三月二日に中国への「渡唐」船として出航させ、四ヶ月半後の七月一二日に徳渕の港へ帰港させている。相良氏の大名船「市木丸」が、八代海や天草灘等の日本列島近海を航行するのみでなく、東シナ海を横断して中国へと向かう、個別戦国大名によるいわゆる遣明船として使用・経営されていたことを示す事例と言える。[10]

この一六世紀の戦国大名による東シナ海を越える規模での能動的海洋交易活動は、周防国の戦国大名大内氏において典型的に確認できることは言うまでもない。室町期の幕府経営による国家的日明貿易が形骸化していくなか、特に、寧波の乱によって一時的に遣明船派遣が断絶した後の日明貿易は、実質的には大内氏の独占状態であった。

例えば、天文八（一五三九）年発の遣明船では、大内氏は博多聖福寺の湖心碩鼎を正使とし、また、博多商人の神屋主計運安を一号船の惣船頭に登用するなど、大内氏の人脈によって経営・派遣された。さらに、天文一六（一五四七）年度の遣明船では、一号船を艤装した小田氏・神屋氏等の博多商人に加えて、二号船には比々屋氏、三号船には池永氏等の堺の有力商人を取り込んで、大内船が中国へ渡航している。[11]

一方、大内義隆が没した天文二〇（一五五一）年直後の天文末年から弘治年間の数年間に入ると、東シナ海を横断する遣明船の派遣は、豊後の大友氏の主導に移っていく。天文年間後期から弘治年間にかけての大友氏の遣明使節の派遣は五度におよぶ。無論、これらの派遣の全てが大友氏が自ら艤装した船による能動的交易活動であるとは言えないが、次に提示する弘治三（一五五七）年の遣明使に関わる『明世宗実録』の記録は、明らかに大友船の中国渡航を明示している。

［史料七］

宗《（胡）》憲与直《（王）》同郷、習知其人、欲招之、則迎直母与其子、入杭厚撫犒之、而奏遣生員蔣洲等、持其母与子書、往諭以意謂、直等来、悉釈前罪不問、且寛海禁、許東夷市、直等大喜、奉命即伝諭各島如山口・豊後島、島主源《（大友）》義鎮等亦喜即装巨舟、遣夷目善妙等四十余人、随直等来貢市、以十月初、至舟山之岑港泊焉、[12]

中国沿岸部で、いわゆる後期倭寇による密貿易活動が横行するなか、明朝の浙直総督胡宗憲は、倭寇の中国側の最大の首領である王直を帰順させるために、その母子を撫犒し、王直自身の罪も許して不問にし、また海禁政策を緩和して他国との貿易活動を許可することを伝えた。結果的に、この「寛海禁、許東夷市」すとの政策は、倭寇懐柔策に過ぎなかったのであるが、この政策転換を知った王直は大喜びし、交易相手の山口、豊後など西日本各地の領主にも連絡した。互市の許可を知って喜んだ日本側の大友義鎮は、早速「巨舟」を建造・艤装し、貿易を行うための使僧善妙ら四十余人を帰国する王直に随行して派遣し、彼らは弘治三（一五五七）年一〇月初めに浙江省寧波の沖合の舟山島の岑港という港に着岸したのである。

天文年間に相良氏が派遣した「市木丸」同様、弘治年間の大友氏による遣明「巨舟」も、明王朝からは正使ではない倭寇船と見なされ、特に、大友氏の「巨舟」は、その後、明軍からの軍事攻撃を受けて岑港の海に沈んでしまう[13]。しかしながら、一五世紀後半から一六世紀にかけて、相良氏や大内氏、大友氏など、日本列島のなかで中国大陸に近い西日本に領国を有する有力戦国大名は、自ら経営する大名船を、国内の沿岸海域を越え、東シナ海の遠洋を横断して中国へ派遣する技術と能力、そして財力を保有する海洋領主としての側面を有していたことは、注目に値しよう。

二　九州大名の東南アジア交易

（一）九州大名とシャム・カンボジア

中世後期、西日本各地の戦国大名による船を使った能動的海洋交易活動が、東シナ海エリアまで拡大していた事実を踏まえて、次の問題の検討に進もう。

この節で考察したいのは、日本の諸戦国大名による対外交易活動が、中国に渡る東シナ海のさらに南方の南シナ海沿岸の、いわゆる東南アジア諸国にまでおよんでいたのか否かの問題、そして、もしおよぶものだとするならば、それも前節で明らかにしたような、日本の大名が自らの船を相手国へと派遣する能動的交易活動と言えるのか否かの問題である。

まずは、肥前国の戦国大名松浦氏の事例から考察しよう。

〔史料八〕

　　従古流今、中国西洋日本進
　貢相貢、生理之儀、幸然、前歳有暹羅
御皇洪恩、以遣　郭六官宝舟、登臨之處、平戸平安回錦、幸喜々々、今度又蒙　呉老宝舟二度渡海之臨、
万頼
御皇相意同情、年々可賜一舟来此、千歳万歳、若如日本之物御用、奉欽言叙、　御文書達知、感激不勝、
　又此日本平戸乃為即
御皇治下管守勝侶、惟々又再蒙賜

御邸之　送大獵蘄感、草々伏幸祷々々、
無足可奏申為礼、只薄具
兵頭甲一領
少伸
日本平戸国
源朝臣松浦鎮信頓首百拝（花押）[14]
貢上
天正五年正月吉日
大国御皇　御閣台前

［史料八］は、平戸の松浦史料博物館蔵「松浦家文書」の「引書本付録十三番」に収められている「法印公与暹羅国主書案」である。包紙には、「□（暹）羅　具章奉入奏申　御皇殿閣　前台下」と記した松浦鎮信の署名があり、「天正五年正月吉日」付けで封じられている。天正五（一五七七）年に平戸の戦国大名松浦鎮信が暹羅（シャム）の「御皇」（国王）に宛てた書状案である。

すでにこの書状が発給される前年の天正四（一五七六）年に、シャム国王の使節が乗り込んだ「郭六官宝舟」（郭六官という中国人が操るジャンク船）が平戸に着岸し、松浦氏とシャム国王の間で交易がなされたことが、史料前半部分からわかる。両者の交易は、この一回のみにとどまらず、今度は「呉老宝舟」（呉老という中国人が操るジャンク船）が再度シャム国王の使節を乗せて平戸に来航したため、松浦鎮信は今後も毎年一隻の船の定期的来航を求めてこの書状を作成し、シャム国王からの進物への礼としての甲一領を添えて贈ったのである。

次に、薩摩国の戦国大名島津氏の状況を見てみよう。

天正年間の京都建仁寺の禅僧で、島津氏の外交僧としても活動した雪岑津興に関わる記録を収めた『頌詩』という史料が霊雲院に蔵されているが、そのなかに次の書状が書き写されている。

〔史料九〕

南蛮国甘埔寨賢主君浮喇哈力汪加尊兄閣下

夫惟、

博愛之謂仁、行而宜之謂義、是天下公言也、爰有　貴国商船一隻、飄蕩来于日本九州薩之港口、价通事舎人子細問事由、船主握郎烏丕沙哥、貢使浮喇理璉沙哥、副使党膠三牌、異口同意曰、昨自発船以来、淩鯨波千里、欲賷金書・貢物、達豊州主源義鎮公矣、蓋聞去歳戊寅冬、干戈争赴、豊兵侵薩之地、忽被官軍一戦、々亡者十余万人、殆至喪身失家而已、今也九州属薩之一麾矣、以故三賢使投金章・貢物於吾、諾曰我苟帰本国、詳説斯事、継今以往、我国必以貴国為善隣、永々自他為和好、山砥河帯勿淪斯約、往還船舫亦可絶期矣、然則右所述仁与義、豈不公言乎、仍呈金札、献微物、聊洩陋志、事具于別幅、

伏望、

昭察、順序保重、恐惶不宣、

日本天正七年己卯仲冬上澣

薩隅日三州太守藤原《島津》義久頓額(15)

〔史料九〕は、天正七（一五七九）年一一月に島津義久が「南蛮国甘埔寨賢主君」（東南アジアのカンボジア国王）に宛てた書状の写しである。

この年に、カンボジアからの商船一隻が薩摩の港に漂着したため、島津義久は、船に乗り込んでいた船主・貢

使・副使の三名を通事を介して尋問したようである。すると、三名のカンボジア人使節は、自らが千里の波を越えて、カンボジア国王からの「金書」と「貢物」を「豊州主源義鎮公」（豊後の大友義鎮＝宗麟）に贈るためにやってきたと答えたのである。

ここで、天正七年段階の九州の政治情勢を確認しておくと、九州ではその前年の天正六（一五七八）年一一月に日向国の高城において、薩摩の島津軍と豊後の大友軍が大規模な合戦（高城・耳川の戦い）を繰り広げている。ともに鎌倉期以来の守護家として代々の盟約関係にあった島津氏と大友氏であったが、中世末の天正年間の両家の友好関係は完全に決裂し、激しい軍事衝突期に陥っていたのである。

右記カンボジア国王宛書状のなかで、島津義久は、カンボジア商船の薩摩の港への来航を「飄蕩」（漂着）と表現しているが、当該期九州の政治状況から鑑みると、これは、大隅半島沖から日向灘を経由して豊後をめざす船を島津氏が臨検し、敵対勢力のもとへの通交を遮断させようとする、大友氏に対する海上封鎖策に伴うカンボジア船の抑留としてとらえる方が妥当であろう。

島津氏は、上記書状の後半部分で「去歳戊寅冬、干戈」（天正六年の高城・耳川の戦い）に触れ、薩摩に侵入した十数万の豊後大友軍を倒したことにより、「三州」のみでなく「九州」全域が島津氏領となったと喧伝し、それ故に三名のカンボジアからの「賢使」は、当初の交易相手の大友氏ではなく島津氏に「金章」と「貢物」を献上したと言及している。これは、大友氏のもとへ向かうカンボジア使節に対する島津氏による使節船の抑留と、カンボジア国王が大友氏に贈ろうとしていた書簡と進物の島津氏による押領を意味している。

高城・耳川の戦いに勝利して、九州地方における戦国大名の政治的抗争のなかで軍事的優位に立った島津氏は、それまで大友氏が結んでいたカンボジアとの交易関係を遮断し、大友氏に代わって新たに自らが「九州」の覇者としてカンボジア国王との善隣関係を結ぼうと企図する。書状末尾での「継今以往、我国必以貴国為善隣、永々自他為和好」との呼びかけは、まさに、島津義久のそうした意志を如実に表した言葉であり、義久からの「金札」（書状）と「微物」（薩摩からの進上品）が、帰途につく三名の使節に託されて、カンボジア国王へ贈られたのである。

さて、［史料九］からは、天正七年以前の段階で、すでに島津氏に先駆けて豊後国の大友氏がカンボジアとの外交関係を樹立していたことになるが、その事実を確認することができるであろうか。

実は、前述の『頌詩』には、カンボジア国王が大友氏に宛てた書簡も掲載されている。

［史料一〇］

黄福穏題己東、甘埔寨浮喇哈力汪加、頓首拝書啓、

日本九州大邦主源（大友）義鎮長兄殿下

久羈、

問候慕恋殊深、交情雅誼、朝夕懸仰、只忼々嘆思而矣、因乏船稍以致奉問、疎欠負歉良多、承接翰音、長読如面、兼恵美女等物、已対貴使拝嘉、生不勝喜慰々々、随貢上復象壱隻、象簡壱名、鏡匠弐名、蜂蠟、沙哥乗駕草舟、茲命船主握郎烏丕沙哥、乗駕草舟、遣使浮喇理璉沙哥、副使党膠習版三牌、特賷金書、奉問敞土愧乏珍産献貢、聊具銅銃壱門、蜂蠟参百斤、希乞莞納伏惟、

照亮、

浮喇哈力汪加再頓首[16]

［史料一〇］は、「甘埔寨」（カンボジア）国王の「浮喇哈力汪加[17]」が、「日本九州大邦主源（大友）義鎮」（日本九州の大邦主大友義鎮）に宛てた書簡である。発給年月日は明記されていないが、その内容から、実はこれが、［史料九］の

島津義久書状中の「金書」および「金章」をさすことがわかる。大友氏宛てのカンボジア国王国書が、島津氏の外交僧関係史料中に書き写されている事実は、まさにこの書簡が大友氏のもとに渡らずに島津氏のもとに留置されたことを示していて興味深い。

書簡のなかで、カンボジア国王は、かつて大友氏から使節を伴って届けられた「美女等物」の贈答を謝し、返礼として、「金書」に添えて、「象」一頭、「象簡」(象使い)一名、「鏡匠」二名と、珍産の「銅銃」壱門、「蜂蠟」三百斤を、船主「握郎烏丕沙哥」・遣使「浮喇理璉沙哥」・副使「党膠習版三牌」の三名に委ねて大友義鎮に贈ろうとしていたのである。すなわち、天正年間初頭の大友氏は、「九州大邦主」との立場でカンボジア国王との外交関係の構築に成功し、東南アジア産の「銅銃」や「蜂蠟」等の物質的「珍産」を導入することに加えて、日本からは「美女」を提供し、カンボジアからは象とセットの「象簡」や「鏡匠」を受領するという、人的資源の相互交易も手がけていたと言え、人が贈与の対象とされた前近代社会の歴史を物語るものとしても興味深い。

ここまで、九州の戦国大名の松浦氏・島津氏・大友氏による一六世紀後半天正年間の東南アジア交易の実態を紹介してきた。天下統一を間近にひかえた戦国末期の激化した軍事情勢のなかで、九州各地の大名権力は、シャムやカンボジアなど東南アジアの国との外交交易関係の樹立に積極的に臨んでいたことが明らかになった。

特に興味深いのは、彼ら九州の諸大名権力が東南アジアの各国の王に対して使用した自称である。「暹羅御皇」(シャム国王)に対して、歳遣船による交易関係の締結を企図した肥前の松浦氏は、自らを「日本平戸国」の松浦鎮信と名乗って書状を発給した。すでに天正初頭から「甘埔寨浮喇哈力汪加」(カンボジア国王)との外交関係を構築していた豊後の大友義鎮は、相手国王から「日本九州大邦主」の名称で呼称されていた。大友氏に代わって「南蛮国甘埔寨賢主君浮喇哈力汪加」(カンボジア国王)との善隣関係を樹立しようと図った薩摩の島津義久は、

「薩隅日」の「三州太守」を自称しながらも、すでに現在は「三州」にとどまらない「九州」全域が「属薩之一麾矣」とアピールすることで、国交交渉を有利に進めようと図っている。

「日本国平戸」ではなく「日本平戸国」と自称した松浦氏の「国」意識や、実体は伴わないもののあたかも九ヶ国をも治める大国主のように見間違う「九州大邦主」の肩書きでカンボジア国王と交渉した大友氏、そして、当初こそ「三州太守」に過ぎなかったもののその「九州大邦主」に軍事的に勝利して「九州」全域を支配下に組み込んだと喧伝する島津氏。三者の自称は、東南アジア諸国と日本との善隣外交関係において、国交の主導権を獲得しようとする九州の戦国大名権力の競合関係を如実に示していると言えよう。

（二）戦国大名の能動的海洋交易活動

さて、ここまで、九州の戦国大名と東南アジア諸国との交易関係の実態を見てきたが、最後の問題は、これらの外交関係の存在が、果たして、前節で明らかにしたような、戦国大名が自らの船を相手国に派遣して交易関係を結ぶ能動的海洋活動の成果と言えるか否かである。

［史料八］で明らかになった松浦氏とシャムとの関係は、天正四（一五七六）年およびその翌年に平戸に来航した「郭六官宝舟」と「呉老宝舟」という中国人のジャンク船にシャム国王使節が同乗していたことで成立したものである。また、［史料九］の島津氏とカンボジアとの関係も、薩摩の港に「飄蕩」した「貴国商船」（カンボジアの商船）を契機として開始されようとしている。

地理的に九州からほど近い東シナ海域の中国沿岸には、相良氏の「市木丸」をはじめ、大内氏や大友氏の遣明船派遣実績に見られるように、ある程度の技術と財力を有する守護大名や戦国大名、有力商人の船が比較的頻繁に行き来していたのであるが、さらに南方に広がる南シナ海を越えた場所に位置する東南アジアの国々となると、天正年間までの日本の航海技術の限界と、中華思想世界のなかで日本人が認識していた当該「南蛮」地域の不正確・未発達な世界観の関係で、日本から能動的に船を派遣するには極めて大きな困難が伴っていたと言えよう。

では、日本の船による南シナ海を越えた東南アジア方面への能動的進出は、個別戦国大名権力期（一五七〇年代まで）の技術では難しく、文禄の豊臣統一政権期（一五九〇年代）そしてその後一七世紀初頭の朱印船全盛期を待たざるをえないのであろうか。

最後に、その答えとなる史料を紹介しよう。

【史料一二】

今度至南蛮被差渡候船令帰朝、於御領中繋置候之處、去大風之砌少過之子細有之由依到来、至貴殿以使節被申候之處、未御返事候之事、無御心許候、如御存知、貴家当方御代々被得御意候之處、以聊之儀可被及御隔心事、他邦之嘲自他不可然之条、速ニ可被成御分別事、尤可目出候、然者彼船於南蛮国茂、如此節少難之儀雖有之、従(大友)宗麟被差渡船之段有存知、彼国守以相談廉直之扱、剰以使節被申越候處、万一御得心於相滞者大国迄之覚如何〱之条、以御遠慮示預候者祝着可被申候、猶期来喜候、恐々謹言、

八月廿五日

(田原)親賢（花押）
(臼杵)鑑速（花押）
(志賀)親度（花押）
(佐伯)惟教（花押）

河上々野(忠克)入道殿

島津摂津（季久）守殿
村田越前（経定）守殿
伊集院源（久信）介殿
平田美濃（昌宗）守殿
伊集院右衛門（忠棟）大夫殿
　　　　御宿所

追而、
至伊集院右衛門尉殿、鑑速（臼杵）雖用先書候、御返事遅滞之条、衆中申談、重畳用連署候、為御心得候、(18)

〔史料一一〕（図1）は、島津氏奉行人に宛てた大友氏奉行人連署書状で、関連する文書との関係から天正元（一五七三）年のものと比定できる。この年、大友氏が「南蛮」に派遣した船が、豊後への帰朝途中に島津氏領内の港に係留していたところ、大風により船が破損したようである。大友氏側が船の安否を問い合わせるも、島津氏側からの返事がなかったため、大友氏側は、島津家と大友家代々の盟約関係を持ちだして、帰朝船の早期返還を島津氏に迫ったのである。

書状冒頭の「至南蛮被差渡候船」との表現から、この船は、国の特定はできないものの「南蛮」（東南アジア）のどこかの国へ派遣された大友船であることがわかる。前述のように、日本から東シナ海をぬけて、さらにその南方の南シナ海を縦断してたどり着く東南アジアへの航海は、極めて大きな困難を伴うもので、書状後半部分で、この船が「南蛮国」でも今回同様の「少難」（船の破損）を生じた際には、「従宗麟（大友）被差渡船」であることを知った「彼国守」（東南アジアの派遣先の国王）が廉直の扱いで帰国への援助を施してくれたことを記している。文面か

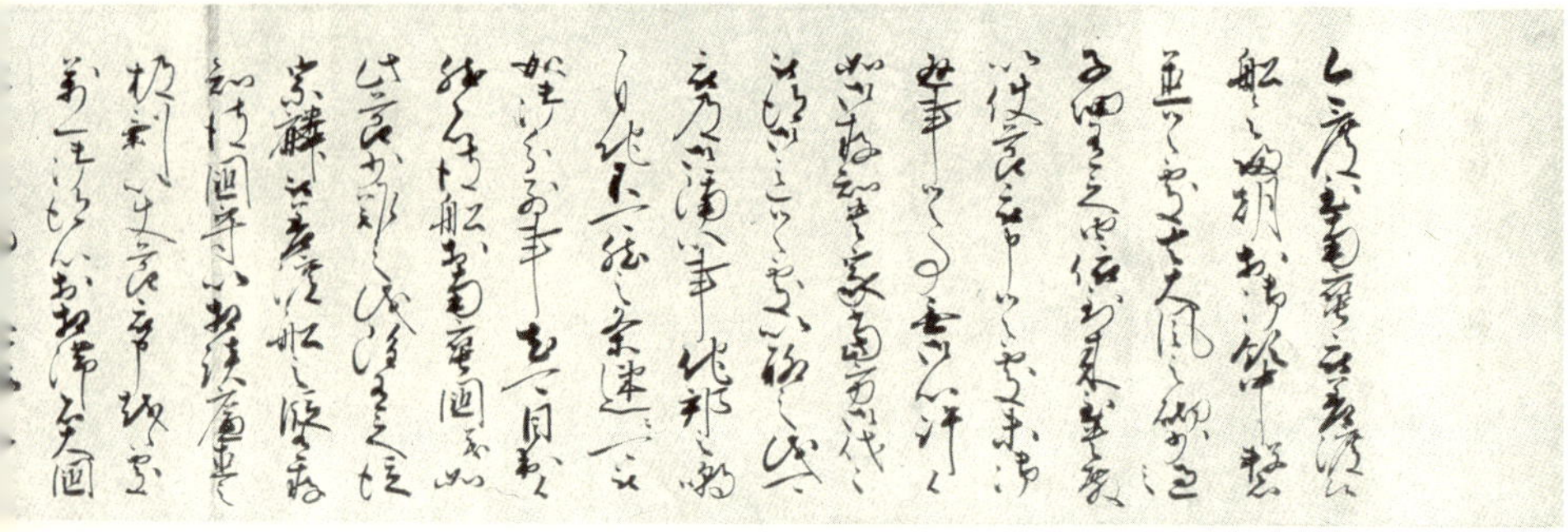

学史料編纂所蔵「島津家文書」）

らは、この大友氏の「至南蛮被差渡候船」は、派遣先の国王と大友宗麟（義鎮）と間での外交関係ができあがっている状況下で派遣されたものと考えられ、［史料九］および［史料一〇］で確認された大友氏とカンボジア国王との関係を考慮すると、この船が向かった「南蛮国」もカンボジアである可能性が極めて高いであろう。

［史料一一］の書状から明らかになったのは、すでに天正元年の段階で、九州の戦国大名大友氏は、恐らくカンボジアと予想される東南アジアの国との外交関係を樹立し、中国ジャンクを媒介とした間接交易や先方国からの交易船の到来を受動的に待つのみでなく、自ら仕立てた船を南シナ海の先のインドシナ半島へ派遣する能動的海洋交易活動を実行していたという事実である。この南蛮派遣船は、結果としては、豊後帰朝直前の島津氏領内の港で遭遇した「大風」によって消息を絶ち、大友氏としては東南アジアの国との交易を成就させることができなかったのであるが、一五七〇年代の天正初年の段階で、東南アジアでの交易を実現して帰朝した日本船として、その後一七世紀前半にかけて全盛期を迎える朱印船による東南アジア交易活動の最も早いモデルと言うことができよう。

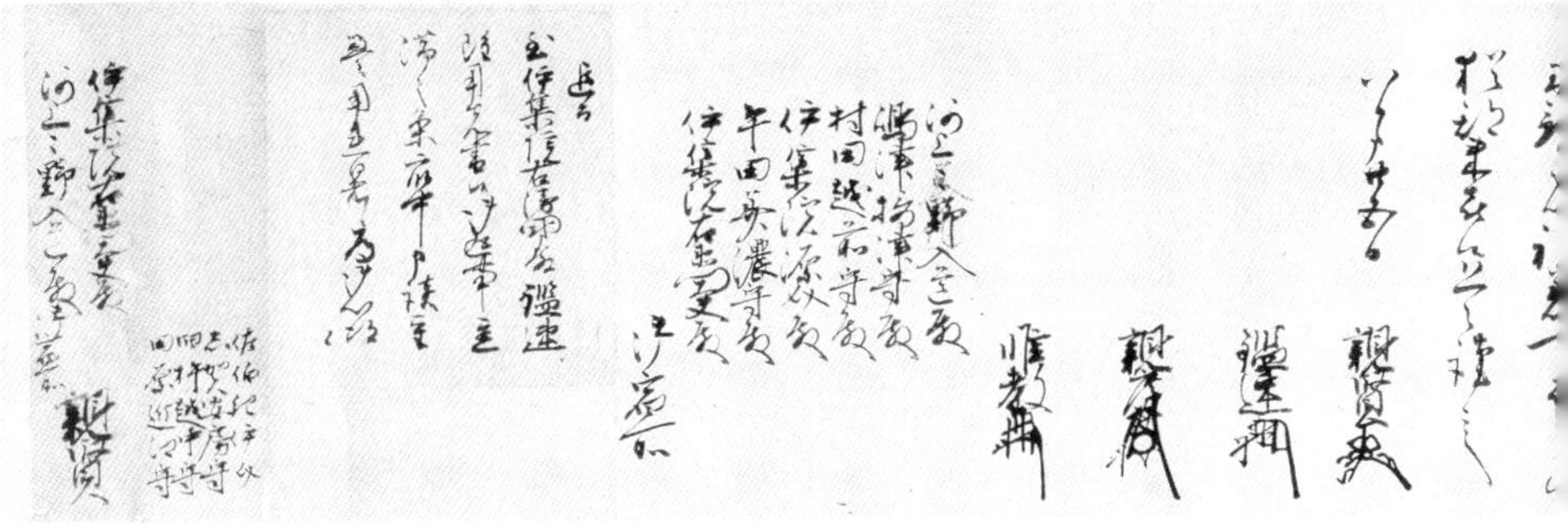

図１　「南蛮」（カンボジア）への交易船派遣を証する大友氏奉行人連署書状（東京大

おわりに

最後に、明らかにしてきた事実をまとめよう。

一五・一六世紀の中世後期、瀬戸内海を縦断して年貢米を輸送した筑前の麻生船や、千五百石の「公用」荷物を運送した豊後の大友船「春日丸」、あるいは、銀子進上の見かえりとして過所判物と船旗を獲得して瀬戸内海を縦断した肥前の鍋島船のように、日本近海の海では、守護大名や戦国大名クラスの有力領主が、大型の船に物資を積んで遠隔地へと派遣しながら、自らの領国を経営していた。特に、一五世紀後半から一六世紀の時期には、肥後の相良氏や周防の大内氏、豊後の大友氏等の日本列島のなかで中国大陸に近い西日本に領国を有する戦国大名は、自ら経営する大名船を、国内の沿岸海域を越え、東シナ海の遠洋を横断して中国へとたびたび派遣しており、こうした大名は自らの交易船を海外へ派遣する技術と能力、そして財力を保有する海洋領主としての側面を有していたことが明らかになった。

一方、一六世紀後半の天正年間に入ると、天下統一を間近にひかえた戦国末期の激化した軍事情勢のなかで、肥前の松浦氏・薩摩の島津氏・豊後の大友氏等の九州の戦国大名は、互いに競合しながらシャムやカンボジアなど東南アジアの国々との外交交易関係の樹立に積極的に臨んでいた。なかでも、大友氏は、天正元（一五七三）年の段階で、恐らくカンボジアと予想される東南アジアの国との外交関係を樹立し、中国ジャンクを媒介とした間接交易や先方国からの交易船の到来を受動的に待つのみでなく、自ら仕立てた「至南蛮被差渡候船」を南シナ海の先のインドシナ半島へ派遣する能動的海洋交易活動を実行していた。

従来、日本の船による南シナ海を越えた東南アジア方面への能動的進出は、個別戦国大名権力期（一五七〇年代まで）の技術では難しく、文禄の豊臣統一政権期（一五九〇年代）そしてその後一七世紀初頭の近世大名や豪商による朱印船派遣期を待たねばならないと考えられてきた。しかしながら、戦国末期の激化した軍事情勢のなかで、特に、大陸に近い九州の戦国大名は、東南アジア諸国と日本との善隣外交において国交関係の主導権を獲得しようとする強い意識を有しており、そうした競合関係にもまれる形で、日本の歴史上でもいち早い一五七〇年代の天正初年段階での東南アジアへの交易船の派遣を実現し、その後一七世紀前半に全盛を迎える朱印船貿易の先駆けをなしたと言えるのである。

［註］

（1）「麻生文書」五〇（『九州史料叢書』一七）。
（2）「麻生文書」五一・五三（『九州史料叢書』一七）。
（3）「大友文書」一〇―一一（『大分県史料』二六）。
（4）「大友文書」三―七（『大分県史料』二六）。
（5）「大友文書」一〇―一二・一三（『大分県史料』二六）。なお、麻生船の年貢米輸送がその年の収穫を終えた冬場に集中しているのに対し、大友船「春日丸」の方は、四・六・七・一一月と運送季節が一定せず、さらにそのうちの三度の輸送は五ヶ月の間隔をおいて定期的に行われている。このことは、大友氏が輸送した公用物が、一年周期で生産されるものではないことを暗示しており、当時の日明貿易の主要な輸出品である豊後産硫黄を輸送していた可能性を指摘することができる。なお、鹿毛敏夫「一五・一六世紀大友氏の対外交渉」（『史学雑誌』一一二―二、二〇〇三年。のち、同『戦国大名の外交と都市・流通』〈思文閣出版、二〇〇六年〉収載）を参照されたい。

（6）「平吉家文書」二二（『佐賀県史料集成』一七）。

（7）『大友興廃記』巻四「東福寺万寿寺建立之事、附二王軍之事」（『大分県郷土史料集成』上巻）。

（8）「秋山泉一氏所蔵文書」（『愛媛県史』資料編古代・中世、二〇八七）。

（9）熊本中世史研究会編『八代日記』（青潮社、一九八〇年）天文二三年七月一二日条。

（10）田中健夫氏は、『八代日記』に検出される肥後の相良氏の渡唐船「市木丸」が、中国側では倭寇船とみられたことを想定し、そこに「日中両国の認識のずれ」を指摘する。同「不知火海の渡唐船――戦国期相良氏の海外交渉と倭寇――」（『日本歴史』五一二、一九九一年）。

（11）一五世紀後半の文明年間以降の遣明船派遣については、従来、《細川氏・堺商人》対《大内氏・博多商人》という二元構造で理解されがちであったが、伊藤幸司氏によると、同時期の大内氏は堺商人とも密接な結びつきを有し、天文年間の遣明船派遣においても、博多商人に加えて堺商人を取り込むことで、自らの対外貿易活動を充実させたと言う。同「大内氏の日明貿易と堺」（『ヒストリア』一六一、一九九八年。のち、同『中世日本の外交と禅宗』〈吉川弘文館、二〇〇二年〉収載）。

（12）『明世宗実録』嘉靖三六（一五五七）年一一月乙卯条。

（13）弘治年間の大友氏による遣明使節と中国側の倭寇認識のずれに関しては、鹿毛敏夫「『抗倭図巻』『倭寇図巻』と大内義長・大友義鎮」（『東京大学史料編纂所研究紀要』二三、二〇一三年）＝本書第三部第一章を参照されたい。

（14）松浦史料博物館蔵「シャム国主宛松浦鎮信（法印）書状案」。同史料は、これまでにも活字紹介されているが、平出・闕字への無配慮や誤記・誤読が見られるため引用し難く、本章では、『平戸・松浦家名宝展』（朝日新聞社、二〇〇〇年）図録掲載のカラー写真版をもとに翻刻した。

（15）霊雲院蔵『頌詩』。同史料は、岩生成一「日本南方諸国往復書翰補遺」（『南島史学』一、一九七二年）のなかで紹介されているが、いまだ本格的な考察がなされていない。なお、東京大学史料編纂所が昭和二六（一九五一）年に作成した謄写本を参照されたい。

(16)　霊雲院蔵『頌詩』。

(17)　「甘埔寨浮喇哈力汪加」を誰に比定するかは、一六世紀段階のカンボジア国王の在位年代に諸説があるため現段階での特定は難しいが、一五七〇年代に実権を掌握していたサター一世の可能性が高い。なお、鹿毛敏夫『アジアン戦国大名大友氏の研究』(吉川弘文館、二〇一一年) 一七四頁および一八五頁を参照されたい。

(18)　東京大学史料編纂所蔵「島津家文書」三六一三。

第二章　一六世紀九州における豪商の成長と貿易商人化

はじめに

中世後期の流通経済のなかで財力を蓄えて有徳化した商人が、海外貿易を手がけて一段と豪商化していく姿は、京都の角倉了以や茶屋四郎次郎、大坂の末吉孫左衛門、長崎の末次平蔵等、日本各地の都市や町においてよく見られる。例えば、田中健夫『島井宗室』（吉川弘文館、一九六一年）が考察する筑前博多の豪商嶋井氏も、当初は九州の地方大名である大友氏と結んで資金面の関係をもち、その後、豊臣政権が九州に勢力を伸張させてくると秀吉との関係を軸としながら、朝鮮半島からの物資を取り込んだ商業活動を営んでいた。

中世末期から近世初頭にかけて多くの豪商が商圏を拡大して、いわゆる朱印船貿易のような海外貿易を手がけたことは周知の事実であるが、そもそも彼らがどのような経緯を経て富商化し、海外取引を主導する貿易商人に成長しえたのかという問題については、史料的制約もあって、これまであまり明らかにされていない。そこで本章では、前述の嶋井氏や末次氏等と同時期に九州の豊後を本拠として活動した豪商について、近年新たに確認された文献史料や考古史料も活用しながら、二代およそ四十～五十年間におよぶ成長の軌跡を明らかにしていくことする。

一　近世編纂物のなかの中世九州の豪商像

一六世紀日本の九州の豊後府内に「中屋宗悦」という豪商がいた。近世の編纂物『大友興廃記』のなかに次の記述がある。

【史料一】

豊後国府内の町人、中屋宗悦と云ふ大福人有り。府内の居住を仕ながら、大坂、堺、京何の地にても、富貴繁華の所には一家づゝ持ち、下代を遣し、或は一門の末をも遣置けり。唐船来朝の時は、先づ船の口の開初、京堺を分限の者寄合買に、夫も一人して過半買取売程の大福人なり。(1)

「中屋宗悦」は、豊後府内に居住しながら、大坂・堺・京都にも商業活動の拠点を持ち、下代や一門を派遣して店舗を営んでいる。中国船が来航した際の貿易取引においては、一人で過半の荷物を買い取って転売するほどの財力をもっている、という内容である。同史料には、この他に、「宗悦」には父「玄通」がいて、「貧賤身に苦し」いながらも「酒をうけ幷浦邊へ通ひ商売」し、やがて「九州第一の徳人」となった逸話が紹介されている。その父「玄通」については、『雉城雑誌』という別の編纂物のなかで「仲屋乾通」として次の記録がある。

【史料二】

抑、華夷ノ商船当府へ入津セシ事、大友家ノ武威而已ニ非ズ。仲屋乾通ト云ヘル富商ノ故ニモ因ル可シ。其事ハ聞書ニ載テ、華人ト通商セシ事ヲ思フベシ。

聞書ニ曰、天文年中、当府ニ仲屋（或作家）乾通（或玄通）ナル者有。幼ニシテ、家貧シ。性廉ニシテ、富ヲ山王大権現ニ祈ル。常ニ酒ヲ近邑ニ売ル、（中略）晩年、通ガ富栄関西其右ニ出ルモノナシ。蛮夷ノ商船、吾邦ヲ着岸スルモノ、通ガ手附至ラザレハ価ヲ定メズ。其後、寛永中ニ至テモ、尚肥前長崎ニ至ルノ商船、交易ノ初メ必通ガ遺秤ヲ用ユト云ヘリ。其子宗悦相継グ所、天正ノ兵乱後、家宝共ニ泯ブ。其余胤、当府及ビ臼杵、鶴崎等ニ尚存在ス。[2]

一六世紀の半ばから後半にかけての時期、豊後には複数回にわたって中国船やポルトガル船が来航している[3]が、それらの船の豊後府内への入港は、大名の大友氏の力のみならず、「仲屋乾通」の経済力によるものでもあったとして、以下に「豊府聞書」という史料の記述を引用している。当初貧しい酒売り商人だった「乾通」が、やがて富を蓄積していき、晩年には西国一の富商となった。特に、外国船が来航した際の取引では、「乾通」が手付けをするまで商品の値が決まらなかった。その後、寛永年間の長崎貿易でも交易の初めに必ず「乾通」の遺秤を使用した。「乾通」の家業は子の「宗悦」が継いだが、天正年間の兵乱（豊薩合戦）で家宝共に亡び、その後は子孫が府内・臼杵・鶴崎に居住している、という内容である。記述から、父「乾通」は天文期（一六世紀半ば）、子「宗悦」は天正期（一六世紀後半）の人物であったことが判明するが、さらに注目したいのは、着岸した外国船との商取引では、「乾通」が所有する秤での計量で商品の値が初めて決まるとの記述である。この秤で計量されたのは、秤量貨幣の銀であろう。

『雉城雑誌』には、この他にも、豊後府内の中心に営まれていた大友館の南西に位置する上町の祐向寺の近辺に、「仲屋乾通ノ建ル處」とされる「乾通寺」がかつて存在していたことや、「圓通ノ額ハ、旧府ノ豪商、仲屋乾通、唐山渡海ス、舵板ヲ以製スル」と、同じく豊後府内の北方海岸部に伽藍を有していた圓通山善巧寺の扁額は、

「乾通」が遺明船の舵板から製作したものであるとする、興味深い記述も並んでいる。[4]

さらに、元禄期（一七世紀末）編纂の『豊府紀聞』には、次のような記録がある。

[史料三]

嘗府下有中屋氏乾通或云玄通者、（中略）享禄・天文之頃、通之富為西海第一、時支那商舶着岸肥筑薩州諸処、京堺并諸方商人多会、而通未到、則不敢以定価、直恐通若掉頭商事不成也、天文年中者至今及一百有余年、然近歳唐船皆来于肥前長崎、然交易之始必用乾通之遺秤云、乾通有子云宗悦、富栄相継、天正之寇乱雖家貲既狼藉、而余胤今猶在府内数家済々焉。[5]

記述は『雉城雑誌』とほぼ同じ内容である。享禄・天文期の「乾通」が、西国一の財力を有していたこと、中国船が九州各地に着岸した際の商取引では、畿内その他から集まった各商人が「乾通」の掉頭を恐れ、彼の到着を待って定価したこと、天文期から百年以上経過した現在でも長崎の中国貿易の初めに必ず「乾通之遺秤」を用いていること、その子「宗悦」も商家を継いだが、天正の寇乱で家貲の狼藉を受け、今その子孫が豊後府内に存することと等である。

これら近世の編纂物に描かれる一六世紀中・後期九州の豪商像には、当該の初期豪商の成り立ちとその存在形態、そして外国交易に占める位置等の様々な要素が内包されており、極めて示唆的である。その人物像をひとまず整理しておこう。

「仲屋」（「中屋」とも）家の祖「乾通」（「玄通」とも）は、享禄・天文期（一六世紀前半から半ば）の人物で、当初は豊後府内の貧しい酒売り商人だったが、その身一代で財力を蓄え、やがて府内の一角に寺院を創建できるほどの西国一の大豪商に成長した。特に、外国船（中国船）が九州各地の港に着岸して京都や堺等から集まった商人と取引する際には、彼の持つ秤で買い取った商品の代銀を計量する取り決めがあり、その商慣行は近世一七世紀の長崎貿易まで引き継がれた。また、彼は一六世紀半ばに大友氏が中国に派遣した遣明船にも関わっており、老朽化した船の舵板を取りはずして扁額に再利用し、所縁の寺院に奉納した。

一方、息子の「宗悦」は、天正年間（一六世紀後半）の人物で、父「乾通」の跡を継いで家業をさらに発展させた。豊後府内を本拠としながらも、大坂・堺・京都にも支店を拡大し、中国船来航の際には一人で過半の唐荷を買い占めるほどの財力を有していた。しかしながら、天正一四（一五八六）年末の島津軍の豊後府内への侵攻と焼き討ち(6)の際に、蓄えていた家財や家宝の狼藉を受けることとなった。

二　豪商の政商化と戦国大名・豊臣政権

かつて筆者は、この近世編纂物に語られる一六世紀九州の豪商像を、当該期の一次史料から実在確定させる作業を行った(7)。その結果、残念ながら「仲屋乾通」の存在を裏付ける当該期史料は見出しえなかったが、息子の「宗悦」に関しては、いくつかの一次史料の存在を指摘し、それによって、天正期九州の豪商の存在形態を明らかにすることができた。ここでは、その前稿の成果も含めて「宗悦」の姿を再確認しておこう。

まず、「仲屋」氏は戦国大名大友氏が本拠を置く豊後府内の商人であることから、大名権力膝下の豪商として、その権力機構に経済的側面からの貢献をしていたことが予想される。次の史料からは、天正年間の「宗悦」が大友氏と畿内政権との間において政商的な活動を行っていた実態が判明する。

［史料四］

去四日之書状同十八到来、加披見候、其表様躰無御心元被思召候之処、敵城四ヶ所乗取由、具被聞召候、度々如被仰聞候、三月朔日出馬候、今少之間候之条、聊無卒爾之動、其城堅固可被申付事、専一候、彼逆徒等即時可被刎首候、廿日卅日之間可達本意事、案之内思召候、委細段宗悦ニ直被仰聞候、将又平釜被送之候、雖可留置候、其方数年持なれ秘蔵由候間、返遣候、志之程悦入候也、

秀吉御印判[8]」

（附箋）「豊後侍従殿（大友義統）

史料は、豊臣秀吉が大友義統に宛てた朱印状案で、「三月朔日出馬」の文言から、秀吉が対島津戦に向けて大坂を出馬した天正一五（一五八七）年三月一日の前月のものとわかる。島津軍の豊後侵入に窮した大友義統は当時、豊前宇佐郡に退いており、秀吉に再度援軍を催促した。秀吉は、自らの出馬は三月一日であること、自ら出馬すれば二十～三十日で島津軍を降伏させるつもりであること、義統の書状と共に献上された茶道具「平釜」は大友家代々の家宝であるらしいので返品することを義統に伝えている。そして注目できるのが、これらの詳細は「宗悦」に直接申し伝えたという一文である。

　この朱印状案にみえる「宗悦」は、島津軍の豊後侵入で窮地に立った大友氏の援軍催促の二月四日付書状と献上品「平釜」を携えて豊後から大坂に上り、同月一八日に秀吉に直接面会してそれらを手渡すとともに、秀吉からの返書朱印状と返還された「平釜」をもって豊後に戻る、という行動をとっている。「平釜」は、永禄五（一五六二）年に「平釜事、於相留者、定義鎮可為満足」[9]として大友義鎮から足利義輝に届けられ拝謁を受けたことのある大友家代々の家宝茶道具であり、秀吉への献上は軍事的窮地に立った大友家の命運を賭けて贈られたものである。こうしたことから、天正末期の「宗悦」は、単なる富商としての域を越え、大友政権の政治的一翼を担

う政商的地位を確立していたと推測できるのである。

こうした政商「宗悦」の姿は、天正末年の大友政権下で随所に見られる。例えば、天正一四（一五八六）年四月、大友義鎮は秀吉との会見のため上坂する。その会見の二日前の四月三日、堺の天王寺屋で宗及から茶湯接待を受けているが、その場に「中や宗悦」が随行している。

[史料五]

同（天正一四年）四月三日朝会

豊後大友入道休庵（義鎮）　浦上道察（道冊）　中や宗悦　後ニ道叱

一、床　船子絵、カケテ、

同　文琳、方盆、袋かけて、

一、小板、フトン、引出、茶湯也、

一、籠棚ニ桶・合子、二ツ置、手水間ニシヤウシ（障子）のけ候、

一、ハイ（灰）カツキ天目・志野茶碗、二ツ重而茶立候、

一、手水之間ニ絵ヲ巻、茶入ヲハ落シテ、

一、休庵迄へ天目、残ノ衆ニハ茶碗[10]

四月三日の朝、天王寺屋での茶会に出向いたのは、大友義鎮、浦上道冊[11]、「中や宗悦」の客人三名と、宗及の叔父で大友氏と深い関わりを有していた天王寺屋道叱[12]であった。「宗及茶湯日記　自会記」のこの記録からは、その時の茶会の様子が手に取るようにわかる。狭い茶室の客居に義鎮以下の三名が座り、床には、『山上宗二記[13]』で「一、牧溪（谿）筆船子ノ絵　讃虚堂　堺天王寺屋宗及ニ在リ」とも称される南宋の画僧牧谿《もっけい》法常[14]が描いた船子《せんす》和

尚（唐代の徳誠禅師）の絵が掛けられ、同じく「一、文林（琳）　堺宗及　昔珠光所持也、カントウノ帒（袋）ニ入、口ホソキト云也、薬ヨシ、四方盆ニ居ル」と称された村田珠光伝来の文琳の茶入が縞織物の袋をかけて四方盆に置かれていた。宗及は二種類の碗を持ち出して、義鎮には天目茶碗、随行の道冊と「宗悦」には志野茶碗で茶を点て振る舞ったのである。

　このように、天正末年の政治・軍事的窮地に立った大友氏の名代または同伴者として九州―畿内間での活動を見せる「宗悦」は、流通経済の担い手としての一豪商の姿から、戦国大名の権力機構内部で多大な信頼を得た政治的豪商に大きく成長していたことがわかるであろう。

　ところで、前稿では、この豊後の豪商「宗悦」が豊臣政権のもとで活動する姿についても描出した。天正一六（一五八八）年に豊臣秀吉は、京都方広寺大仏殿建立のため、九州各地から漆喰塗りの中国人および日本人職人を召集した。

【史料六】

態申遣候、仍しつくいぬり候者、唐人・日本仁共、当国在之由候間、早々申付、可被差上候、不可有由（マヽ）断候、宗越幸上京候間可被留置候、猶昨夢斎・増田□衛門尉（長盛）可申候也、(15)

［史料六］は「大友家文書録」中の断簡であるが、注目されるのは、大仏漆喰塗り職人の召集に際して「宗越幸上京候間可被留置候」＝「宗越」が幸いに上京中であるので都に留め置く、という秀吉の文言である。

　この秀吉が「宗越」に期待した機能については、平戸在住の古道という唐人大工を召集するに際して松浦氏に送った次の朱印状で明らかになる。

【史料七】

急度被仰遣候、唐人大工古道其津有之由、被聞召候、今度大仏作事付而、御用可被仰付之條、軽船ニ乗、
早々可差上候、無由（マヽ）断可申付候、猶豊後宗越可申候也、
八月十五日　（朱印）（豊臣秀吉）
松浦肥前守とのへ(16)

方広寺の大仏造立に際し、平戸在住の中国人大工古道に御用を申し付けるので早々に上京させよ、という内容であるが、この古道の動員に際し「豊後宗越」が秀吉の使節として平戸松浦氏のもとに下っているのである。

各大名に向けての職人動員命令が出された天正一六年六月(17)に、豊後の豪商「宗越」は秀吉のもとにしばらく留められ職人動員の便宜を図るよう求められた。その便宜とは、秀吉の同年八月一五日付朱印状を携えて平戸に渡り、松浦氏の添状を受け、古道のような渡来系技術職人に直接面会して上京馳走を促すことであった。

近世の編纂物に描かれていたような唐船との大口の貿易取引を一手に担う「宗悦」が、古道のような唐人大工と面識をもち、彼らの日本国内での技術・経済活動を統括する人的ネットワークを有していたことは想像に難くない。また、古道は天正六（一五七八）年に大友義鎮から「其方事、連々毎事依馳走、分国中津々浦々諸関通道諸公事令免許畢(18)」との大友領国内での公事免除特権を得ていることから、天正初年における大友氏傘下での経済活動を通して「宗越」と結ばれた可能性も推測できよう。

平戸の古道同様、秀吉の方広寺大仏造立の漆喰塗り職人として活動した唐人としては、豊後の臼杵の陳元明・徳鳳・平湖、薩摩島津氏のもとの陳哥・茜六も確認できる。(19)豊臣政権としては、こうした渡来系技術職人を効率よく動員するために、以前からの経済活動を通して彼らにつながる人的ネットワークを有する九州の豪商「豊後宗越」を使者に選び派遣したのである。そこからは、地域大名大友氏を基軸とするルート上で本来活動していた

九州の豪商が、秀吉を基点とするルート上で活動する、言わば豊臣政権下の豪商に成長していく姿を読み取ることができるのである。

三　豪商の物流収益と年貢米運用

ところで、ここまで、近世の編纂物や天正期の戦国大名の書状・朱印状、茶会記等に記録された「なかや」という豪商について考察してきたが、その屋号は「仲屋」「中屋」「中や」の表記があり、また初代「けんつう」の名は「乾通」と「玄通」、二代目「そうえつ」の名も「宗悦」「宗越」あるいは「豊後宗越」等の様々な表記がなされて一定しなかった。そこで、ここからは、この二人の豪商の氏名表記を確定させるとともに、一六世紀九州の商人が実際にどういう商業活動を経て富商化していったのか、その経済活動の実態を新たに確認された史料から明らかにしていきたい。

まず、これまで後世の編纂物でのみ語られていた初代「けんつう」の正式名とその商業活動の実態を示す一次史料については、肥後国豊田荘との関連で見つかった。

【史料八】

(端裏ウハ書)「瑞峯院御納所

听公首座　参　侍者禅師　　仲屋次郎左衛門入道」

肥後下豊田御土貢之日記

一、天文廿二年癸丑之秋御土貢之事

一、米肥後斗にて四拾五石定
右之内、弐拾弐石五斗定、川荷駄賃ニ相引申候、
有前之御土貢、〇弐拾弐石五斗定
豊後斗七合まハしニ算用仕候て定
拾五石七斗五升納申候分、壱貫ニ六斗米之算用仕候て
右之代、弐拾六貫弐百五十文定
一、天文廿三年甲寅之秋御土貢之事
一、四拾五石定
右之内、弐拾弐石五斗定、川荷駄賃ニ相引申候、
有前之御土貢、〇弐拾弐石五斗定
豊後斗七合まハしニ算用仕候て定
拾五石七斗五升納申候分、壱貫ニ六斗五升米和市ニ算用仕候て
右之代、弐拾四貫弐百廿六文定
一、天文廿四年乙卯之秋御土貢之事
一、四拾五石定
右之内、弐拾弐石五斗定、川荷駄賃ニ相引申候、
有前之御土貢、〇弐拾弐石五斗定
豊後斗七合まハしニ算用仕候て定

拾五石七斗五升納申候分、壱貫ニ八斗米和市ニ算用仕候て
右之代、拾九貫六百八十四文定
右摠已上七拾貫百六十文定
内五拾貫文天文廿二年癸丑九月吉日養拙御上洛之時渡申候、御請取之状有之、
又内五貫九百文天文廿三年甲寅十二月吉日听公首座渡申候、御請取之状有之、
両度ニ渡申候分、已上五拾五貫九百文定
相残拾四貫弐百六十文、此度進納仕候畢、
此分にて皆納仕候、仍如件、
弘治弐年丙辰二月吉日　　仲屋次郎左衛門入道
顕通（黒印）
追而令申候、養拙御在国之時分ニ斗ハ小ニて七合斗ニ申合候処、御上洛候へハ別斗大ニ成申候て、六升五合ニまいり申候へ共、先以養拙と申合候分ニ算用仕候、御分別可目出候、以上、
瑞峯院御納所
听首座　まいる
侍者禅師[20]

史料は、弘治二（一五五六）年二月付の肥後国下豊田年貢算用状である。

まず、注目すべきは、京都の大徳寺瑞峯院の納所に宛てたこの算用状の差出人の署名「仲屋次郎左衛門入道顕通」である。これまで、後世の編纂物で「乾通」や「玄通」と記されてきた「けんつう」であるが、実は本人は

「仲屋顕通」と自著していた（図1）ことを示す決定的一次史料である。

次に、算用状の内容を検討しよう。肥後国豊田荘は、現在の熊本市城南町南部から宇城市豊野町にかけて広がった荘園で、古くは安元二（一一七六）年の八条院領目録に掲載されている。中世後期の天文・弘治年間の実態は必ずしも明らかでないが、下豊田に関しては大徳寺瑞峯院領となっていたものと思われる。

熊本平野南部に形成されたこの豊田荘の中央部では、九州山地に源流をもつ緑川が西流しており、その下流域の下豊田で御船川や加勢川と合流して有明海に注ぐ。その下流域から有明海の河口に位置する河港河尻の間では、川の流路を利用した河川流通が中世から近世にかけて盛んであった[21]。

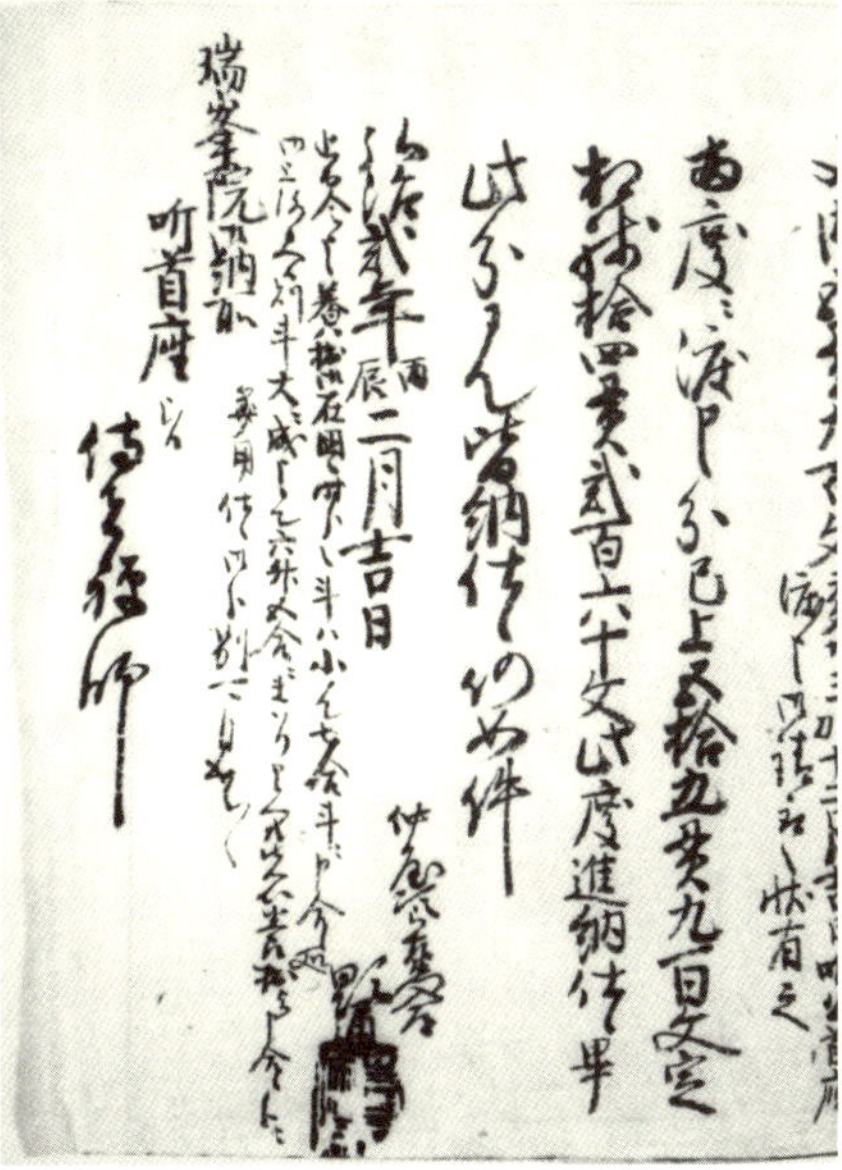

図1　「仲屋顕通」の自筆署名と黒印（京都大学総合博物館蔵「大徳寺黄梅院文書」）

［史料八］によると、豊後の豪商仲屋顕通は、隣国肥後に進出してこの緑川の流通路を掌握[22]し、下豊田からの輸送を請け負った瑞峯院の年貢に対し、「川荷駄賃」の利益を得ていた。注目すべきはその駄賃率で、天文二二（一五五三）年から三年間請け負った瑞峯院の年貢米四十五石の運送に際して二十二石五斗、つまり輸送物資の五十パーセントもの物流収益を毎年獲得していたのである。

さらに、瑞峯院との関わりは、単なる年貢米の輸送のみではなかった。まず第一に、「肥後斗」で計量された二十二石五斗の年貢米を「豊後斗」で計量し直している（表1）。現地で使用

表1

「肥後斗」の石高	→	換算	→	「豊後斗」の石高
22石5斗	→	［「豊後斗七合まハしニ算用」（22.5×0.7）］	→	15石7斗5升

表2

年	納めるべき石高	→	［「和市」算用］	→	納めるべき銭高
天文22（1553）年	15石7斗5升	→	［米6斗　＝銭1貫］	→	26貫250文
天文23（1554）年	15石7斗5升	→	［米6斗5升＝銭1貫］	→	24貫226文
天文24（1555）年	15石7斗5升	→	［米8斗　＝銭1貫］	→	19貫684文

表3

年	納めるべき銭高	→	実際の進納高
天文22（1553）年	26貫250文	→	50貫を9月に進納
天文23（1554）年	24貫226文	→	5貫900文を12月に進納
天文24（1555）年	19貫684文	→	14貫260文を翌弘治2年2月に進納（皆済）
計	70貫160文	→	70貫160文

される「肥後斗」と顕通の「豊後斗」とでは容積の規格が大きく異なっており、実際、「肥後斗」の一升は「豊後斗七合まハしニ算用」となり、二十二石五斗の「肥後斗」米は、「豊後斗」では七かけの十五石七斗五升として計算されている。

第二に、「豊後斗」で再計算された年貢米を、今度は銭に換算する（表2）。その計算式は以下の通りである。天文二二年は「壱貫ニ六斗米之算用」（銭一貫＝米六斗で計算）して十五石七斗五升の米は銭で二十六貫二百五十文に換算、天文二三（一五五四）年は「壱貫ニ六斗五升米和市ニ算用」（銭一貫＝米六斗五升で計算）して十五石七斗五升の米は銭で二十四貫二百二十六文に換算（正確には二十四貫二百三十文）、そして、天文二四（弘治元・一五五五）年は「壱貫ニ八斗米和市ニ算用」（銭一貫＝米八斗で計算）して十五石七斗五升の米は銭で十九貫六百八十四文に換算（正確には十九貫六百八十八文）という計算である。銭一貫に対する米の交換比率は年によって異なっており、「和市ニ算用」との文言が示すように、顕通はその年の相場値で年貢米を銭に換算して銭納高を算出しているのである。

そして第三に、瑞峯院へ銭を納めるのであるが、表3から明らかなように、顕通が各年ごとに瑞峯院に進納した年貢高は、「豊後斗七合ますハしニ算用」と「和市ニ算用」の二段階で計算して出した銭高とは全く一致していない。特に、天文二二年は実際の銭納額が請け負い額の二倍近くに達しており、加算進納の二十四貫余りは顕通がよそから流用して納めた銭に他ならない。一方、天文二三年と二四年は逆に銭納額が請け負い額を下回っており、その差額分はよそへの投資につぎ込まれたのであろう。

このことはすなわち、瑞峯院への年貢納入を請け負った仲屋顕通による年貢米の運用投資が行われていることの証左となる。顕通は、肥後国下豊田からの三ヶ年にわたる年貢請け負いの契約を瑞峯院納所と結び、三年トータルとして七十貫百六十文の年貢銭納を確実に履行する代わりに、自己の裁量による自由な年貢米の商業投資的運用の権利を獲得したのである。しかも、この契約は、瑞峯院納所にとっても不利益なものではなかった。瑞峯院側には契約の初年度の段階で算用額の二倍近くの年貢が実際に進納されており、瑞峯院の方でも加算進納分を運用に回すチャンスが生まれたのである。

四　豪商による衡量制基準の創出

顕通が契約初年に実収を上まわる年貢を瑞峯院側に納めてこの複数年請け負いを履行できた背景には、元手となる資本の蓄積があったはずである。元来、豊後府内の貧しい酒売り商人であった顕通が、いつごろから財力を蓄えて富商化していったかは定かではないが、前掲表1・表2の二段階にわたる請け負い年貢の算用手続きは、中世の物流に携わる商人が生み出した衡量制と「和市」の算用を利用する見事なまでの利益生産システムと言えよう。

まず、第一段階では、中世社会の地域によって異なる升の規格に着目して、その容積比の計算値と実際値のずれから差益収入を得ていたことが推測される。顕通の升の規格へのこだわりは、［史料八］の算用状の追而書に表れている。下豊田の年貢三カ年請け負い契約は、京都から現地に下ってきた瑞峯院納所の養拙斎と結んだものので、「養拙御在国之時分」の「申合」では計量に「七合斗」、つまり「豊後斗」（豊後升）を使用する取り決めであった。ところが、契約初年の天文二二年九月に養拙斎が上洛した後、二年目に下向してきた納所の听公首座は「別斗」（豊後升とは異なる規格の升）での計量を要求したようである。それに対して、顕通は「先以養拙と申合候分ニ算用仕候、御分別可目出候」と、あくまでも先代納所養拙斎と契約した豊後升での算用を主張し、実際に二年目以降も豊後升での計算値に基づいて年貢を進納して、皆納を証するこの算用状を作成したのである。この豊後升にこだわる追而書の文言からは、顕通が升の容積比の換算過程で重要な利益を得ていた様相が見え隠れする。

一方、第二段階では、年貢米をその年の相場値で銭に換算して銭納高を算出しているが、ここでも換算の計算値と相場値のずれを利用して収益をあげていたことが予想される。表3で明らかなように、顕通が実際にこの三ヶ年の年貢を銭納した月は、初年度は九月、二年目は一二月、三年目は翌年の二月で、時期が一定していない。このことは、計算上は米と銭の交換比率をその年の「和市ニ算用」（相場値で計算）したものの、実際の交換は「和市」相場が自らに有利な時期に行われたことを物語っていよう。そのタイミングを見計らった駆け引きは、さながら現代における証券取引をも想起させるものである。

このように、中世後期の物流に携わった有力商人は、「川荷駄賃」のような単純な物資の運送収入に加えて、①年貢納入の複数年請け負い契約による米の投資的運用に伴う収益、②地域升の規格差を利用した換算差益、③米と銭の「和市」相場の変動を利用した交換差益、という複数の利益生産機会をシステムとして掌握して、利潤を再生産することに成功していたのである。

そうした複数の利益生産システムのなかでも、特に中世の九州地域特有の事象として注目されるのが、②の衡量制問題に関わる部分である。

前掲［史料八］の年貢算用状からは、地域升の容積比の換算過程での収益獲得を指摘したが、実はそれに加えて、顕通が升という計量器具そのものに何らかの権益を有していたことも推測される。残念ながら、「豊後斗」のような升に関する権益の実態をこれ以上証する史料は管見のところ見出し得ないが、秤に関しては、考古史料を含めた複数の状況証拠の存在を指摘することができる。

まず、一節にあげた『雉城雑誌』や『豊府紀聞』のなかの、顕通の秤が天文から近世初頭にかけて行われた外国船との交易の際の銀計量の基準秤となっていたとの記述は、顕通が衡量制の基本器具である秤の規格基準に関する権益を有していたとする推測に極めて示唆的である。

外国船との交易が盛んに行われた九州では、特に一六世紀半ば以降の銀取引の増加に伴って、交易の際に代銀を秤で計量する「計屋《はかりや》」商人が各地に出現する。[23] ただし、容積を量る升の規格同様、重量を計測する秤も各地域によって規格が異なっていたことは言うまでもない。そこで、大友氏の本拠地豊後の場合は、主要な交易地である府内・臼杵・佐賀関の三都市において、計屋が使用する天秤と分銅の規格を同一とする条々掟書を天正一六（一五八八）年に発布している。[24] 豪商仲屋氏が、大友氏の本拠豊後を拠点として大名権力に密着した政商として活

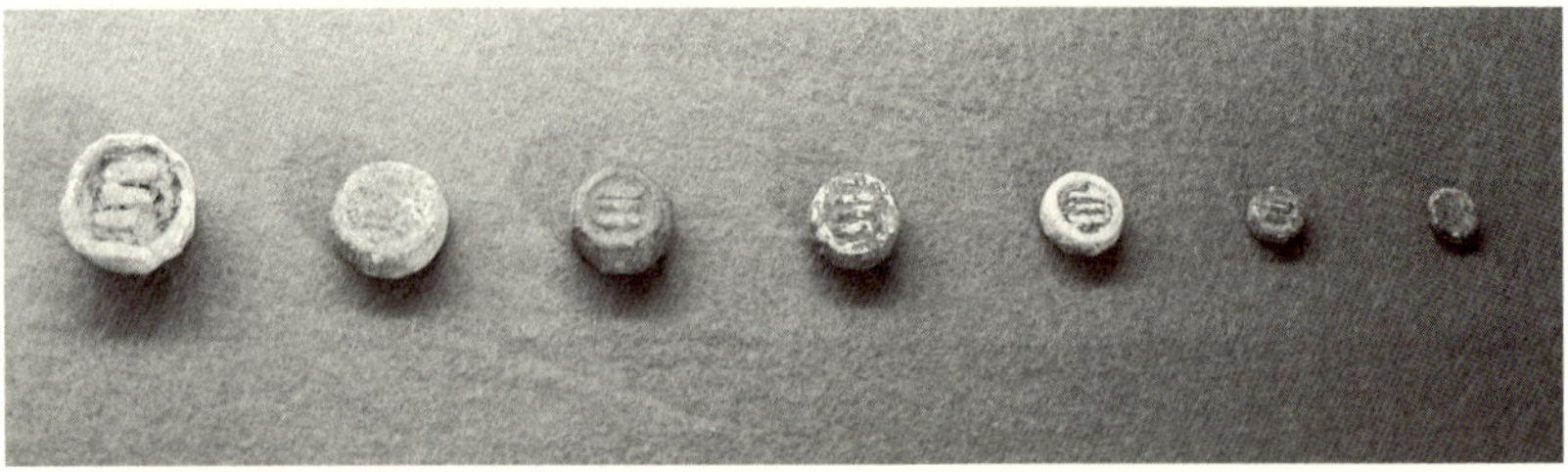

図2　豊後府内出土の三木紋を刻んだ分銅（大分県立埋蔵文化財センター蔵）

動していた事実を踏まえると、この天秤と分銅の規格基準が、『雉城雑誌』や『豊府紀聞』に登場する「通ガ遺秤」「乾通之遺秤」に相当すると考えることは、あながち早計とは言えないであろう。

　考古学の発掘成果によると、近年めざましく調査が進む豊後府内の一六世紀の各遺構からは、多量の分銅や天秤皿の遺物が検出されている[25]。なかでも注目されるのは、表面に三木の紋様を刻んだ分銅（図2）の出土で、大友家の三木定紋との関わりから、これが大名大友氏が規格公定した分銅であると同時に、その大友氏から規格基準に関わる権限を付与された仲屋顕通の秤＝「乾通之遺秤」そのものであると推測される。

　その推測を裏付ける興味深い発掘調査結果が、豊後府内の中心に位置する大友氏の館の門前「桜町」から報告されている。一六世紀後半に方二町四方の規模を誇った大友館は、大分川の流れる東に向いて正門を有しており、その門前を南北に貫く大路が都市府内のメインストリートであった。「桜町」は、この南北大路沿いに木戸で区分けして形成された小物座町、唐人町等の十二の町のなかで、大友館の正門前に位置する都市の一等地である[26]。この「桜町」北端の角地の発掘で、桁行五間・梁間二間の長方形の家屋二棟をL字状に組み合わせた礎石建物が見つかった。中世府内の町屋の遺構は簡素な掘立柱建物が通常であり、都市の一等地というその立地状況から考えても、この場所に大友氏当主とのつながりの深い有力人物が居住していたことが推測されるが、さらにこの調査区からは太鼓形および八角形の分銅十六点が出土し、しかもそのうちの十四点には三木紋が刻まれ、また、L字礎石建物のそばからは分銅等を製作するための青銅製品鋳造炉跡も検出された[27]。隣接地からは、製作途中のものと思われるバリのついた八角形分銅が三個連なった状態で出土している（図3）。これらのことから、この豊後府内の一等地である「桜町」の北端角地の居住者は、大友氏の有力家臣のような武士ではなく、三木紋の大名公定分銅の製作を担った有力商人であったことが想定される。

図3　豊後府内「桜町」で3個連なって出土した八角形未製品分銅（大分県立埋蔵文化財センター蔵）

その人物像に符合するのは、大名大友氏の傘下で、米や銀の計量に使う升や秤の規格とその使用に関する権益を有していたと推測される豪商仲屋氏である。礎石建物が見つかった「桜町」北端角地の発掘調査の所見では、「建物周辺からは朝鮮産陶磁器・中国産陶磁器・黒楽茶碗などの輸入陶磁器や茶道具の優品が集中して出土している。このような状況から、この角地の礎石建物の所有者は、大友家と強い関係を持つ裕福な有力者と推定できる[28]」と総括する。村田珠光以来の名物茶道具の伝来を列挙してまとめた『松屋名物集』[29]には、大友氏とその有力家臣臼杵氏が所有する名物茶壺や唐絵と並んで、「顕通同、中屋宗悦、駒蹄二ノ内、市玉礀、鳩徽宗皇帝、」の記述があり、名物の駒蹄茶入や南宋の玉澗の唐絵「山市青嵐図」等を所持していたと記される顕通と「宗悦」の姿は、茶道具を蒐集する富裕者という面でも、「桜町」礎石建物の居住者像に一致する。

「桜町」角地の建物の居住者像と、豪商仲屋氏の人物像の一致はさらに続く。実は、「桜町」の礎石建物は焼土に覆われた状態で出土し、その焼土層は発掘調査区全面に広がっていた。つまり、礎石の上の建物は、大規模な火災で焼失したのであり、遺物の年代観から、その火災は天正一四（一五八六）年の島津氏による豊後府内焼き討ちの時期に相当するという[30]。この考古学所見は、前掲［史料三］『豊府紀聞』の記述「乾通有子云宗悦、富栄相継、天正之寇乱雖家貲既狼藉」に一致する。

これら数々の文献史料の記述と考古遺物の符合を総合して考察すると、豊後府内の中心地「桜町」の角地に礎石建物を建て、大友氏から認められた秤の規格に関する権益をもとに敷地内で大名公定の分銅を製作・発行し、また商業活動で得た利益で名物茶道具を蒐集していたのは、豊後の豪商仲屋氏の初代顕通と二代目「宗悦」であると判断できるのである。

一六世紀半ば、天文年間の九州で第一と称された豪商仲屋顕通の富は、物資の輸送から得た高率の物流収益に加えて、寺社等への年貢米の複数年請け負い契約に伴う米の運用投資益や、地域升の換算差や米・銭の交換相場の変動を利用したレート操作益によって重層的に蓄積されていったものであった。富商化した顕通は、その本拠の大名大友氏との結びつきを一段と強めて政商化し、大名館の正門前に屋敷地を獲得して礎石を有する屋敷を建設した。計量基準の不均質な中世社会において、地域社会の一円的支配を志向する大名権力にとっても、その不均質性を横断して広域的な経済活動を営む有力商人は、領域内における計量の標準化という点で魅力的な存在であった。特に、石見銀等の国内銀山の開発成功に伴う一六世紀半ば以降の銀流通の拡大と、その秤量を担う「計屋」商人の乱立に対処するため、大名大友氏は豊後府内等の主要都市において使用する秤と分銅の規格権益を顕通に付与し、認められた顕通は、府内「桜町」に営む屋敷の一角で、大名権力公定を明示する三木紋刻印の分銅を製作・発行した。やがて、大友氏の勢力が北部九州に拡大した一六世紀後半、その本拠の豊後で創出された豪商による衡量制基準は、顕通亡き後の天正年間には二代目「宗悦」に引き継がれた。「宗悦」は、大友氏のみでなく豊臣氏とも結びついて商圏のさらなる拡大に成功し、九州各地での貿易取引に「乾通之遺秤」を持ち込んで使用することで、長崎等の北部九州の貿易都市でも衡量権益を獲得しようと企図したのである。

五　商圏の拡大と貿易商人化

さて、一六世紀九州の豪商仲屋氏の初代「けんつう」の入道名が「乾通」ではなく「顕通」と確定できたのと同様、二代目「そうえつ」についても、実は本人は「宗悦」とは署名していなかったことを示す史料が存在する。

［史料九］

（端裏ウハ書）（異筆）
「天正元癸酉分請料　御屋形御書
同申戌九月廿一日到来
としみつひこ三郎方へ之宗越より替へ状あんもん」

替へ状之事

一、銀子合而五貫八百目定、爰元請取たて候、於堺津右之前五貫八百目之分、三聖寺へ慥に御渡しあるへく候、但此状、三聖寺ならて、よの人所持候て永々不用者也、殊天秤之儀ハ願超所持之たるへく候、仍如件、

天正弐年戌七月十一日　　仲屋
　　　　　　　　　　　　宗越　判

利光彦三郎殿　参(31)

［史料九］は、天正二（一五七四）年七月一一日付で大友氏の家臣利光彦三郎宛に発給された「替へ状」（為替状）案文である。その差し出し人は「仲屋宗越」。『天王寺屋会記』や『大友興廃記』等の近世の編纂物、後述する文

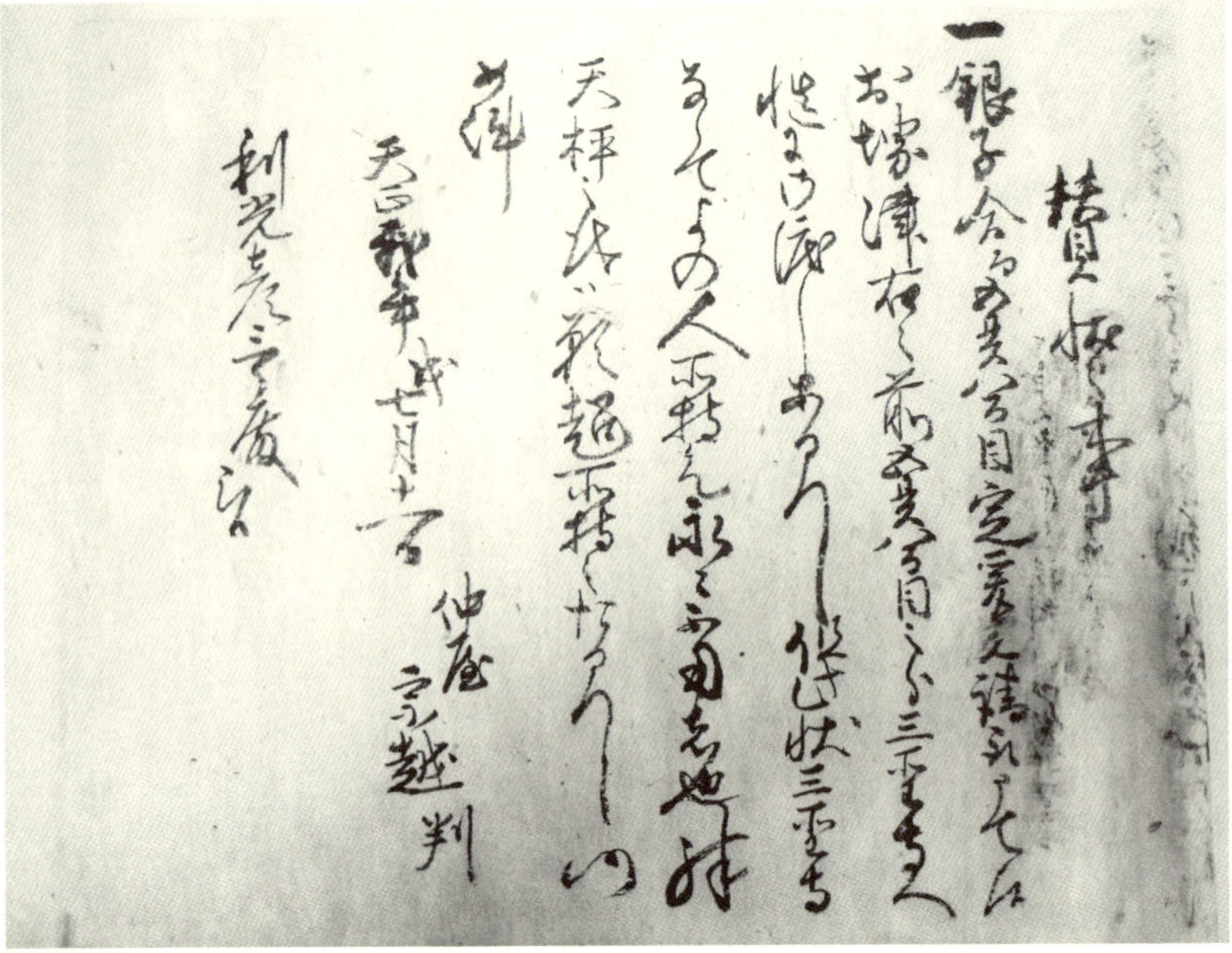

図4　「仲屋宗越」の為替状（天理大学附属天理図書館蔵「三聖寺文書」）

禄年間の検地帳等、他者が書き記した史料のなかで「宗悦」と表記されることの多かった「そうえつ」であるが、本人は「宗越」と自著していたことが明白である（図4）。

京都の東福寺塔頭の三聖寺は、鎌倉期の創建とされ、東福寺所蔵の「三聖寺古図」には明徳年間以前に大伽藍を有する寺勢が描かれている[32]。鎌倉期から豊後国大野荘内に所領を有する同寺に対し、戦国期の大友氏は年貢請け負いを契約し、首藤、毛利、利光等の家臣を通じて「請料」を進納している。

［史料九］では、天正元（一五七三）年分の年貢銀子五貫八百匁の納入を請け負った利光彦三郎が、銀子をそのまま京都に運ぶのではなく、豊後でこの「替へ状」に交換して三聖寺に届けたのである。その本文では、宗越が銀子を豊後で受け取ってこの為替状を発行したこと、および、五貫八百匁の現銀化は堺で行うことを約定

している。そして、後半の但し書き部分では、堺での現銀受取人を三聖寺に限定する約款その一と、現銀化の際に計量に使う天秤を願超が所持するものに特定する約款その二を付け加えている。

為替の効力を三聖寺以外では無効とする約款その一は、この「替へ状」の盗難や紛失に備えた条文であり、天正初年の宗越が、そうした不測の事態[33]への対応に手慣れて為替状を発行していたことを物語るが、前節との関わりで注目したいのは、為替現銀化の計量手段を特定した約款その二である。利光彦三郎からこの「替へ状」を受け取った三聖寺は、堺で銀子を受け取らねばならないのであるが、その際の銀の計量秤は願超なる人物の天秤に限定されている。

前掲［史料一］の『大友興廃記』によれば、豊後豪商仲屋宗越の営業形態とそのネットワークは、「府内の居住を仕ながら、大坂、堺、京何の地にても、富貴繁華の所には一家づゝ持ち、下代を遣し、或は一門の末をも遣置けり」との状況であった。このことから、宗越発行「替へ状」を携えた三聖寺に銀子を支払う場所とは、豪商仲屋家が堺で営業する支店舗であると推測できる。そして、その堺支店で銀の計量に使用する願超[34]所持の天秤とは、仲屋家の初代顕通から規格を引き継いだ「乾通之遺秤」に他ならないであろう。天正年間に西日本の幅広い範囲に店舗網を拡大した豊後豪商仲屋宗越は、豊後に近い北部九州の営業拠点のみならず、畿内の堺においても初代顕通所縁の計量器「乾通之遺秤」を持ち込み、自らが発行した為替の現銀化の際には、例えそこが畿内であっても本拠である豊後規格の天秤で銀を計量していたのである。それは、日本の中核である畿内商圏における有力地方豪商の衡量権益の担保と言えるであろう。

さて、天正期以降の宗越の経済活動の足跡は、豊後府内と堺を結ぶ九州―畿内間にとどまらず、西日本のより広範囲な地域で確認することができる。

まず、かつて渡辺澄夫氏が文禄二（一五九三）年の「豊後国海辺郡臼杵庄御検地帳」の唐人町懸ノ町の名請人のなかに「宗悦」が存在することを指摘されたように[35]、豪商「宗悦」は、大友氏の伝統的な本拠都市の豊後府内に加えて、大友義鎮が一六世紀半ばに新たな本拠[36]として開発した臼杵にも広大な屋敷を有していた。

同検地帳によると、唐人町、畳屋町、唐人町懸ノ町、海添中町、横浜町、吉水小路片町、浜町、菊屋町、横町、そして祇園洲の十町からなる都市臼杵の文禄年間の田畠屋敷総数は四百四筆である。そのうちの九十三パーセントにあたる三百七十五筆が屋敷で占められており、「宗悦」名義の屋敷が存在する唐人町懸ノ町も五十八筆全てが屋敷地であった。唐人町懸ノ町のなかでの「宗悦」屋敷は六筆に分かれて、その面積と石高は、合計一町一反六畝二十六歩、十八石六斗九升八合となっており、町全体の五十五パーセント、つまり、町の過半を「宗悦」屋敷が占めていた（臼杵十町全体のなかでも十四パーセントを占める）。また、臼杵荘全体の三百人を越える名請人の一人当たりの平均屋敷面積は一畝強であり、宗越の持高はその百倍規模に相当する。文禄年間の臼杵における宗越の相対的位置をまとめれば、彼は臼杵十町のうちの唐人町懸ノ町に広大な屋敷群を所持し、一つの町の過半を占有するほどの財力を保有して他の町人を圧倒する大豪商であったことが数値の上で明らかなのである。

そして、そもそも宗越が独占的に屋敷を保有する「唐人町懸《とうじんまちかけ》ノ町《まち》」という町名自体が興味深い。北東へと流れる臼杵川が豊後水道に注ぐ河口の沖積平野東岸に形成された中世末期の都市臼杵は、本来的に海と川に面している。十町のうち、臼杵湾に突き出た祇園洲の砂州と舟入を挟んで向き合うのが唐人町で、この町には漆喰塗りの技術に秀でた「木像仕立功者之仏師」陳元明をはじめとした多くの渡来明人が居住して生産活動を営んでいたことは、すでに別稿で明らかにした[37]。その唐人町と隣接して、やはり臼杵湾に面するのが唐人町懸ノ町である。町名のみでなく、実際の立地条件からも、渡来明人との関わりのなかで自らの生産活動を営む人々の町であることが推測されよう。

このことに加えて、宗越の六筆の屋敷は必ずしも隣り合って建っていたわけではなく、検地帳に三ヶ所のまとまりに分けて記載されていることから、町空間における宗越屋敷は三つに分散していたことが推測される。豪商仲屋家の臼杵への進出が、天文末から弘治年間の大友義鎮による臼杵の町立に端を発するものとするならば、これは文禄二年までの約四十年間の財力の蓄積とそれに伴う町屋敷の買収の結果による偏在と考えられよう。

一方、宗越の活動は、九州の広範囲において確認される。

天正一三（一五八五）年閏八月一三日、大友義鎮は筑後に出陣中の義統に九州各地の政情を記した書状を送っているが、そのなかで、肥後の阿蘇・三船・隈庄方面での島津方の動きは「宗越一通」（宗越からの諜報）が情報源となっている(38)。天文年間に肥後国豊田荘の河川流通を掌握していた先代顕通と同様に、宗越も頻繁に肥後国内を往来していたものと思われる。

さらに、宗越の活動範囲は、九州を南下して日向・大隅へも広がっている。天正一三年、京都の猿楽師渋谷常庵一行が九州を訪れる。渋谷一座の九州巡行は、先々代清庵と先代宗雲の天文後期から実施されており、天文一三（一五四四）年の下向の際には豊後の大友氏を頼っている。その後の天正一一（一五八三）年には、清庵が禁裏に招かれて舞を披露するほどの全盛を迎えており、天正後期の九州において一座は盛大な歓迎を受けたものと思われる(39)。この猿楽師渋谷一座が島津氏領内に滞在した際に、島津氏宿老の伊集院忠棟がその饗応について日向国目井（日南市南郷町）の竹下宗怡（頼堅）に宛てた書状写(40)が現存する。それによると、忠棟は、宗怡の「廻船中」を動員して一座を目井南方の港町「外ノ浦江遊山」させるよう指示している。そして、尚々書で、常庵を「能々なくさ□《(ミカ)》可然候」と記し、その後に「将又豊後宗悦自□　□可然候」と添えているのである。

史料の肝心な部分が摩滅しているために、宗越の動きを明証することはできないが、書状の文脈から推測すれば、日向国南部の港町目井に滞在した渋谷一座を船に乗せ外浦へ遊興させて慰労する竹下宗怡の饗応に、仲屋宗越が何らかの形で関わっていると言えよう。

当該期の竹下宗怡は、目井を中心に日向南部の南郷地域の廻船中組織を掌握する頭目であるとともに、自らは京都と日向・大隅の間を往来して島津氏向けの物資を海上輸送調達している。(41)さらに、宗怡の名前は、慶長元（一五九六）年に藤原惺窩が記した「南航日記残簡」(42)のなかで、大隅国内之浦（鹿児島県肝付町）の「役人宗意竹下氏」として登場する。七月一三日、内之浦に滞在中の惺窩は宗怡から「葡萄勝酒」のもてなしを受けて歓談しているが、その話題は「談琉球之風土。盖宗意寓琉球而有妻子。故熟識」というものであった。すなわち、内之浦役人の宗怡が琉球にも住居を有して妻子をもっているため、その風土に詳しいというのである。この他に、惺窩は内之浦で、「ルスン琉球路程記録之冊」や「蛮人之所記」の「世界図」を一覧したり、入港中の唐船を見学して、その船主で泉州出身の「呉我洲」と筆談し、彼の子が「呂宗商賈之巨魁」（ルソン商人の頭目）であるため、この唐船がこれからルソンへ向かうことを聞き出している。

竹下宗怡が活動する内之浦や外浦は、九州最南端に近いその地理的環境から、入港する唐船を通じて中国や琉球、そして東南アジアのルソンの文化や情報を直接入手することのできる港町だったのであり、また、宗怡自身も南九州と琉球を股にかけて活動する境界人であった。(43)外国船との取引を志向する豊後豪商仲屋宗越が、そうした特質を有する南九州の港町に出入りするとともに、竹下宗怡とも関係を有していたと考えることに、何の疑問もなかろう。また、宗越は、天文年間以降の豊後巡行を契機として、猿楽師渋谷一座と面識があったことも想定できよう。琉球や東南アジアとつながった南九州の境界人と京都の芸能者の間に登場する宗越からは、畿内以西の西日本と環東シナ海域の枠を越えて、南西諸島の琉球からさらに南下した東南アジア諸地域に一層の商業活路を見出そうとする貿易商人の姿を想起することができるのである。

宗越が東南アジアに向けた視線については、次の『豊府紀聞』に掲載される明の林存選からの書簡に垣間見ることができる。

〔史料一〇〕

中屋宗悦富盛之時、大明国侍教主林存選送宗悦書簡曰、

侍教主林存選頓首拝

大国望宗越老先生大人愛下

久別

尊顔走侍無由、僕幸獲机会、抵柬埔寨、喜得忝沐上恩、許僕掌船到日本国、意欲収入□□

望高庶得侍教、左右奈天風不順、姑収在呵（阿）久根、本欲登門侯謁、倶碍船、事匆冗不果、罪甚々々、

今因人使敬奉花幔壱件、以表問安之、敬不宣、

存選主再拝

如此存選書簡、宗悦子孫有之[44]、

明の貿易商人と思われる林存選なる人物が、「宗越老先生大人」に宛てた書簡写であるが、こうした書簡が取り交わされていること自体、宗越と林存選がそれ以前の商業活動を通じて旧知の仲であることを物語っていよう。虫食いか破れで判読不能な部分もあってやや難解であるが、林存選は、これ以前に柬埔寨（カンボジア）に渡って商取引を行い、その後、東南アジアでの買付品を携えて九州豊後の宗越のもとに赴こうとしたことがわ

かる。しかしながら、「天風不順」のため、彼が乗った船は目的地の九州東岸ではなく、西岸の薩摩の阿久根に入港した。何とか豊後の宗越のもとへ向かい拝謁したいと思うものの、「碍船」（船を損傷）したために果たせず、やむを得ず使者を立てて、この書簡と「花幔」（カンボジアでピダンやサンポットと呼ばれる花紋様の染織）(45)一枚を宗越に届けたのである。

明の貿易商人林存選によって東南アジアのカンボジアの物資が九州にもたらされた事態は、前述「南航日記残簡」で内之浦に入港した唐船の船主呉我洲がこの先ルソンへ向かい、また彼の息子自体がルソン商人の頭目である事態に対応して興味深い。問題としたいのは船である。

呉我洲については「唐船々主」と記されていることから、内之浦に来航してこれからルソンに向かおうとするその船は、中国ジャンクと考えて間違いないと思われるが、一方で、林存選がカンボジアから九州に向かう際に乗った船については「唐船」との記述がない。「花幔」等のカンボジアの物資を携えた彼は、一体どのような船に乗って阿久根に到達したのであろうか。

［史料一〇］の書簡を詳細に読むと、カンボジアで商取引を行った林存選は、その後、「喜得忝沐上恩、許僕掌船到日本国、意欲収入」と、ある人物からの「上恩」を得て、船に乗って日本に行き商売をすることを許されている。また、その船は、「天風不順」のために豊後ではなく島津氏領内の阿久根に着船し、その港で船を損傷して操船できなくなっている。

実は、林存選が乗ったこの船の状況に一致する東南アジア帰りの船がある。

［史料一一］

今度至南蛮被差渡候船令帰朝、於御領中繋置候之處、去大風之砌少過之子細有之由依到来、至貴殿以使節被申候之處、未御返事候之事、無御心許候、如御存知、貴家当方御代々被得御意候之處、以聊之儀可被及御隔心事、他邦之嘲自他不可然之条、速ニ可被成御分別事、尤可目出候、然者彼船於南蛮国茂、如此節少難之儀雖有之、従宗麟《(大友)》被差渡船之段有存知、彼国守以相談廉直之扱、剰以使節被申越候處、万一御得心於相滞者大国迄之覚如何〳〵之条、以御遠慮示預候者祝着可被申候、猶期来喜候、恐々謹言、

八月廿五日

親賢《(田原)》（花押）
鑑速《(臼杵)》（花押）
親度《(志賀)》（花押）
惟教《(佐伯)》（花押）

河上々野《(忠克)》入道殿
島津摂津守《(季久)》殿
村田越前守《(経定)》殿
伊集院源介《(久信)》殿
平田美濃守《(昌宗)》殿
伊集院右衛門大夫《(忠棟)》殿

御宿所

追而、

至伊集院右衛門尉殿、鑑速《(臼杵)》雖用先書候、御返事遅滞之条、衆中申談、重畳用連署候、為御心得候、

「(包紙ウハ書)
佐伯紀伊介

志賀安房守
臼杵越中守
田原近江守
親賢[46]
伊集院右衛門大夫殿
河上々野入道殿御宿所

すでに別稿[47]で詳細に分析した史料であるのでここでは簡潔に述べるが、天正元（一五七三）年に大友宗麟（義鎮）が南蛮国に派遣した船が、帰国途中に島津氏領内の港に係留していたところ、「大風」で「少過」（船を破損）したことがわかる。大友氏側は伊集院忠棟のもとへ使節を派遣して船の安否を尋ねたものの返事がなかったため、再び奉行人連署のこの書状を発給して、船と積み荷の返還を求めたのである。「至南蛮被差渡候船」および「従宗麟《（大友）》被差渡船」の文言から、この船は大友氏が東南アジアに派遣したものとわかるが、さらに、島津氏側に残るこの文書への返書案文には、抑留した積み荷として「銀子・鹿皮、南蛮国進物種々」が記されており[48]、船には東南アジアの銀[49]と鹿皮や、交易相手国からの贈答品が積まれていたことが明らかである。

大友氏が天正元年に「南蛮国」に派遣した船は、取引を終えて帰朝途中の島津氏領内の港で「大風」により「少過」し抑留された。一方、カンボジアでの取引を終えた林存選が乗船した船も、同じ天正年間に九州で富強を誇る豪商仲屋宗越のいる豊後をめざしたものの、「天風不順」のために薩摩の阿久根に入港して「碍船」している。二つの船は、年代は天正元年と天正前後で一致し、出港地と目的地も、それぞれ「南蛮国」と「柬埔寨」、大友氏と仲屋氏のいる豊後で一致する。さらに、遭難の経緯についても、「大風」のために島津氏領内の港に寄港して「繋置候之處」を「少過」した大友船と、「天風不順」のために阿久根に寄港した後に「碍船」した林存選の船は、港への係留の後という船の損傷のタイミングまでもが一致している。このことから、この二つの船は同一の船と考えることが妥当であろう。

二つの史料を総合すると、次のようになる。天正元年、大友氏は「南蛮」のカンボジアへ貿易船を派遣した。[50]ちょうどその時、商取引でカンボジアに逗留していた林存選が大友船の使節と出会い、船がこれから日本の豊後に戻ることを聞いた。以前の取引で豊後の豪商仲屋宗越と旧知の仲であった林存選は、自分も「到日本国、意欲収入」と希望して大友船への客商としての乗船を願ったところ、大友氏側の「上恩」により許可された。林存選を乗せてカンボジアを出発した大友船は、南シナ海から東シナ海を北上して九州の南方海域まで戻ってきたが、「天風不順」のため九州東岸ルートに入ることができず、薩摩西岸の阿久根に避難入港した。「大風」は港内でも吹き荒れ、「繫置」中の大友船はついに「碍船」し操船不能となった。阿久根に上陸した林存選は、やむを得ずカンボジアから携えてきた「花幔」と書簡＝［史料一〇］を使者に託して宗越に送った。船と積み荷の安否を憂慮した大友氏側は、伊集院忠棟のもとに使節を送ったが「御返事遅滞」のため、再度島津氏奉行人六名に宛てた連署書状＝［史料一一］を作成して、船と積み荷の早期返還を求めたのである。

［史料一〇］［史料一一］からは、天正年間の仲屋宗越が、カンボジア交易を手がける明の貿易商人と取引関係を結んで、東南アジア方面の物資を入手していた実態が浮かび上がってくるが、実は、豪商仲屋氏は、外国商人がもたらす荷物を受動的に買い取るのみでなく、自身も九州―カンボジア間を往復したこの大友船の商人頭的存在として交易物資を統括する立場にあったようである。

阿久根の港で破損した大友船の返還をめぐっては、先述のように、天正元年九月に島津氏奉行人が大友氏に宛てた返書案文と追而書が残されている。[51]「就破艘之儀」で始まるその返書で島津氏側は、「於領津不慮之破損」をしたカンボジア帰りの大友船の「銀子・鹿皮」以下の積み荷を目録を添えて返還することを約し、その文末を「余者仲掃部助殿可有演説候、恐々」と締めくくっている。積み荷の返還交渉の使節として、「仲掃部助」なる人物が、[史料一二]の大友氏奉行人連署書状を携え豊後から薩摩に渡って現地交渉し、翌月に島津氏側からの返書を受け取って豊後に戻ったことがわかる。

この「仲掃部助」は「仲」屋号の掃部助、すなわち豪商仲屋家の人物と推定される。臼杵の大橋寺所蔵の『宝岸寺霊簿』(52)は、永禄から寛文年間にかけて没した同寺檀家の過去帳であるが、その千数百名の没者名のなかに、天正一五(一五八七)年七月二〇日に没した「仲掃部助」の名前がある。カンボジア交易船の積み荷返還交渉で活動した「仲掃部助」が、広大な宗越屋敷が存在した大友義鎮の城下町臼杵の居住者であったことを物語っている。天正年間に大名大友氏との結び付きを強めて政商化した宗越は、豊後府内のみでなく、臼杵、堺等に店舗網を拡大し、遠方には先述した「願超」のような一門もしくは下代を派遣し運営していた。「掃部助」は、臼杵の唐人町懸ノ町の宗越屋敷に居住する仲屋家一門(53)で、宗越が投資した大友氏のカンボジア交易船の積み荷を確保・回収する適任者として、大友氏奉行人発給の連署書状を携えて薩摩へ派遣されたものと推測されるのである。

おわりに

明らかにしてきたことを簡潔にまとめよう。

一六世紀半ば天文年間の九州豊後の商人仲屋顕通は、物資の輸送から得た高率の物流収益を基盤としながら、寺社領年貢の複数年請け負い契約に伴う米の運用投資益や、地域升の換算差や米・銭の交換相場の変動を利用したレート操作益等、重層的な収益システムによって富を蓄えていた。富商化した顕通は、本拠の大名大友氏との結合を一段と強めて政商化し、大名館門前に屋敷地を獲得して礎石建て屋敷を建設した。一六世紀半ば以降の銀流通の増大期になると、大友氏は豊後府内、臼杵等の主要都市の秤と分銅の規格権益を顕通に付与して衡量制の基準を創出した。権益を認められた顕通は、豊後府内「桜町」の屋敷で大名権力公定分銅を製作・発行し、以後、海外貿易を含めた銀取引を統括する立場に成長していったのである。

一方、一六世紀後半の天正年間に顕通の跡を継いだ仲屋宗越は、大友氏に加え豊臣氏とも結びついて商圏のさらなる拡大に成功し、堺や長崎等の西日本に広がった拠点都市の諸店舗で「乾通之遺秤」を使用することで、遠隔地商圏における自らの衡量権益を担保した。また、顕通の貿易取引の相手が主に唐船と明人であったと予想されるのに対して、宗越の取引はさらに南方の東南アジアまでを視野に入れたものへと拡大した。宗越は、九州南部の日向・大隅へも商業活動を展開して、南方貿易への活路を模索し、カンボジア交易を手がける明の貿易商人と結んで東南アジアの物資を入手するとともに、大名大友氏がカンボジアに派遣した交易船では、積み荷商品の統括者として同貿易に関与していたと推測された。

九州豊後の豪商仲屋氏は、天文から天正・文禄までの四十〜五十年間二代におよぶこうした経済活動を通して、貧商から南蛮貿易を手がける豪商へと成長していったのである。

［註］

（1）『大友興廃記』巻一〇「宗悦成立之事幷道雪物語之事」（『大分県郷土史料集成』上）。
（2）『雉城雑誌』八（『大分県郷土史料集成』地誌篇）。

（3）寛延二（一七四九）年編纂の『豊薩軍記』巻一（歴史図書社、一九八〇年）には、「去る天文十年七月廿七日、唐船豊後神宮寺にも著津し、明人二百八十人来朝す。明の粛帝《（嘉靖帝）》の御宇に当れり。同く十二年八月七日、又五艘来る。同十五年、佐伯の浦に著岸す。其後永禄中に数回来る。斯て天正三年乙亥、臼杵の浦に著津す。此時、猛虎四疋、大象一疋、孔雀、鸚鵡、麝香、其外書巻の名筆、或は絵讃、幷に綾羅錦繡、伽羅、猩々皮の二十間つゝき以下、種々の珍宝を相渡す」と、府内の神宮寺や佐伯、臼杵等の豊後水道沿岸の港に唐船が頻繁に着岸したことが記されている。

（4）『雉城雑誌』四（『大分県郷土史料集成』地誌篇）。

（5）『豊府紀聞』下。

（6）中世前期からの大友氏と島津氏の盟約関係は天正年間に破綻し、軍事的優勢に立った島津氏は天正一四（一五八六）年末に大友氏本拠の豊後府内に侵攻して町を占拠・焼き討ちした。府内の発掘調査では、その際の焼土層や、その後の復興で火を受け使用できなくなった陶磁器等を埋めた穴や大甕等の火災処理遺構が、広範囲で確認されている。なお、長田弘通「天正年間以前の大友氏と島津氏」（『大分県地方史』一四三、一九九一年）、『大分市史』中巻（中世編）第五章二八八〜二九四頁、玉永光洋・坂本嘉弘『シリーズ「遺跡を学ぶ」五六　大友宗麟の戦国都市・豊後府内』（新泉社、二〇〇九年）八八頁を参照されたい。

（7）鹿毛敏夫「戦国期豪商の存在形態と大友氏」（『大分県地方史』一六〇、一九九六年。のち同『戦国大名の外交と都市・流通――豊後大友氏と東アジア世界――』〈思文閣出版、二〇〇六年〉に収載）。

（8）「大友松野文書」三―六（『大分県史料』二五）。

（9）「大友家文書」大友書翰九―一一（『大分県史料』二六）。

（10）『天王寺屋会記』「宗及茶湯日記　自会記」（『茶道古典全集』八）。

（11）浦上宗鉄、入道名道冊は、史料上、永禄末年から天正年間にかけての活動が散見できる大友氏の家臣で、特に天正末年には義鎮や義統の側近に取り立てられ、この後天正一六（一五八八）年には義統に随伴して再度上坂し、秀吉に謁見している。

（12）道叱は、永禄から天正年間に堺と豊後の間を頻繁に往来して大友氏との経済的関係を強め、やがて天正末年には茶会という媒体を通して義鎮・義統と緊密な人間関係を醸成していく（前掲註（7）鹿毛敏夫「戦国期豪商の存在形態と大友氏」参照）。
（13）『茶道古典全集』六。
（14）南宋末から元初に活躍した禅僧画家牧谿の絵は、室町幕府の名品目録『御物御画目録』に百点以上が記載されるほど、日本の中世から近世にかけての絵画史のなかで最も尊重された。その画風と生涯については、『牧谿――憧憬の水墨画――』（五島美術館、一九九六年）を参照されたい。
（15）「大友家文書録」二一八四（『大分県史料』三三）。なお、東京大学史料編纂所蔵影写本と校合して補訂をなした。
（16）「松浦文書」四二（『平戸松浦家資料』）。
（17）〔史料六〕の大友氏宛ての断簡は日付を欠いているが、島津義久に宛てた同内容の朱印状（「島津家文書」七八九〈『大日本古文書』家わけ一六―二〉）では「六月十六日」の日付が確認できる。
（18）「御判物御書拝領之者書出」三一（『平戸松浦家資料』）。
（19）中世後期日本社会における彼ら唐人技術者の活動実態については、鹿毛敏夫「中世『唐人』の存在形態」（同『アジアン戦国大名大友氏の研究』吉川弘文館、二〇一一年）を参照されたい。
（20）「大徳寺黄梅院文書」甲八三。なお、本文書の翻刻にあたっては、京都大学総合博物館より写真版の提供を受けた。記して感謝申し上げたい。
（21）河尻の川岸の船着場跡には、川船からの荷物の積みおろしを行うための石段が百数十メートルにわたって現存する。
（22）下豊田における仲屋顕通の河川流通掌握の背後には、同地域への大友氏の勢力伸長があった。河口の河港河尻をめぐっては、中世後期に阿蘇、鹿子木、宇土、相良等の各領主が競合しているが、一六世紀後半の天文末から天正初年にかけては大友氏の支配が浸透する。年未詳で大友義鑑が家臣の恵良鑑重に宛てた書状では「肥後国豊田河登料所」（豊田で川荷に課税する河川関所）の設置が確認され（「大友家文書録」二五一六〈『大分県史料』三四〉）、また、天正三（一五七五）年二月二五日に松橋から宇土を経由して北上した島津家久は「川尻といへる所にて関とてとられ」ている（「中書家久公御上京日記」〈『近世初頭九州紀行記集』〉）。緑川水系に大友氏勢力による複数の河川関所が設置されていたことがわかる。
（23）肥前の藤津、肥後の高瀬・八代、豊後の府内・臼杵・佐賀関・甲斐田等、交易拠点の都市や町に、計屋の存在が確認される。鈴木敦子「肥前国内における銀の「貨幣化」」（同『戦国期の流通と地域社会』同成社、二〇一一年）、鹿毛敏夫「分銅と計屋――中世末期九州の衡量制――」（『日本史攷究と歴史教育の視座』早稲田大学メディアミックス、二〇〇四年。のち前掲註（7）同『戦国大名の外交と都市・流通』に収載）参照。

(24) 「若林文書」八〇（『大分県史料』三五）、および「豊後若林家文書」釈文七九（本書一一九～一二〇頁）。

(25) 前掲註（6）玉永光洋・坂本嘉弘『シリーズ「遺跡を学ぶ」五六　大友宗麟の戦国都市・豊後府内』三六～三九頁参照。

(26) 中世都市豊後府内の町の形成とその実態については、玉永光洋「大友府内町」（小野正敏・萩原三雄編『戦国時代の考古学』高志書院、二〇〇三年）、坪根伸也「豊後府内の歴史的展開と特質」（内堀信雄他編『守護所と戦国城下町』高志書院、二〇〇六年）、坂本嘉弘「中世都市豊後府内の変遷」、鹿毛敏夫「川からの中世都市」（ともに鹿毛敏夫編『戦国大名大友氏と豊後府内』高志書院、二〇〇八年）、鹿毛敏夫・坪根伸也編『戦国大名大友氏の館と権力』（吉川弘文館、二〇一八年）を参照されたい。

(27) 大分県教育庁埋蔵文化財センター『豊後府内』四（二〇〇六年）。

(28) 前掲註（27）『豊後府内』四（第三分冊）二二四頁。

(29) 『茶道古典全集』一二（補遺二）。

(30) 前掲註（27）『豊後府内』四（第一分冊）一六四頁。

(31) 「三聖寺文書」二二〇・〇八―イ一九五―四。本文書の翻刻にあたっては、天理大学附属天理図書館より写真版の提供を受けた。記して感謝申し上げたい。

(32) 阪口貢「三聖寺伽藍について」（『日本建築学会研究報告』一一、一九五一年）。

(33) 大友義鎮は、京都三聖寺までの年貢の海上輸送を家臣に担わせていた。ある年の「船奉行」に任じられた佐藤八郎兵衛は、「十六端《(反)》の船」に年貢米を載せて豊後府内を出航したが、「讃岐国汐分《(塩飽)》七浦の海賊ども起て、此舟を奪取んと思ひ船数を催し集め、矢比に推寄せ、散々に射掛」られたと言う（『大友興廃記』巻四「東福寺万寿寺建立之事、附二王軍之事」〈『大分県郷土史料集成』上〉）。

(34) 「願超」なる人物の詳細は明らかでないが、例えば、『遠州御蔵元帳』（『茶道古典全集』一二〈補遺二〉）の天正五（一五七七）年二月二日付「茶湯道具名寄」には、前述の玉澗作の唐絵「山市青嵐図」を所持する「中屋宗悦」と並んで、名物茶入の「小肩衝」を保有する「同《（仲屋）》浄教」なる人物が記されており、また、別府の朝見八幡宮の「歴代祈禱依頼者注文」（『大分県史料』一二）にも、大友氏家臣団と並んで「中屋浄泉入道」と「中屋三良五郎」の名前が記録されている。天正年間の商圏を拡大した豪商仲屋家は、当主の宗越のほかに、浄教、浄泉、三良五郎等の一門による商業活動とネットワークによって維持されていたものと思われ、願超はそのうちの堺の店舗を任された一門もしくは下代と推測される。

(35) 渡辺澄夫「大友時代末期の豊後臼杵」（『大分県地方史』一三〜一六、一九五八年）。

(36) 八木直樹氏によると、弘治二（一五五六）年以降の大友氏当主（義鎮と義統）は、天正年間の一時期を除いて、臼杵に拠点を移して領国経営を行っている（同「一六世紀後半における豊後府内・臼杵と大友氏――城下町移転に関する再検討――」〈『ヒストリア』二〇四、二〇〇七年〉）。そして、その契機となった義鎮による丹生島城（臼杵城）の築城は、天文二〇か二一（一五五一か五二）年に開始されたことが、新たな史料から明らかである（鹿毛敏夫「九州における水軍の活動と戦国大名の「海城」政策――上野家文書と丹生島城――」〈『城郭史研究』三八、二〇一九年〉）。

(37) 前掲註（19）鹿毛敏夫「中世『唐人』の存在形態」。

(38) 「西寒田神社文書」三（『大分県史料』二五）。

(39) 猿楽師渋谷一座の九州巡行については、堀口康生「手猿楽渋谷の二百年（前）」（『芸能史研究』四一、一九六三年）を参照されたい。

(40) 「竹下家系図所収文書」三（米澤英昭「竹下家系図所収文書の紹介」〈『九州史学』一五一、二〇〇八年〉）。

(41) 前掲註（40）米澤英昭「竹下家系図所収文書の紹介」。

(42) 『藤原惺窩集』下。

(43) 中世社会の境界人（マージナル・マン）については、村井章介『中世倭人伝』（岩波新書、一九九三年）を参照されたい。

(44) 『豊府紀聞』下。

(45) カンボジアは、インドシナ半島のなかでも優れた染織文化を有する国である。特に、非常に繊細な絹の絣は、その色の美しさや括り技術の精密さでアジアの絣のなかでも群を抜いており、複数色の糸を括り分けて仕上げた絣は、寺院や式典の装飾幔幕であるピダンや、女性の巻きスカートであるサンポット、撚った部分を足の間にくぐらせた袴の形のチョン・クバン等の用途で使用された（植村和代「カンボジアの織物文化」、小川紀子「カンボジアの絣とナーガ」、岩永悦子「カンボジアの染織」〈ともに『カンボジアの染織』福岡市美術館、二〇〇三年〉）。林存選が「宗越」に贈った「花幔」は、寺院本堂の内陣を囲んだり、天蓋として吊したりする幔幕（ピダン）の生地で、図5のような花紋様が織り込まれていたものであろう。

(46) 東京大学史料編纂所蔵「島津家文書」三六一三。

(47) 鹿毛敏夫「一五・一六世紀大友氏の対外交渉」（『史学雑誌』一一二―二、二〇〇三年。のち前掲註（7）同『戦国大名の外交と都市・流通』に収載）。

(48) 『鹿児島県史料』旧記雑録後編一、六九二。

(49) 当該期の銀流通については、これまで石見銀山を中心とした日本銀の輸出ばかりに目がいきがちであったが、「史料一二」の大友船の場合は明らかに東南アジアから銀を輸入している。「銀の世紀」とも呼ばれる一六世紀後半東アジアの経済システムを論じる場合には、銀の双方向流通という視点も考慮すべきである。なお、『史学研究』二七七（広島史学研究会、二〇一二年）七七～七九頁のシンポジウム総括を参照されたい。

(50) 天正年間の大友義鎮とカンボジア国王サタ一世は、相互に書簡と贈答品を贈り合う善隣外交を展開しており、京都建仁寺の外交僧雪岑津興が著した『頌詩』のなかには、天正七（一五七九）年にカンボジア国王が義鎮に宛てた国書写が掲載されている（鹿毛敏夫「戦国大名領国の国際性と海洋性」〈『史学研究』二六〇、二〇〇八年。のち、前掲註（19）同『アジアン戦国大名大友氏の研究』に収載〉、および本書第二部第一章参照）。

(51) 『鹿児島県史料』旧記雑録後編一、六九二および六九三。

(52) 芥川龍男・福川一徳編校訂『西国武士団関係史料集』六（文献出版、一九九二年）として、全編写真版紹介されている。

(53) 政商化した仲屋氏は、主家大友氏から官途を受けていたようで、文禄の朝鮮出兵の際の「豊後侍着到覚」（「植田文書」〈東京大学史料編纂所蔵写真帳〉）には、臼杵唐人町の「陳与三」と並んで「中屋石見入道」の名前もある。

図5　カンボジア産の花紋様の緯絣（シルクロード研究所蔵）

天正一五（一五八七）年に没した「掃部助」は、戦没や病没でないとするならば年代的に宗越の一世代上に相当し、あるいは父顕通の晩年の官途であるかも知れない。

第三章　硫黄の世紀

はじめに

　ここまで、一五・一六世紀の守護大名や戦国大名の領国が、船を使った物資の輸送をはじめ、中国や朝鮮、東南アジア諸国との交易活動、あるいは軍事衝突時における船合戦等の、極めて濃厚な「海洋性」の特質を有していた事実を指摘してきた。加えて、大名のそうした海洋活動を実際に支えた海民や水軍、貿易商人らの活動実態についても、具体的に紹介してきた。

　飛行機や鉄道、自動車等のモータリゼーションが未発達な前近代の社会で、船は大量の荷物を遠隔地へと輸送する唯一の手段として、世界各地で利用されてきたわけであるが、では、一五・一六世紀の守護大名や戦国大名らは、東シナ海や南シナ海を越えたユーラシア大陸南東部の諸地域に、何を積荷として日本列島から船を渡したのであろうか。本章では、当該期の対中国貿易において船に大量に積み込んで輸出された日本の鉱物資源に着目し、その採鉱や選鉱、そして運搬に至る産業構造を明らかにして、大名領国の「海洋性」を支えた「経済力」の一面を考察していくこととする。

一　日本史のなかの硫黄

（一）遣明船と硫黄

足利義満が一五世紀初頭に日明間の勘合貿易を開始したことは周知の事実であるが、なかでも宝徳三（一四五二）年に日本から中国に派遣した遣明船団は、遣明船史上最多で、総勢九艘の船に千二百人の使節団員が乗り込んだ大規模なものであった。ここでは、そのうち、豊後国の守護大名大友親繁が仕立てた「六号船」に着目してみよう。

『笑雲入明記』によると、六号船の大友使節団は、享徳二（一四五三）年四月二三日に中国浙江省の港町寧波に入港した後、六月二日に進貢物を陸揚げし、八月一二日に杭州を通り、一〇月八日に北京に到着、同一〇日に皇帝に拝謁している。（1）

この大友遣明使節団で外交実務を担ったのが、斯立光幢《しりゅうこうとう》である。光幢は、円爾を派祖とする京都の東福寺聖一派の臨済宗禅僧で、大友親繁の帰依を受けて豊後の勝光寺に住していた。『斯立和尚伝』によれば、宝徳度の遣明船派遣の際、光幢が表文の起草に携わったことがわかる。また、光幢が寧波の中国人文人張楷と交流したことも明らかで、東福寺には張楷の賛による斯立光幢の頂相が残されている。一五世紀半ばの守護大名期の大友政権において、日中間を往来する外交僧として活躍したのが、斯立光幢なのである。

ところで、この宝徳度の各船には、膨大な量の進貢物と商売荷物が積まれていたことが推測されるが、具体的にどのような品物が日本から中国へ運ばれたのであろうか。

『大乗院日記目録』によると、その積荷の内容は、三十九万七千五百斤の「油黄（硫黄）」、十五万四千五百斤の「銅」、十万六千斤の「簣黄《（蘇芳）》」、九千五百振の「太刀」、四百十七振の「長刀」、千二百五十本の「扇」その他であり、最大の輸出品は硫黄であったことがわかる。

さらに、硫黄積載の船別内訳では、四万三千八百斤を積んだ一号船（天龍寺船）から一万千斤を積んだ十号船（伊勢法楽舎船）まで積載量にばらつきがあるなかで、最大の九万二百斤を積載したのは六号船（大友船）であった。一斤＝六百グラムで換算すると、大友船積載の硫黄九万二百斤は、およそ五十四トンに相当する。これは、自領国内に硫黄鉱山を領有する大友氏の硫黄調達の優越性を物語っている。『臥雲日件録抜尤』には、帰朝した六号船の商人から徴収する抽分銭率を、大友親繁が他船より三割下げて賦課したことを記しているが[2]、他の八艘の平均積荷三万九千斤に対して、その二倍を上まわる九万二百斤の硫黄を積載して対明交易を成就させた親繁にとっては、抽分銭率減額分を差し引いても余りある大きな利潤であったと言えるであろう。

室町期の日本と明との間で行われた勘合貿易での硫黄の輸出の事例は、枚挙にいとまがない。『戊子入明記』によると、大友政親の代、寛正六（一四六五）年の遣明船派遣に関して、その「御商物」として「一、琉《（硫）》黄四万斤、大友方・志摩《（島津）》津方進之、於門司・博多両所請取之、此内一万斤進上、三万斤商買方」との一項があり、派遣船に積み込む四万斤の硫黄は門司と博多で大友・島津両氏から受け取ったこと、その四万斤のうち一万斤は明の成化帝へ進上し、残り三万斤を商売方として売却するものであったことがわかる。

輸出用硫黄の調達は幕府からの使者を伴って、主に薩摩の島津氏と豊後の大友氏という九州の二大名に伝達された。文明一五（一四八三）年の派遣の際には、足利義尚が大友政親に「就渡唐之儀、硫黄事、如前々申付候者喜悦候」と、豊後からの硫黄の上納を要求し、その調達に際して陳外郎を派遣している[3]。

日明貿易による中国への硫黄の進貢は、一五世紀から一六世紀に派遣された遣明船のほとんどの回で行われているが、その起源は征西将軍懐良親王の遣使にさかのぼり、天授五（一三七九）年と翌年に各々「馬及刀、甲、硫黄等物」、「馬及硫黄、刀、扇等物」が献上されている(4)。

実は、日本から中国への硫黄の輸出の歴史は、さらに四百年ほどさかのぼった一〇世紀末から確認できる。宋代の中国では、火薬の兵器としての利用が拡大し、黒色火薬の原料としての硝石・硫黄・木炭の需要が急増した。一一世紀になると、宋政府は、日本から大量の硫黄を買い付けることを計画し、また、軍需物資としての硫黄を国家的管理の下に置いた。鉄砲の使用をはじめとした火器の時代の前提として、宋代以降の中国は、日本産硫黄のみならず、朝鮮半島や東南アジア、そして紅海やペルシア湾岸ルートを介した西アジア地域から大量の硫黄を調達する流通システムを確立していたのである(5)。

（二）日本の硫黄産業

ところで、金・銀・銅のような坑道を掘って鉱脈から採鉱する鉱物資源とは異なり、硫黄は、火山活動によって火口に生成した鉱石を露天掘りしたり、噴気孔に石で煙道を作って冷却昇華させた結晶を採取する鉱物資源である。

周知のように、日本列島には火山が多く、火口付近に自然結晶した硫黄を採掘するのにそれほど高度な技術や施設が必要なわけではない。すでに、和銅六（七一三）年には、陸奥・相模・信濃の各国から「石硫黄」が朝廷へ貢納されている(6)。硫黄は、黒色火薬や薬剤の原料であり、鉄砲等の火器の普及に伴い、中世以降には幅広い需要が生まれた。特に、国内に有効な火山をもたない中国では、火薬原料としての供給は日本からの輸入に大きく依存していた。

日本においては、例えば、大徳寺の塔頭真珠庵に伝わる「真珠庵文書」のなかに、開祖一休宗純の十三回忌における購入調度品を列挙した明応二（一四九三）年「宗純十三年忌下行帳」と名付けられる帳簿があるが、砂糖・茶・味噌・昆布・椎茸等の食品から、高檀紙・厚紙・筆・莚・漆・松明等、総計百十品目、百二十六貫六百八十一文分の調達品のなかに、各々十文で調達した「灯心」と「硫黄」が並記されていることが興味深い。(7)「大徳寺文書」にはこの他にも、同じ塔頭の如意庵の什物を記録した永正六（一五〇九）年「如意庵校割帳」に、「香合一ヶ」「坐具一挺」「法衣箱一ヶ」と並んで「硫黄箱一ヶ」が、また、摂津にある末寺の長蘆寺の新調什物を記した享禄元（一五二八）年「長蘆寺新添分校割帳案」にも、客殿の什物として「硫黄灯心箱黒漆一ヶ」が書き上げられている。(8)中世の畿内の寺院において、硫黄が堂内を照らす灯心の着火剤として使用され、それらが法会の必需品として箱に常備されるべきものであったとともに、必要に応じて十文程度の銭で購入・調達することが可能な流通品であったことがわかるのである。

さて、中・近世を通じて日常生活では着火用の硫黄灯心や硫黄付け木として用いられた硫黄であるが、明治期に入るとマッチの材料としての大量の需要が生まれ、各地で硫黄鉱山の開発が進んだ。特に、「黄色いダイヤ」とも呼ばれた昭和前期には、硫黄鉱業は日本鉱工業の花形産業に成長し、価格の高騰期を迎えた。当該期の日本社会における硫黄の位置づけについて、昭和二九（一九五四）年に刊行された『岩波写真文庫　一一六　硫黄の話』（岩波書店編集部）の巻頭文を紹介しておこう。

火山は日本を特徴づけるものの一つであり、この火山地帯にともなう多くの激しい地震はわれわれを昔から苦しめてきた。しかしその反面、火山は副産物として硫黄資源をあたえてくれたのである。地下資源に乏しい日本にあって、世界的に数えられる資源の一つとして硫黄があるというのは、やはり忘れてよいことではあるまい。硫黄資源は硫酸になり、硫安になるからである。硫酸は爆薬・染料・各種の化学薬品となり、また石油の精製や有機物の合成に、鋼鉄工業や石炭製品の製造に不可欠であるからだ。硫黄山にある美しい黄色の塊は、こうしてどしどし掘られてわれわれの生活を豊かにしてゆく。

地下資源の乏しい日本において、火山活動の副産物として生成された硫黄が、日本人の生活を豊かにするとの認識は、昭和二〇年代の価値観を象徴していて興味深い。同書の硫黄賛美の文言はさらに続く。

硫酸の原料となる硫黄資源は、塩や電力とともに、近代化学工業発展の鍵をにぎっているといっても決して言い過ぎではないだろう。事実、硫黄の消費量は世界の産業や文化の発達とともに、年々増加するばかりである。第一次大戦の始まった一九一四年から約四〇年の間に、世界の硫黄生産は約八倍となり現在では年間約七〇〇〇万屯に達している。それでも、戦後は急増する需要のため、一時は大変な不足状態であったが、増産の結果一九五三年になってようやく需給の均衡がとれるようになった。こうした硫黄をめぐる世界の動きのなかにあって、日本は昔から火山成因による硫黄資源(硫黄・硫化鉱)には極めて恵まれている。硫黄では世界生産の約九〇%を占めるアメリカはとび抜けているが、日本はイタリアと並んで三大生産国の一つであり、さらに硫化鉱では、世界第一の生産国である。これほど恵まれた地下資源は、日本では他に見当らない。(中略)今後も増加する世界の消費量をまかなうため、数少い硫黄生産国の一つとして日本の硫黄はますます国際的な重要性を増すだろう。日本の産業と貿易にとり、黄色い鉱物〝硫黄〟の果す役割は大きい。

二〇世紀前半期の日本社会にとって、硫黄は近代化学工業発展の鍵だったのであり、世界第三位の生産国として、日本の硫黄は国内はもちろんのこと国際的な需要にも対応する重要輸出品だったのである。

しかしながら、昭和三〇年代に入ると状況が一変する。石油脱硫装置による効率的な硫黄生産方法が開発・確立され、鉱山から天然硫黄を採取する従来の採鉱では採算がとれなくなったのである。そして、昭和四〇年代半ばには国内の硫黄鉱山は相次いで閉山に追い込まれ、かつて花形産業の鉱石として重宝された天然硫黄は、以後、価値ある鉱石として利用されることなく現代に至っている。列島各地で従業員とその家族あわせて数万の人々が生活し、学校や病院、劇場まで建てられて繁栄していた各硫黄鉱山町も、廃鉱に伴い国内から姿を消すことになったのである。

二　九州産硫黄の大規模調達

（一）薩摩産硫黄の調達

話を古代・中世に戻そう。

日宋貿易や日明貿易と呼称される日中間の貿易取引が行われた一〇世紀末から一六世紀にかけて、日本産硫黄は需要の高い中国大陸へ輸出された。特に、火器の時代を支える火薬原料としての需要が急増した一四世紀末以降になると、日本産の硫黄は数十トン単位で遣明船に載せられて海を渡ったことが記録されている。そして、その段階での天然硫黄の調達先は、国内に複数存在する火山のなかでも、島津氏領の薩摩と大友氏領の豊後であった。

そこで、まずは、中世の島津氏領での硫黄調達の実態を見ていこう。

足利義教の代の永享三（一四三一）年九月一一日、室町幕府は島津氏に対して次のように執達している。

［史料二］

一、硫黄事、以上品拾五万斤、被納之、不日可有運送之由、所被仰下也、仍執達如件、

永享三年九月十一日　　　大和守《飯尾》

島津陸奥守《忠国》殿(9)

十五万斤（およそ九十トン）もの量の硫黄を運送・納入するよう、島津忠国は幕府から命じられていることがわかる。

では、こうした膨大な量の硫黄を島津氏はどこから調達したのであろうか。

鹿児島県大隅半島の南端、佐多岬から南西に五十キロほど進んだところに、その名の通り、まさに硫黄鉱石を産出する島の「硫黄島」（図1）がある。硫黄島へは、鹿児島市の鹿児島本港から村営の定期船「みしま」に乗船して向かうが、船は毎日の出航ではない。錦江湾を南下して大隅海峡を渡ること三時間で、船はまず竹島に寄港する。ガジュマルの繁るこの島は、竹島・硫黄島・黒島からなる三島村の最も東にある小島で、周囲十二・八キロメートル、面積四・二平方キロメートル、人口は百人に満たない。「リュウキュウチク」と呼ばれる竹・笹・筍を特産とする平坦な竹島を出ると、船は西へ針路をとるが、その前方に、今度は円錐形のお椀を伏せたような形の山を東側にもつ硫黄島が見えてくる。竹島を出ておよそ三十分、船は島の東面から南面を回るように進むが、標高七百三メートルの硫黄岳の山肌からは複数の噴煙が立ちのぼり、その煙口に黄色い硫黄鉱石が結晶する様子

図1　硫黄島（鹿児島県三島村）

が見て取れる。島の中央部には標高二百三十六メートルの稲村岳もあるが、一面が樹木で覆われて青々としている稲村岳に対して、その隣にそびえる硫黄岳に木々の緑は少なく、粗々とした灰色の山肌に岩盤が露出して崩れ、岩の裂け目に黄色い硫黄が固まり、その付近に白い噴煙が漂う姿は、この山が今でも生きた硫黄鉱山であることを実感させる。

硫黄岳のある硫黄島は、周囲十九・一キロメートル、面積十一・七四平方キロメートル、人口は百人をやや越える程度という。島を紹介するポスターのキャッチコピーは「勇壮たる火山と硫黄の美しい火の島」。活火山の硫黄岳から噴出した硫黄その他の成分は、海岸の海水に溶け出して周囲の海水を黄緑色や赤色に染め、また島のいたる所から温泉が湧き出ている。特に、防波堤で囲まれた硫黄島港内の海水は、最も濃く赤濁して透明度がなく、島を初めて訪れた者を驚かせる。

ところで、中世の硫黄島は鬼界島とも呼ばれ、治承元（一一七七）年に平氏政権に対する謀議の罪を負っ

図2　硫黄鉱山にのぼる鉱夫(『三島村誌』より)

た俊寛や藤原成経らが流された地でもある。島内には俊寛にまつわる伝説が少なくなく、薩摩半島をはるかに望む島北部の丘陵上には、赦免の船を待ちわびた「俊寛の涙石」が、また、島中央部の林の中の俊寛居住地とされる地には、「俊寛堂」と名付けられた草庵が建てられている。

また、稲村岳山麓には、天授二(一三七六)年をはじめ、応永一四(一四〇七)年、同二〇年、同三三年の記録をもつ板碑類が散在しており、一四・一五世紀の島内にそうした石造物を建立しうる勢力が存在していたことを物語っている。

硫黄島の硫黄鉱石がいつごろから採鉱され島外へ流通したかについては確かな史料がないが、鎌倉期成立の文学作品『平家物語』のなかで、流罪の身で島に暮らす俊寛が語った「この島には人の食ひ物絶えてなき所なれば、身に力のありし程は、山に登って硫黄といふ物をとり、九国より通ふ商人に会ひ、食ひ物にかへなんどせし」との言葉は興味深い。食料に乏しい硫黄島では、体力のある者が硫黄岳に登って硫黄鉱石を採取し、九州から訪れる商人に会っ

図3　原鉱石運搬の婦人たち(『三島村誌』より)

て食料品と交換しているとの証言である。この記述から明らかなのは、硫黄島の硫黄が九州本土から渡来する商人との間で物々交換されていた事実であり、その背景には、硫黄取引を目的とした商船が島と九州本土との間をかなり恒常的に往来していたことも推測されている。(10)

さらに注目したいのは、「身に力のありし程は、山に登って硫黄といふ物をとり」との記述で、そこから指摘できるのは、大規模な採掘施設などなく、島民が硫黄岳の火口付近に自然結晶した硫黄を露天掘り採取する姿であり、標高七百メートルほどの山に登り、かつ、結晶鉱石を担いで下りるほどの力さえあれば、誰にでも採鉱が可能な硫黄の、他の金属鉱物とは異なる特殊性である。

『三島村誌』(三島村誌編纂委員会、一九九〇年)には、「硫黄鉱山にのぼる鉱夫」とともに、「原鉱石運搬の婦人たち」の写真が紹介されている(図2・3)。昭和中期の撮影と思われるが、竹で編んだ大きな籠に硫黄鉱石を山積みして背負い、手に杖を持って運ぶ五〜六人の女性の姿が写されている。硫黄島での鉱山が閉鉱した昭和三九(一九六四)年以降には見られなくなった光景であるが、中世以来数百年にわたる山からの硫黄鉱石の運搬は、こうした人力に依存していたと思われる[11]。

さて、中世の日明貿易での硫黄の輸出に際し、室町幕府は、硫黄の産地である薩摩や豊後に「硫黄使節」ともいうべき使者をわざわざ派遣して、重要な朝貢品である硫黄の確実な現地調達に奔走させている[12]。

【史料二】

就硫黄事、梵章首座下向候、厳密可有沙汰候、委細被仰含章首座候也、

二月廿八日　（花押）（足利義満）

嶋津修理権大夫殿[13]

「島津家文書」に残る応安七（一三七四）年のものと思われる右の御内書によると、足利義満は、この年に派遣する遣明船に積み込む硫黄鉱石を調達するために、梵章という人物を薩摩に向かわせている。無文梵章は臨済宗夢窓派三秀門派に属し、のちには博多の聖福寺や京都の万寿寺等に止住する禅僧であるが、こうした「硫黄事」を命題とする室町将軍直々の御内書が発給されること自体、幕府が数ある朝貢品のなかでも硫黄を最重要輸出品と認識していたことを物語っていよう。

「島津家文書」では、遣明船積載硫黄をめぐる幕府と島津氏のやりとり事例に事を欠かない。足利義満は、島津元久からの「硫黄二万五千斤到来」を謝し、鎧一両・太刀一腰を贈与している[14]。また、足利義政期には、幕府からの使節として取龍という人物が、島津氏家臣の平田・村田両氏に、硫黄の積み込み地に関する次の書状を認めている。

【史料三】

其後依無殊題目、久不申通、背本意存候、抑今度渡唐船事、被仰出候之間、来春其方可罷越候、公儀と中なから、諸篇憑存候、就其自　公方、為硫黄御催促、被成奉書候、平戸へと被仰候へ共、とても其方可罷通候間、はうの津（坊津）に可被置候、巨細上使可申候、事々期面拝候、恐々謹言、

九月廿九日　　取龍（花押）

平田（兼宗）殿
村田（経安）殿[15]

史料は文明六（一四七四）年のものと推測され、ここでの「渡唐船」とは、文明八（一四七六）年出発の遣明船を指すものと思われる。「渡唐船準備の仰せが出されたため、来春にそちらへ出向く。色々とよろしく頼む。特に、硫黄の催促・調達を命じる奉書が発給され、当初は肥前の平戸への運び込みを指示していたものの、船の航路が南海路に変更になったため、薩摩の「はうの津」（坊津）に積み置くこと」との内容である。

取龍は、藤原北家勧修寺流の名家である甘露寺家の出身で、『親長卿記』で著名な甘露寺親長の弟にあたる。文明年間の複数の史料に「取龍首座」として登場する臨済宗聖一派の禅僧で、堺の南昌庵を拠点に活動し、実際に文明八年度と同一五年度の二度の遣明船に乗り込んで中国に渡り、貿易を司る居座として奔走している[16]。

室町期の遣明船では、前節で述べた大友氏領下での斯立光幢や島津氏領下での無文梵章、取龍首座などの禅僧が現地に出向き、最重要の朝貢・貿易品である硫黄の確保、調達から輸送、そして遣明船への積み込みの現場指揮を行っていたことがわかるであろう。

さて、日本における一大産地の薩摩から大量の硫黄が採鉱され、その鉱石が領域支配権力である島津氏を介して幕府権力中枢部へと調達されていく姿は、一四・一五世紀の室町時代に限ったものではなかった。「島津家文

書」によると、実は一七世紀初頭の江戸時代においても、薩摩産硫黄は島津氏によって続々と江戸幕府中枢部へ調納されているのである。

［史料四］

為音信、硫黄二千斤到来、喜悦候也、

七月廿一日　（黒印）《徳川家康》

薩磨《摩》少将《島津家久》とのへ（17）

［史料五］

為音信、段子三十巻、幷硫黄五百斤到来、喜悦候也、

十二月十八日　（黒印）《徳川家康》

薩摩少将殿《島津家久》（18）

［史料六］

其国之硫黄幷両種、如目録被相送之、忻然此事候、猶酒井雅楽頭《忠世》可申候、謹言、

二月七日　家光《徳川》（花押）

薩广

中納言殿《島津家久》（19）

史料は、いずれも「島津家文書」中の徳川家康および家光の御内書で、慶長から寛永にかけての一七世紀初頭の時期に、薩摩藩主島津家久（忠恒）が徳川将軍に硫黄を献上したことに対しての礼状である。特に、家光御内書では「其国之硫黄」と明記されていることから、江戸幕府中枢部へ贈られた硫黄が、他地域からの流通品では

なく、薩摩産であることがわかる。

しかも、島津氏による薩摩産硫黄の献上は、徳川将軍宛てに限られたものではなかった。慶長七（一六〇二）年には家久の父島津義弘が「硫黄百五十斤」を、また、元和三（一六一七）年には家久が「硫黄五百斤」を、それぞれ福島正則宛てに贈っている。(20)

さらに、慶長一四（一六〇九）年、江戸幕府から「琉球之儀、御拝領」を許された島津家久が、その「御礼」として「仏草（桑）花一本、茉莉花一本、唐之板屏風幷硫黄千斤」を家康に贈答したことを証する史料も残されている。(21)中国南部やインド洋原産とされる仏桑花《ぶつそうげ》（ハイビスカス）、インド・スリランカ・東南アジアが原産の茉莉花《まつりか》（ジャスミン）、中国の板屏風等の東日本では入手困難な輸入品とならべて薩摩産硫黄千斤＝六百キログラムを献上した家久の行為の裏には、領国内に豊かな硫黄鉱山を有して、日本国内における硫黄鉱石の入手で優越的な立場にある薩摩地域の特殊性への自己認識が存在すると言えよう。中世の日宋・日明貿易のみならず、近世初頭の朱印船貿易においても日本から多くの硫黄鉱石が東南アジア方面に運ばれていた実態は、こうした豊富な薩摩産硫黄に大きく依存していたものと推測されるのである。

（二）豊後産硫黄の調達

さて、薩摩とならんで中世の遣明船積載硫黄を調達したもう一つの地域に豊後がある。ここからは、豊後産硫黄の状況を見ていこう。

『戊子入明記』に、大友政親の代の寛正六（一四六五）年の遣明船派遣に関して、その「御商物」として「一、琉（硫）黄四万斤、大友方・志摩津（島津）方進之、於門司・博多両所請取之、此内一万斤進上、三万斤商買方」との記述があることはすでに紹介した。

室町幕府が遣明船積載硫黄の調達に際して豊後に遣わした「硫黄使節」として、陳外郎という人物があげられる。

［史料七］

就渡唐之儀、硫黄事、如前々申付候者喜悦候、仍太刀一振真恒遣之候、猶巨細申含陳外郎候也、

六月廿一日　　　　　　　　　　　　　　（足利義尚）御判

大友豊前守（政親）とのへ(22)

史料は、足利義尚御内書で、文明一五（一四八三）年度の遣明船派遣を目前とした文明一三（一四八一）年のものと推測される。義尚は、大友政親に太刀一振を下賜するとともに、「渡唐」用の硫黄の調達・上納を命じているが、実際に京都から豊後に下って政親に太刀を授け、調達すべき硫黄に関する「巨細」（詳細）を伝達したのが、陳外郎であった。

室町期の五山文学僧である希世霊彦が記した文集『村庵藁』によると、中国の元代末期に江南路総管であった陳友諒の一族であった陳順祖が、明代の初めに乱を避けて日本に渡り、その子孫は日本に定住したと言う。順祖の子が陳宗寿、宗寿の孫が陳祖田で、その代々が中国での官職「員外郎」を名乗ってきたのである。この家系伝承を信用すれば、文明一三年に硫黄使節として豊後に下ったのは陳祖田、すなわち渡来唐人の四世陳外郎ということになる。

文明一三年六月二一日付け足利義尚御内書を携えて豊後に渡った四世陳外郎であったが、幕府から要請された業務は、豊後産硫黄の調達にとどまるものではなかった。

［史料八］

御尋物註文在別帋、事、不日被尋進之者、可為神妙、於巨細者、被仰含陳外郎之由、所被仰下也、仍執達如件、

文明十三年六月廿六日

下野守（布施英基）（花押）

大和前司（飯尾元連）（花押）

島津陸奥守（忠昌）殿(23)

史料は、室町幕府奉行人の布施・飯尾の両氏が島津忠昌に対して、「御尋物」を急ぎ調進するように命じた連署奉書である。本来、この史料だけからは、別紙「註文」に記した「御尋物」の中身は不明であるが、この五日前に発給された前掲［史料七］「大友家文書録」中の足利義尚御内書と比較することで、その状況が見えてくる。

すなわち、文明一五年度の遣明船派遣に際して、足利義尚は硫黄調達の使節として、渡来唐人の四世陳外郎（祖田）を豊後と薩摩の双方に派遣した。外郎は、順番は定かではないが、豊後と薩摩双方の領主である大友政親と島津忠昌のもとに出向き、義尚御内書を渡し、また、硫黄をはじめとした明への朝貢・貿易品を列記した「御尋物」別紙を披露して、その調達に関する義尚の指示の「巨細」を伝達したのである。硫黄の二大産地を有する九州に派遣された「硫黄使節」の具体的な動きが、大友家・島津家双方に残された史料を総合することで明らかになるのである(24)。

前掲［史料七］の御内書で、足利義尚は豊後における硫黄の調達を「如前々申付候者喜悦候」と述べている。これは、豊後産硫黄の調達が一度限りのものではなく、恒常的なものであったことを示している。『明太祖実録』によると、一四世紀後半、征西将軍懐良親王による天授五（一三七九）年とその翌年の遣明船で硫黄が進貢されたことはすでに述べた通りである。では、このように、一四世紀後半以降常態化してくる硫黄上納命令に対し、

大友氏はいかに対応していくのであろうか。

「大友文書」の中に、南北朝時代の大友氏の直轄所領を列記した「当知行所領所職等注進状案」という史料が二種類残されている。一つは八代大友氏時の貞治三（一三六四）年、そしてもう一つは十代大友親世の永徳三（一三八三）年のものである。[25] これらに記載される大友氏の所領は、豊後の守護所とその近辺地域や、主要な港、宿駅等、守護大名の領域支配上で重要な政治・経済的要衝であり、そこからは、鎌倉期の豊後入国以降の守護権力の在地掌握の経過を読み取ることができる。

この大友氏時・親世の知行所領として、なぜか豊後国内の山岳地域二ヶ所が書き上げられている。

まず、一つ目は、氏時所領の「同国《豊後》由布院並柳・酒久里・塚原以下所々」である。現代では、屈指の温泉リゾートとして多くの観光客が集う由布院であるが、中世には速見郡五郷の一つで、別府湾に注ぐ大分川の最上流に位置する寂れた山岳盆地帯に過ぎなかった。氏時所領として明記される由布院内の三つの土地のうち、並柳は由布院盆地から北に登った山麓地帯、また、塚原はさらに北東方向に登り、標高千五百八十三メートルの由布岳、千三百七十四メートルの鶴見岳、千四十五メートルの伽藍岳という三つの高山の稜線がのびる高原地帯である。近世の儒学者である唐橋世済が著した地誌『豊後国志』では、「多産硫黄礬石、山常有火、自古山崩泉溢之災、往々国史所紀」として鶴見岳を紹介しているように、由布・鶴見・伽藍の三岳は有史以来噴火を繰り返してきた活火山である。なかでも伽藍岳は、別名「硫黄山」とも称され、およそ一万年前から火山活動を継続し、その中腹には塚原温泉を擁している。その火口は現在でも泥火山として火山ガスと白煙を噴出しており（図4）、一帯のいたるところで自然硫黄の結晶を確認することができる。大友氏時が、豊後国内の山岳地帯である由布院の塚原・並柳の両地を直轄領に組み込んだのは、まさにこの伽藍岳（硫黄山）や鶴見岳の硫黄産地とその由布院盆地側への搬

図4　伽藍岳（大分県由布市）

出拠点の掌握を意図してのことと解釈できるのである。

そして、この由布院山岳地帯の知行所領について、その約二十年後作成の大友親世の所領記載では、「同《（豊後）》国由布院並柳・酒久里・塚原・荒金・天間・荒木・山崎・石松・貞恒」と、所在をさらに細かく明記されるようになる。これは、一つには酒久里・荒木・山崎・石松・貞恒という由布院盆地内の直轄の面的拡大を示しているが、もう一つには硫黄産地である伽藍岳と鶴見岳の北西山麓地帯に位置する並柳―塚原―荒金―天間ラインの線的掌握を物語っているのである。

そもそも、伽藍岳の硫黄採掘地は山の西向き斜面に位置しており、東部から南部にかけては内山、鶴見岳、由布岳等の千メートル級の山々が取り囲むこの場所から硫黄鉱石を人力で搬出するには、この山麓西側高原ルートが最適であったと思われる。『戊子入明記』に寛正六（一四六五）年の遣明船用の硫黄が豊前門司で積み込まれたとの記録があることはすでに紹介したが、その硫黄は伽藍岳・鶴見岳の産地からこの山麓西側

図5　くじゅう硫黄山（大分県九重町）

ルートを通って豊前安心院―宇佐方面に輸送され、門司で船積みされたと推測することもできよう。さらにこのことは、懐良親王による天授五年の硫黄進貢を嚆矢として、その後、上級権力からの恒常化する硫黄調達命令に対応すべく、豊後の守護大名大友氏が、氏時から親世にかけての一四世紀後半期に、領国内の硫黄産地を直轄掌握し、さらにその産地からの鉱石搬出地の支配を点から線へと強化していったことも意味していよう。

　次に、大友氏による豊後国内山岳地帯の知行所領の二つ目の事例を示そう。それは、貞治三（一三六四）年の氏時の所領「同国《（豊後）》直入郷付、田野・阿蘇野」である。直入郷の付けたりとして、直入郡朽網郷に属す阿蘇野と玖珠郡飯田郷に属す田野が付記されており、郡境や郷境を無視した奇異な記述に思えるが、実はこれも豊後国内におけるもう一つの硫黄鉱石産地とその搬出ルートの掌握を暗示しているのである。

　九州山地の北部に位置し、豊後国直入郷と飯田郷の境界に連なるくじゅう連山（「くじゅう」は「九重」と「久住」の二通りの表記がある）の中に、標高千五百五十メートルの硫黄山と称される山がある（図5）。『豊後国志』ではこの山を「在飯田郷田野村西南、與九重相接、多産硫黄、山常有火」と記し、近世編纂の九州地誌『太宰管内志』にも「九重山の北に硫黄山あり、常に鳴動雷の如き有り、黒烟天に接す、多く硫黄を産し、甚だ精良」と記述している。くじゅう連山の硫黄山が、伽藍岳・鶴見岳とならぶ豊後国内の二大硫黄産地であったことが明らかである。

硫黄山の南には、星生・久住・稲星・大船という千七百メートル前後のくじゅう連山が連なっている。硫黄山で採鉱された硫黄鉱石は、その北面に広がる飯田郷田野地区におろされ、朽網郷の阿蘇野川沿いに中継地点の阿南荘甲斐田へと運び、そこで大分川沿いの交通路に合流させて府内（大分市）へ輸送したものと推測される。

ところが、この一四世紀半ば段階の大友氏時は、豊後の守護公権力として直入郷と阿南荘甲斐田を直轄掌握していたことが先の「当知行所領所職等注進状案」で明らかなものの、飯田郷と朽網郷は惣領家の支配のおよばない庶子家知行地となっていた。例えば、観応元（一三五〇）年一〇月の田原貞広、および康暦元（一三七九）年一二月の田原氏能の譲状では、大友庶子家の田原氏がこの飯田郷地頭職を所持し、各々足利将軍の袖判安堵を受けている[26]。また、朽網郷も貞和六（一三五〇）年正月に庶子家である詫磨宗直が足利直冬から宛行われている[27]。一四世紀半ばにおいて庶子家支配下にあった飯田・朽網の両郷であるが、この時期からの輸出用硫黄の恒常的需要の高まりに対応するために大友氏時がとった手段が、両郷内の硫黄搬出ルートに位置する田野・阿蘇野地区の惣領家留保であった。古来の直轄地直入郷に対して、他郷の田野・阿蘇野を付けたりと表現した貞治三年の「当知行所領所職等注進状案」の記述は、硫黄鉱石産地から流通中継地甲斐田までの輸送ルートを線として掌握した大友惣領家の流通政策を示すものなのである。そこからは、上級権力からの硫黄上納命令を梃子にして、守護大名大友氏がその庶子家や在地領主の勢力下にある政治・経済的拠点を大名権力下に組み込んでいこうとする、領国支配の深化過程を読み取ることができよう。

ところで、『九重町誌』（九重町、一九九五年）によると、くじゅう連山の硫黄山での硫黄鉱石の採掘の歴史は長く、昭和四七（一九七二）年に九重山硫黄鉱業所が閉山するまで続いている。さすがに、中世における採掘実態を示す史料は残されていないが、一七世紀の近世以降になると、興味深い断片的な史料が散見される。

豊臣政権によって大友氏が改易され、豊後が小藩に分割統治された近世初頭には、くじゅうの硫黄山は江戸幕府の直轄領として日田代官所の支配を受けたようで、慶長一九（一六一四）年に「其方拘之内、硫黄運上銀之事、一年ニ丁銀五枚ニ相極候間、其分無油断毎年可有上納候」と命じた連署書状が、田野村の弥吉宛てに発給されている(28)。差出の小川・奥野両氏は日田代官と思われるが、大友氏の豊後統治が終わった以降も、くじゅう硫黄山からの硫黄採掘が田野村の村民によって続けられていたこと、そして、江戸幕府が村に「硫黄運上銀」を賦課していたことが明らかである。

地元の関連資料には以下のような記録もある。まず、寛永八（一六三一）年に、田野村の加三右衛門と隣接の湯坪村の与作が、硫黄山の硫黄を盗もうとして山伏に見つかり、「よき」（長柄の斧）を押収された(29)。また、『田野村古伝集』では、天和二（一六八二）年にも、「□□□□□□と申者、硫黄盗取、此節は江戸将軍様御直御物山之儀ニ付、御咎厳重之御仕置ニテ、家内中決《（欠）》所打首被仰付、同類五人ノ首、請《（筌）》ノ口ニ獄門ニ掛」とある。徳川将軍直轄の硫黄山に忍び込んで硫黄を盗んだ人物が家内欠所打首の厳しい処罰を受け、その首は田野村に隣接する筌ノ口村の獄門に晒されたとの内容である。さらに、江戸後期の宝暦から文政期にかけては、田野村の北部の無田口で「中屋」という問屋が硫黄をさばいて繁盛している(30)。

近世前期における田野の村民による硫黄の度重なる盗掘と日田代官所による厳しい処罰の事例は、硫黄山を中世以来の伝統的な入会地と認識して村の共有権を主張する村民と、天領直轄の原則を繰り返す幕府側の相剋をあらわすものであるが、山での硫黄鉱石の採掘に「よき」と呼ばれる長柄の斧が使われていたことや、鉱石輸送ルートが、田野村北部の無田口から朽網郷阿蘇野、阿南荘甲斐田を経由して大分川交通路に合流させて府内へ運び込もうとする中世の搬出ルートと基本的に変更がないこと、さらに、その鉱石中継地の無田口で硫黄問屋が活動していることは、硫黄産地の現地実態を考えるうえで興味深い。

江戸幕府では、近世を通じてくじゅう硫黄山を厳重に管理しようとしたようで、幕末の元治元（一八六四）年に硫黄山の入口に掲げた高札の内容も記録されている。

［史料九］

定

一、従是内硫黄山、無用之者立入間敷事、

一、野焼致間敷事、

一、女子立入間敷事、

右堅相守可申事、

子　三月　　日田御役所(31)

幕府直轄の天領として、関係者以外の山内への立ち入りを禁止し、あわせて野焼きと女子立ち入りを禁じていたことがわかる。

さて、明治期に入ると、くじゅう硫黄山は民間経営の時代に入った。杉村次郎「本邦硫黄論」（『日本鉱業会誌』二〇、一八八六年）によると、「硫黄ノ産地」として豊後には、

・玖珠郡田野村字九重山

・直入郡石原村九重山

・同郡有氏村字九重山

・速見郡鶴見北中村字鍋山
・同郡立石村字鶴見山
・同郡塚原村字硫黄山

の六産地が書き上げられている。くじゅう硫黄山（九重山）の硫黄鉱山は、玖珠郡田野と直入郡の石原・有氏の三方面からの開発が進展し、速見郡においても、塚原の伽藍岳（硫黄山）、立石の鶴見山に加えて、鶴見北中村の鍋山からも硫黄鉱石の採掘が進められたことがわかる。

そして、くじゅう硫黄山では、明治二八（一八九五）年、それまで田野村など複数の村で共有していた鉱区権を広海商事という大阪の海運業者が買収して、九重山硫黄鉱業所による経営が始まった。九重山硫黄鉱業所では、噴煙から硫黄を生産する「誘導法」を開発し、その後この方法が全国の火口硫黄生産地に伝播していったという。明治三九（一九〇六）年の年間硫黄生産高は三千六百トンを超え、以後、明治・大正・昭和前期にわたって「黄色いダイヤ」を生産する硫黄鉱業は、日本鉱工業界の花形産業に成長したことは先述した通りである。大分県では、硫黄鉱業従事者の賃金ボーナスが県下一位となった時期もあり、山間部の村は硫黄ラッシュに沸いた。やがて、石油脱硫装置による効率的かつ安価な硫黄生産方法が開発・確立したことで、天然硫黄を採取する硫黄鉱山はその役目を終える。九重山硫黄鉱業所も全国の硫黄鉱山同様に閉山に追い込まれ、昭和四七（一九七二）年三月、七十七年間におよぶ採鉱事業を終了した。それは同時に、一四世紀の中世以来、六百年以上にわたって人間の生産活動に資する重要な鉱物資源を産する山であり続けてきたくじゅう硫黄山が、その産業社会的役割を終えたことも意味している。

三　硫黄産地の社会構造

（一）硫黄鉱石の採掘と運搬

火山の多い日本列島において硫黄鉱石を産する鉱山は、北海道の幌別鉱山、岩手の松尾鉱山、山形の蔵王鉱山、福島の沼尻鉱山、長野の米子鉱山など枚挙にいとまがない。しかしながら、中世から近世を通じて恒常的に採鉱が行われた硫黄鉱山となると、鹿児島の硫黄島鉱山と大分のくじゅう硫黄山鉱山、塚原伽藍岳鉱山に限られよう。そして、その理由は、これまで述べてきたように、島津氏、大友氏という守護大名公権力が、薩摩および豊後の領域支配者として中世の早い時期からその鉱物資源としての価値に目をつけて、国内消費のみでなく、日明貿易から南蛮貿易、朱印船貿易へとつながる対外交易の主要な輸出品としての資源の取り囲みに力を入れたからに他ならない。アジアに目を向けた地域公権力の活動が、数ある列島の硫黄産地のなかで九州の二大産地に活性化をもたらしたと言えよう。そして、そこに、硫黄をめぐる人間の様々な活動が発生する。

本節では、一五・一六世紀の戦国大名による東アジア交易を支えた硫黄の産地の社会構造を明らかにする前提として、まずは、比較的に史料が豊富な一七世紀以降の近世の状況から紹介していこう。

一七世紀前半のくじゅう硫黄山で、火口に生成した硫黄鉱石をはぎ取るために村民が、「よき」と呼ばれる長柄の斧を使用したことは、すでに紹介した。明治一九（一八八六）年の杉村次郎「本邦硫黄論」にも、伝統的な「硫黄採収法」として、「其泥土砂ト共ニ鍬ヲ以テ搔キ集メ、以テ之レヲ取ル」との記録がある。また、「溶流シテ地中ニ層ヲ為シタルモノハ、地面ヨリ立坑ヲ穿チ、其層ニ至テ之ヲ堀採スルニハ鶴嘴ヲ用ユ、又地ノ内外ニ係ラス巨石ノ障礙ヲナスモノアル時ハ尖頭鉄棒ノ長サ六尺許リノモノヲ以テ之ヲ除去ス」とも記されており、地中に堆積した硫黄の場合は、鶴嘴《つるはし》を使用して竪穴を掘って採鉱したこと、そして、地表面・地中に関わらず採鉱の障害となる巨石がある場合は長さ六尺（約百八十センチ）の先端を尖らせた鉄製棒を使用して石を除去していたことも明らかである（図6）。

このようにして、「よき」や鍬、鶴嘴、尖頭鉄棒等を使って火口に近い地表面や地中からはぎ取り、掻き集める硫黄鉱石の採掘作業は、必ずしも専門的な技能を要するものではなかったが、ただし、採鉱する硫黄の目利きの能力は必要であった。

【史料一〇】

硫黄又所用事候、先度到来候し石交候て下品候、能々撰られ候て、一万斤可被沙汰上候、早々上着候ハヽ、殊以可為神妙候也、

（足利義満）
（花押）

三月六日

嶋津大夫判官殿(32)

「島津家文書」に収められるこの足利義満御内書によると、島津氏から義満のもとへ届けられた硫黄鉱石は石が混入した「下品」（質の悪い硫黄）だったため、再度よく選別して良質の硫黄鉱石一万斤を急ぎ上納するよう命じたことがわかる。一四世紀段階の薩摩硫黄島での硫黄採鉱の現場が、まだ鉱石の純度を上質に管理する段階に達していなかったことを物語る史料であり、先述『平家物語』の「身に力のありし程は、山に登って硫黄といふ物をとり」の状況を彷彿とさせる。

さて、「よき」や鍬などを使って火口からはぎ取った硫黄鉱石は、次に、山から平地の集積所へ担ぎおろす必要がある。薩摩硫黄島の場合は、幸いにして小さな島のため、採石した硫黄は直接港へ運ばれたものと思われる

が、九州山地の中央部に位置するくじゅう硫黄山からの硫黄鉱石は、急峻な山の産地から船の入る港へと直接運ぶことはできず、適切な中継地点を経由したはずである。

まず、くじゅう硫黄山からの硫黄搬出の第一中継地となったのは、先述した硫黄山北側山麓の玖珠郡飯田郷田野である。田野地区には、中世・近世・近代を通じて、硫黄鉱石の流通にまつわる記録や逸話が散在している。

寛永八（一六三一）年に「よき」と呼ぶ長柄の斧を使って硫黄鉱石をはぎ取ったのは田野村の加三右衛門であったが、同地区蕨原の幸水寺に残る文化一三（一八一六）年の「釣鐘再鋳金勧進帳」によると、正徳年間の回禄（火災）で焼亡した梵鐘の再鋳を「硫黄の宰翁《せわぬし》」（硫黄山の大明神）に諮ったことが記されるとともに、その再鋳を期した勧進帳の芳名三百八名のなかに「硫黄山子」と肩書きした「左平」なる人物名を確認することができる。(33)

山子は、一般的には、山林で働くきこりや材木運搬夫等の林業労務者の総称であるが、有毒ガスを含む噴煙を噴

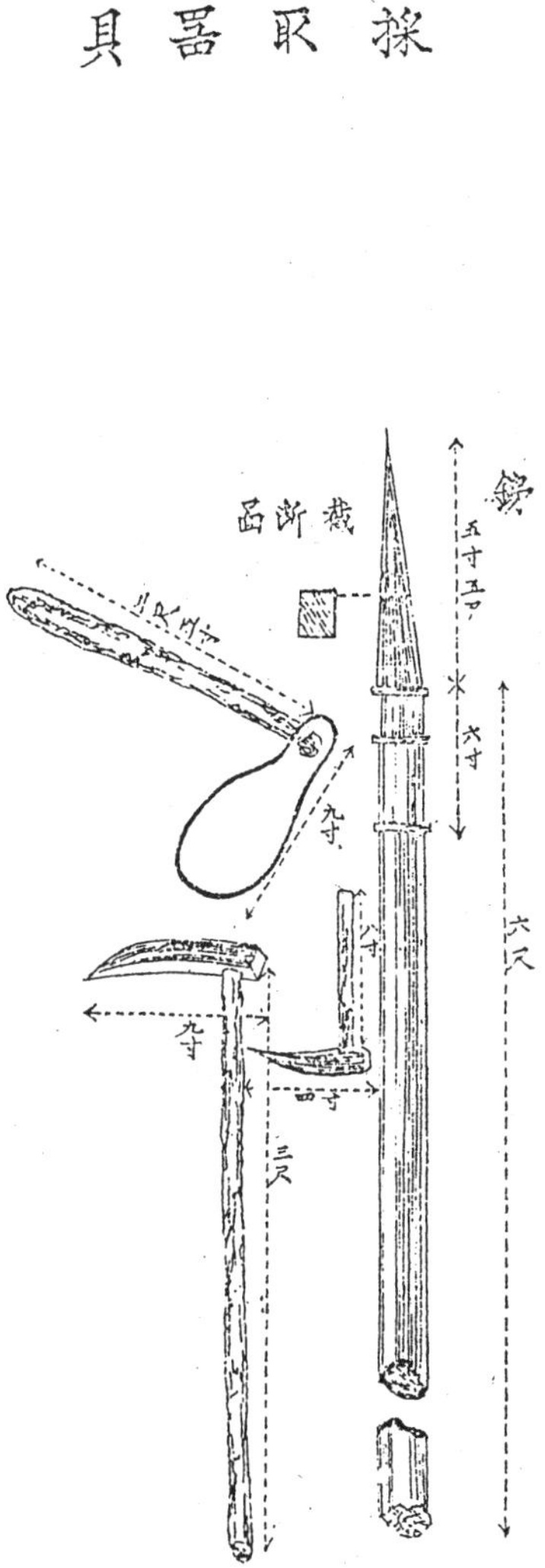

図6　硫黄採収器具（杉村次郎「本邦硫黄論」より）

き出すくじゅう硫黄山には、林業資源となりうる樹木は自生しておらず、山は灰色の噴石で覆われている。そのため、くじゅう硫黄山の「硫黄山子」とは、材木ではなく、急峻な硫黄山の火口で採掘した硫黄鉱石を、山麓中継地の田野地区へと運びおろす運搬夫と考えるべきであろう。

　火口で採鉱した硫黄鉱石を十キロメートル以上離れた田野へと担ぎおろす作業は、想像を絶する重労働であり、また、一人で一日に二往復・三往復できるものではあるまい。火口で採掘した大量の硫黄を田野へと運ぶには、数十人から百人程度の「硫黄山子」が必要であろう。近世末期、元治元（一八六四）年の史料であるが、幸水寺の「入峰修行勧進帳」には、個人名の山子ではなく、「硫黄山　山小《（子）》中」として金二両を志納した記録が残されており、[34] 硫黄鉱石を運搬する「硫黄山子」がグループとして組織化されていたことが明らかである。

　明治一九年の「本邦硫黄論」には、以下の記述がある。「豊後ノ九重山ニ於テハ之レヲ搬運スルニ、先ツ採掘場ヨリノ荷降シニ適当ナル数丁ノ処マテ其礦ヲ叺ニ入レ人背ニテ之レヲ運ヒ一所ニ集メテ、夫ヨリ約拾五・六丁ノ間嶮峻ナル山腹ヲ下ス」。くじゅう硫黄山からの硫黄の運搬では、火口の採掘場で削り取った鉱石を「叺《かます》」という藁莚の袋に入れ、それを背負って、まずは数町先の荷おろし場まで運び込んで集め、そこからさらに十五〜十六町続く嶮峻な山腹を担ぎおろすという、「硫黄山子」による硫黄運搬の実態までもが明らかである。

　こうした「硫黄山子」の活動に加えて、近世の田野地区には、硫黄山を祈念する山伏も存在した。そもそも、火山の火口に自然結晶した鉱石を採集する中・近世の硫黄鉱業は、火山ガスの強弱に依存する不安定な産業であった。実際のところ、一八世紀後半の明和年間には、「田野村硫黄山、近年火勢相劣リ、硫黄出来方無御座候」事態に陥った時期もあった。[35] そこで、硫黄鉱石の恒常的採集を祈念すべく必要とされたのが、「硫黄山之祈念山伏」である。

［史料一二］

一、家壱軒　　　　山伏
　此人数六人
　内　弐人　山伏
　　壱人　男
　　三人　女
　是ハ、九重山金山坊と申而、硫黄山之祈念山伏ニ而、前々より村□（麓カ）之村内罷在候、（中略）宗旨者天台宗彦山（英彦山）霊仙寺惣持院末流ニ御座候、[36]

一八世紀初頭のこの帳簿によると、田野村には九十三軒の家があり、そこに五百三名の村民が居住していた。そして、村人の家屋とは別に、「金山坊」という「硫黄山之祈念山伏」の家屋が一軒あり、二名の山伏と四人の家族が生活していたのである。

山野に伏して修行する修験道の宗教的指導者である山伏は、道教や仏教の影響を受けた古代の山岳修行者を起源とするが、中世以降には、紀伊熊野や日光、富士山、英彦山など全国各地の霊山を修行道場として修験集団を形成した。近世の山伏は、定住各地域で加持祈禱を行い、また、民衆登拝の先達として活動する。くじゅう硫黄山においては、金山坊の山伏が、天台宗英彦山派に属して活動していたのである。

金山坊は、正式には幸水寺金山坊で、現在でも、硫黄山麓の玖珠郡九重町田野字蕨原の林の中に現存し、境内には、修験者が祈願を行う護摩堂のほかに、本尊の木造十一面観音菩薩座像や阿弥陀如来座像、板碑伝、祈禱札、棟札、守護札版木、宝印、法螺貝等の関連資料が伝わっている。また、百数十点におよぶ「金山坊文書」には、前述の文化一三年の「釣鐘再鋳金勧進帳」や、慶応元（一八六五）年の「硫黄山稼方念書」などの、同家がまさに「硫黄山之祈念山伏」として活動し、その系譜を連ねてきた歴史が記録されている。[37]

（二）硫黄鉱石の中継と計量

さて、幸水寺金山坊には鐘楼跡があり、歴代の山伏は梵鐘を鳴らして硫黄山への修験の法をつとめていた。「金山坊文書」によると、文政三（一八二〇）年に再鋳された梵鐘は、竜頭を含む高さが三尺三寸六分（約一メートル二センチ）、外径が一尺七寸（約五十二センチ）、周りが五尺一寸七分（約一メートル五十七センチ）で、「当村（田野）前庄官橋爪弥惣兵衛惟治」と「別府計屋阿部繁右衛門通安」が施主、「府内駄原邑植木政次郎」が冶工となって鋳造したことが記録されている。[38]玖珠郡田野村での梵鐘鋳造に、中世からの系譜を有する府内（大分市）駄原の鋳物師が関わっていることが興味深いが、ここで注目したいのは、梵鐘の施主となった別府の「計屋《はかりや》」の存在である。

「計屋」阿部繁右衛門は、四年前の文化一三（一八一六）年「釣鐘再鋳金勧進帳」にも七百匁を喜捨して名を連ねている。さらに、文化五（一八〇八）年の「九重山大明神御堂」（金山坊御堂）再建棟札にも、「施主　別府計屋阿辺（部）繁右衛門」と墨書されている。[39]梵鐘や御堂の再鋳・再建施主となった阿部繁右衛門は、近世後期の幸水寺金山坊の活動に深く関わった人物と想像されよう。そして、田野地区には、阿部繁右衛門のほかにも「計屋」が存在した。

九州最大の河川である筑後川は、佐賀県から福岡県南部に広がる広大な筑紫平野を潤して流れるが、その最上流の源流の一つが、くじゅう連山の北麓、大分県玖珠郡九重町田野地区を流れる鳴子川である。くじゅう山麓の飯田高原を北流する鳴子川は、田野地区北西部の筌ノ口から数キロメートルにかけては九酔渓と呼ばれる渓谷をなし、途中は震動の滝等の高低差を有するV字谷となっている。この鳴子川の谷を挟んで筌ノ口の対岸の北方地区に鎮座するのが白鳥神社である。地元では、古代六世紀にこの地域で富を誇ったとされる朝日長者の伝説が語り継がれており、白鳥神社はその朝日長者の鎮守とされていて興味深いが、残念ながら、神社の創建や由緒を示す確かな一次史料は残っていない。

白鳥神社境内には、近世から近代に建てられた鳥居や灯籠、石碑が散見されるが、なかでも注目されるのが参道の最も手前にある銘文を施した鳥居である。やや風化して判読しづらくはなっているが、額束に「白鳥大明神」、左の柱には「文政十一戊子」（一八二八年）との鳥居寄進年、そして、右の柱の下部には十六名の施主名が刻字されているのがわかる。施主には橋爪茂助、時松庄兵衛など、「金山坊文書」中の文政期の史料に「田野村庄官」（庄屋）と肩書きされる有徳村役人とその一族が目立つが、そのなかに一人だけ屋号を記した商人がいる。「計屋陽三郎」である（図7）。

硫黄鉱石の産地、くじゅう硫黄山北麓の玖珠郡田野地区の梵鐘や鳥居、棟札、勧進帳等に頻出する「計屋」とは、いったいどのような商人なのであろうか。

図7　白鳥神社鳥居の施主銘「計屋陽三郎」（大分県九重町）

この「計屋」の存在形態を考えるうえで参考になる記録がある。前述『田野村古伝集』のなかの、次の記述である。

[史料一二]

宝暦元年辛未比油(由)布院並柳住者、硫黄山御運上山仕候節、牟(無)田口中屋と申ハ、此節硫黄荷中屋仕候処、中屋家主平右ヱ門と申者有、寛政十一年己未比迄ハ子孫住居致候（中略）文政元戊寅春、油布院鮎川四郎左ヱ門と申者親子三人女房・娘お百入作ニ住居致、今の中屋四郎左ヱ門也、寛政十一己未年比迄は、藪と申所ニ弥八、同吉弥、同庄作、米山ニハ金次と申、岡領華ノ木原ニハ木地山弐軒有、都合山ニ六・七軒有、山賑ハひ候、

この史料によると、宝暦元（一七五一）年頃は、豊後国内におけるもう一つの硫黄産地である塚原伽藍岳の麓に位置する由布院の並柳の出身者が、くじゅう硫黄山からの硫黄採鉱を請け負って、幕府へ運上を納めていたことがわかる。くじゅう硫黄山からおろしてきた硫黄鉱石を、筑後川水系最上流域の飯田高原の田野から由布院の位置する大分川水系へと運び込むには、間に横たわる花牟礼山や崩平《くえのひら》山などの千二百メートル級の山を再度越えなければならないため、途中に鉱石運搬の中継地が必要であった。その中継地となったのが、飯田高原の最北東部で崩平山の麓にあたる無田口である。硫黄山の硫黄鉱石は、山子たちによってこの無田口の「硫黄荷中屋」までおろされ、ここでまず鉱石の計量を受け、山子へは駄賃が支払われたものと思われる。宝暦期の「硫黄荷中屋」の主人は平右ヱ門で、以後、寛政一一（一七九九）年までのおよそ五十年間は、その子孫が無田口で家業を継いだと言う[40]。

さらに、『田野村古伝集』によると、くじゅう硫黄山の硫黄鉱石を中継・計量する「硫黄荷中屋」の営業は、

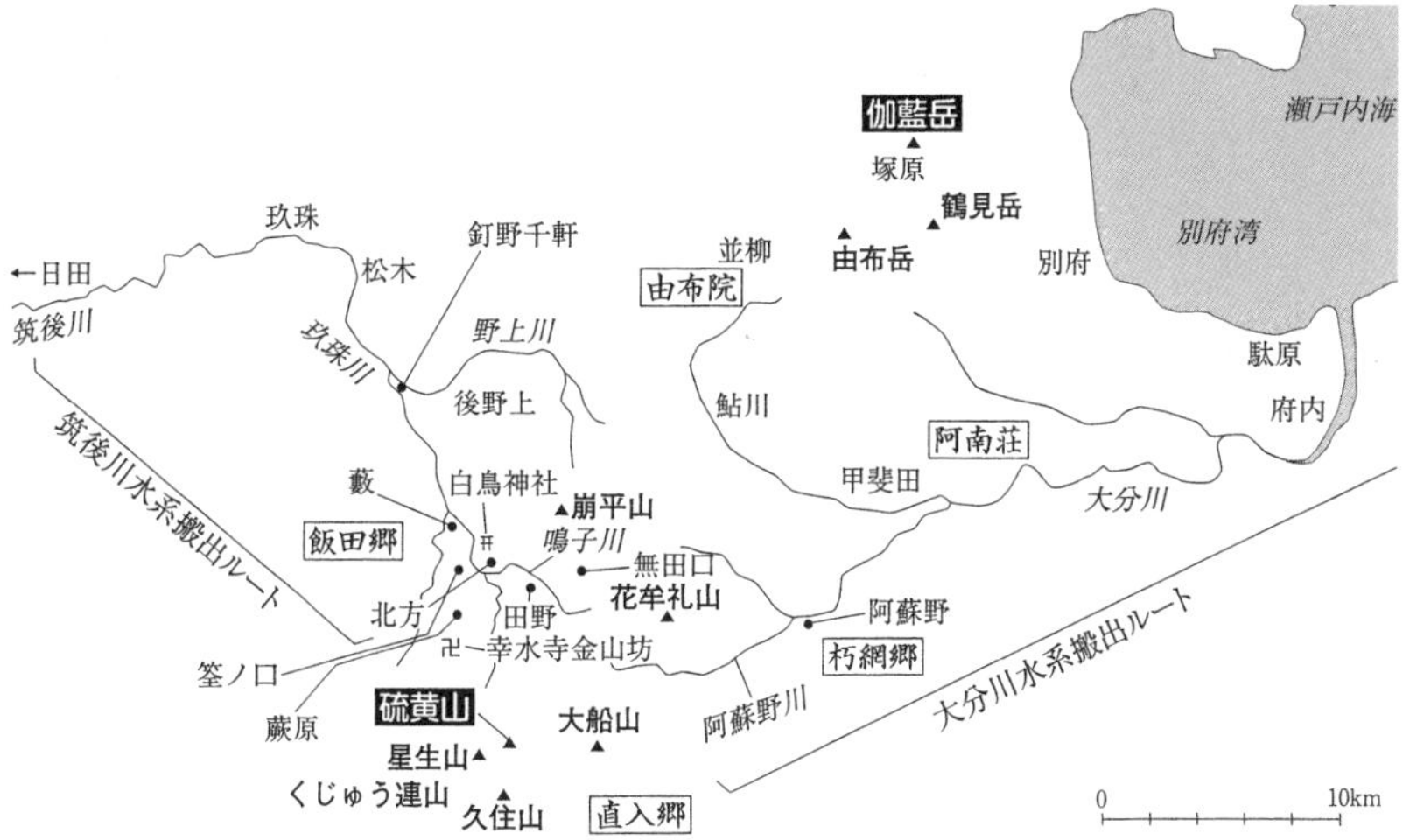

図8　硫黄鉱石搬出2ルート関係地図

無田口の平右エ門のみではなかった。まず、鉱石を大分川水系の由布院・阿南荘・府内方面へ搬送するルート上では、宝暦元年からのおよそ半世紀は、平右エ門とその子孫が中継地の無田口に居住して営業していた。そして、文政元年の春に由布院鮎川の四郎左エ門一家が同地に移住して、無田口の「硫黄荷中屋」が再興されている。

一方、鉱石を筑後川水系の鳴子川・玖珠川に沿って筌ノ口から後野上・玖珠、そして近世の天領代官所のある日田へと搬送するルート上でも、寛政一一年頃まで複数の「硫黄荷中屋」が営業していた。特に、弥八・吉弥・庄作の三名がそれぞれ営む三軒の「硫黄荷中屋」が立地する藪は、田野村の最北西端で後野上村に隣接する地区で、鳴子川はこの地で玖珠川と合流して玖珠盆地へと流れていく（図8参照）。

『田野村古伝集』によると、近世後期すなわち一八世紀後半から一九世紀前半、くじゅう硫黄山から山子たちによって担ぎおろされた硫黄鉱石は、田野村の北東端の無田口と北西端の藪の二つの中継地へと運び込まれ、両地で営業する「硫黄荷中屋」＝「計屋」による計量と荷さばきを受けた。両中継地で「硫黄荷」をさばく「計屋」業は、基本的には硫黄の採鉱から輸送、販売（換銀）までの一連の業務を幕府や藩から請け負った独占もしくは寡占経営であり、定額運上銀の上納義務を負うものの、その利益は極めて大きかったものと思われる。

実際に、近世末期のくじゅう硫黄山経営を請け負った「計屋」が、幕府に上納した運上銀の額については、田野村の田畑や用水、牛馬、山林などの趨勢を記した天保九（一八三八）年の『玖珠郡田野村銘細帳』に次のように記録されている。

【史料一三】

一、硫黄山壱ヶ所、高サ千弐百間、惣廻リ三千弐百間

（前略）右硫黄山去未七月より子六月迠中年五ヶ年御願申上、速見郡別府村繁右衛門御請負仕候、但御運上銀壱ケ年ニ付銀五百五拾三匁六歩、幷銀六拾六匁壱歩、御林下草刈御運上納仕候、(41)

「別府村繁右衛門」なる人物が、未年（天保六年）七月から子年（天保一一年）六月までの五ヶ年間にわたり、硫黄山からの硫黄鉱石の採鉱を請け負い、年間に五百五十三匁六歩の運上銀を幕府方へ上納しているのである。ちなみに、この硫黄採鉱請負者「別府村繁右衛門」が、前述の幸水寺棟札や「金山坊文書」に登場する「計屋」阿部繁右衛門と同一人物であることも、時期的に考えて間違いないであろう。

くじゅう硫黄山に関わる「計屋」が、「硫黄山之祈念山伏」幸水寺金山坊の本堂や梵鐘の再建・再鋳の施主となったり、あるいは地元神社の鳥居寄進者となることができたのは、年間五百匁を超える運上銀の上納義務を負いながらも、稀少価値の高い硫黄鉱石の採鉱・運搬・販売（換銀）の業務を硫黄中継問屋として一手に担うことで多大な利益を得ていたことによるものと推測されるのである。

四　「サルファーラッシュ」の遺跡

（一）硫黄鉱石の搬出ルート

さて、前節では、近世の幕藩体制下における硫黄産地に特有の社会の仕組みについて、現地に残存する断片的な史料から紹介してきた。明らかになったことを踏まえて、ここからは、一六世紀の戦国期に話を戻していこう。

近世の豊後に存在したくじゅう硫黄山と塚原伽藍岳という二つの硫黄産地の周辺では、硫黄鉱石を運ぶ「硫黄山子」から、火口の鉱石産地に祈りを捧げる「硫黄山之祈念山伏」、そして、麓の中継地で山子が運んできた「硫黄荷」を計量する業務を起源として後には硫黄鉱山事業を幕府から請け負った「計屋」にいたるまで、さまざまな立場の人間が産地に集って硫黄鉱業という産業が発達し、「山賑ハひ候」状態となっていた。こうした状況を世界史的に見るならば、世界各地の鉱物資源をめぐる人間の営みの歴史について、金鉱石を採掘する金山の周辺に一攫千金を夢見て人々が集まり金産業が栄えた「ゴールド（金）ラッシュ」や、石見銀山のような銀鉱脈の産地に人が集まり都市が繁栄する「シルバー（銀）ラッシュ」の事象と同様に考えて、硫黄鉱石の産地に人々が集い関連産業が栄えたこの状況を、「サルファー（硫黄）ラッシュ」と呼ぶことができるであろう。

しかも、日本の九州におけるその状況は、硫黄の海外輸出が途絶えた近世中・後期より、日明貿易・南蛮貿易・朱印船貿易の主要輸出品の一つとして硫黄鉱石の需要が高まった中世後期から近世初頭（一五世紀から一七世紀初め）の時期の方が、より顕著な「サルファーラッシュ」期であったと予測される。

しかしながら、大規模な間歩を掘って地中の鉱脈を掘りさがしていく金山や銀山とは異なり、近世以前の硫黄山の場合は、火山の火口に生成した硫黄鉱石を表面採掘する産業であるため、その遺構が形ある産業遺産としては極めて残りにくいという性質を有している。また、文献史料においても、比較的に多くの関連史料が残されている近世期に対して、中世の時期の硫黄産地の在地実態を証する史料はほとんど皆無に近い。

そこで、ここでは、近世期の散在史料から明らかになった硫黄産地の在地状況を念頭において、その実態から中世後期＝戦国期の様相を類推する方法で話を進めることにしよう。

まず、近世の史料において、山子が運んできた「硫黄荷」を計量し、特にその後期には、採鉱・運搬・精錬・販売（換銀）の一連の業務を幕府から請け負うことで大きな利益をあげていた「計屋」については、一六世紀の中世末期にさかのぼってその淵源的存在を確認することができる。

すでに、貞治三（一三六四）年の豊後の守護大友氏時の時代に、惣領家直轄領である直入郷の付けたりとして、庶子家領の朽網・飯田両郷に属す阿蘇野と田野の両地域を付属させて、くじゅう硫黄山の硫黄鉱石産地から流通中継地の阿南荘甲斐田までの輸送ルートを、大友氏惣領家が実効支配する流通政策を行なっていたことは指摘した。これは、近世において、無田口を中継地とする大分川水系への搬出と、筌ノ口・薮を中継地とする筑後川水系への搬出という、確認できた二つの硫黄鉱石輸送ルートのうちの前者に該当する。中世の山子たちも、硫黄山からおろしてきた鉱石を田野北東部の無田口を経て、阿蘇野川沿いを阿南荘甲斐田まで運び込み、そこで計量を受けて「硫黄荷」を預け駄賃を受けていたものと思われる。

その推測を証する史料がある。「硫黄荷」の中継地と推測される甲斐田は、豊後国阿南荘の松武名に位置する。豊後の戦国大名大友氏は、この松武名のうちの百貫分を京都の大徳寺瑞峯院に寄進しており、「大徳寺黄梅院文書」として田畠坪付など現地掌握に関わる一連の史料が残されている。

そのうちの天文二（一五三三）年一二月付「阿南荘松武名土貢諸済物納帳」[42]には、名内の二十七箇所の田地から瑞峯院に納める「納所銭」計十二貫四百五十文分がそれぞれ書き上げられているとともに、甲斐田に建つ十七棟の市屋敷から納入する「甲斐田市屋敷銭」計二貫四百文分も列記されているのである。

甲斐田は、阿南荘の中央部を西から東へと横断して流れる大分川の中流域に位置しているが（図8参照）、「市屋敷銭」の徴収が物語るように、川北岸の河岸段丘上に立地するこの場所で市が開かれ、同荘の荘園経済圏の中核としての町が形成されていたことがわかる。

「市屋敷銭」を上納した十七棟の屋敷は、「向屋しき」「くすの木やしき」「北のやしき」「いま屋しき」などの屋敷立地の特徴で呼称されるものから、「なへ太郎」「清四郎」「孫兵衛」「ミたらい」など屋敷所有者の名前で呼ばれるもの、そして、「こうや《（紺屋）》屋しき」などの所有者の生業で呼ばれるものなどさまざまである。そして、その十七軒のなかに、計量行為を生業とする「はかりや」が一軒存在しているのである。

甲斐田での「計屋」の検出は、これだけにとどまらない。弘治二（一五五六）年、瑞峯院が松武名に設置した納所の宗所は、現地から徴収する米、大豆、麦、および銭について書き上げた「阿南荘松武名米銭諸納帳」[43]を作成しているが、その中の「甲斐田市屋敷銭」の徴収先の一つに、やはり「計屋々敷」があげられている。瑞峯院の納所が徴収した計二貫百五十文の「市屋敷銭」は、「計屋々敷」以外にも「紺屋々敷」「薗屋々敷」「兵部大夫屋敷」などの十二軒の屋敷に賦課されており、荘内からの貢納物が集積される甲斐田の市の一角に、これらの屋敷が建ち並び、居住者による生産・商業活動が営まれていたと推測される。

近世の状況を踏まえるならば、阿南荘甲斐田で一六世紀半ばに検出されるこれらの「計屋」の「市屋敷」は、硫黄山から阿蘇野川沿いに運ばれてきた「硫黄荷」を計量・精錬して集積する、大分川水系搬出ルート上の硫黄鉱石中継基地の屋敷であったと想像できるのである。

図9　釘野千軒遺跡の河岸段丘（大分県九重町）

（二）釘野千軒遺跡

文献史料上の「計屋」の営業が確認できた大分川水系搬出ルートに対して、もう一方の筑後川水系搬出ルートの硫黄鉱石中継基地については、考古学による発掘成果がその存在を示してくれる。

硫黄山からおろした鉱石を筌ノ口を流れる鳴子川（玖珠川）沿いに北北東方向へ運ぶと、川は東から流れてきた野上川と合流する。現住所で九重町大字後野上字釘野と表示するこの合流地点は、地形としては鳴子川（玖珠川）と野上川に挟まれた河岸段丘を形成している。この釘野地区には、地元で「釘野千軒」と呼ばれる町場の伝承があるが、平成五～六（一九九三～九四）年に同地の開発に伴う発掘調査を実施したところ、まさに「千軒」を彷彿とさせるような延長二百五十メートルの範囲におよぶ中世後期の掘立柱建物群が発見されたのである。[44]

遺跡の特徴は次のようである。まず、川に囲まれたこの河岸段丘（図9）上に、北西から南東方向にわたって掘立柱建物跡四十七棟が検出された。各建物は、街路と思われる中央の幅十メートルの空閑地を挟んで、その両側に妻側の軒を連ねた状態で二列に整然と並んでいた（図10）。

掘立柱建物の配置は、中央の街路を挟んで、東側の列に二十九棟、西側の列に十八棟で、その規模は三間×二間もしくは四間×二間のものが多く、居住者の階層性を示すような極端な建物規模の大小は確認されていない。そして、特徴的なのは、こうしたまとまりのある屋敷群の存在に比して、一般的な市屋敷や町屋敷の発掘で検出される井戸や便所、排水施設、廃棄土、祭祀遺構等の日常的な生活の痕跡が極めて希薄であること、さらには、これらの建物群が実際に機能していたのが一六世紀末のわずか三年から五年の間に限定されるという点である。調査報告書では、計画性を伴う短冊状の地割りの存在から、この遺跡を、一般的な農村集落ではなく、「権力による意志」が繁栄された場と想定している。

九重町で発見されたこの釘野千軒遺跡については、これまでにいくつかの仮説が提示されてきたが、掘立柱建物群の性格は特定されていない[45]。例えば、永禄年間に大友義鎮が玖珠郡方面に出陣した際の宿陣所跡とする説や、大友氏家臣の小田原氏が玖珠郡支配の拠点として営んだ城館の跡とする説等、豊後の戦国大名大友氏権力に関わる軍事および政治的性格の施設と見なす説がある[46]。しかしながら、宿陣所説が論拠として掲げる九月二二日付け大友宗麟（義鎮）書状は玖珠郡飯田郷の「至松木宿誘[47]」を命じたものであり、松木地区から数キロメートル離れた釘野地区での宿陣所の設営については論証できない。また、小田原氏については、同氏の系図で「釘野城主」としての記録が見られるものの、釘野城とは釘野千軒遺跡の南東方向の丘陵上に曲輪群を有する城郭遺構をさすもので、遺構の状況から見ても軍事性や階層性の見られない釘野千軒遺跡の建物群を武家の城館と見なすことは困難であろう。

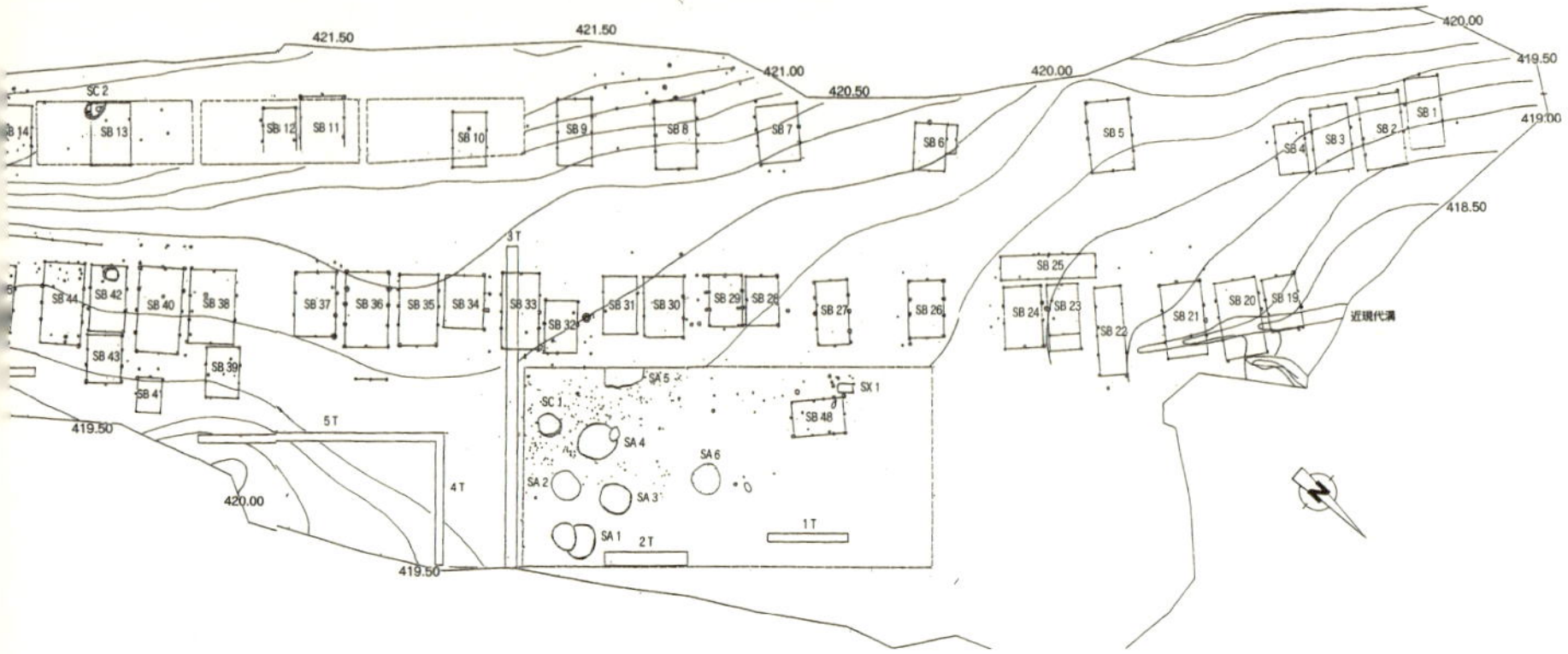

このように、軍事的・政治的性質からは解釈しづらい釘野千軒遺跡であるが、遺構の状況を社会経済的観点から分析するとその性格が見えてくる場合がある。同時期の甲斐の戦国大名武田氏によって開発された黒川金山の鉱山町が「黒川千軒」と称されたのと同様に、釘野千軒遺跡から「川を挟んで対岸の山中には江戸時代に金山が営まれていた」ことから、その小園金山に付随する鉱山町場を想定する説[48]がその一つである。

掘立柱建物群が整然と建ち並ぶ釘野千軒遺跡の景観は、いわゆる街路沿いに形成された市屋敷群や町屋敷群の特徴を有する。九重町大字右田に位置する小園金山に近接するこの地に金鉱石の採鉱や精錬に携わる人々による鉱山町が繁栄することは想定されるが、問題は、小園金山の開発が近世のものであり、一六世紀の戦国期にさかのぼっての金鉱石の採掘を証する史料がないこと、そして、鉱山町であるならば検出されるはずの鉱業従事居住者の生活痕がほとんど見つからないことである。

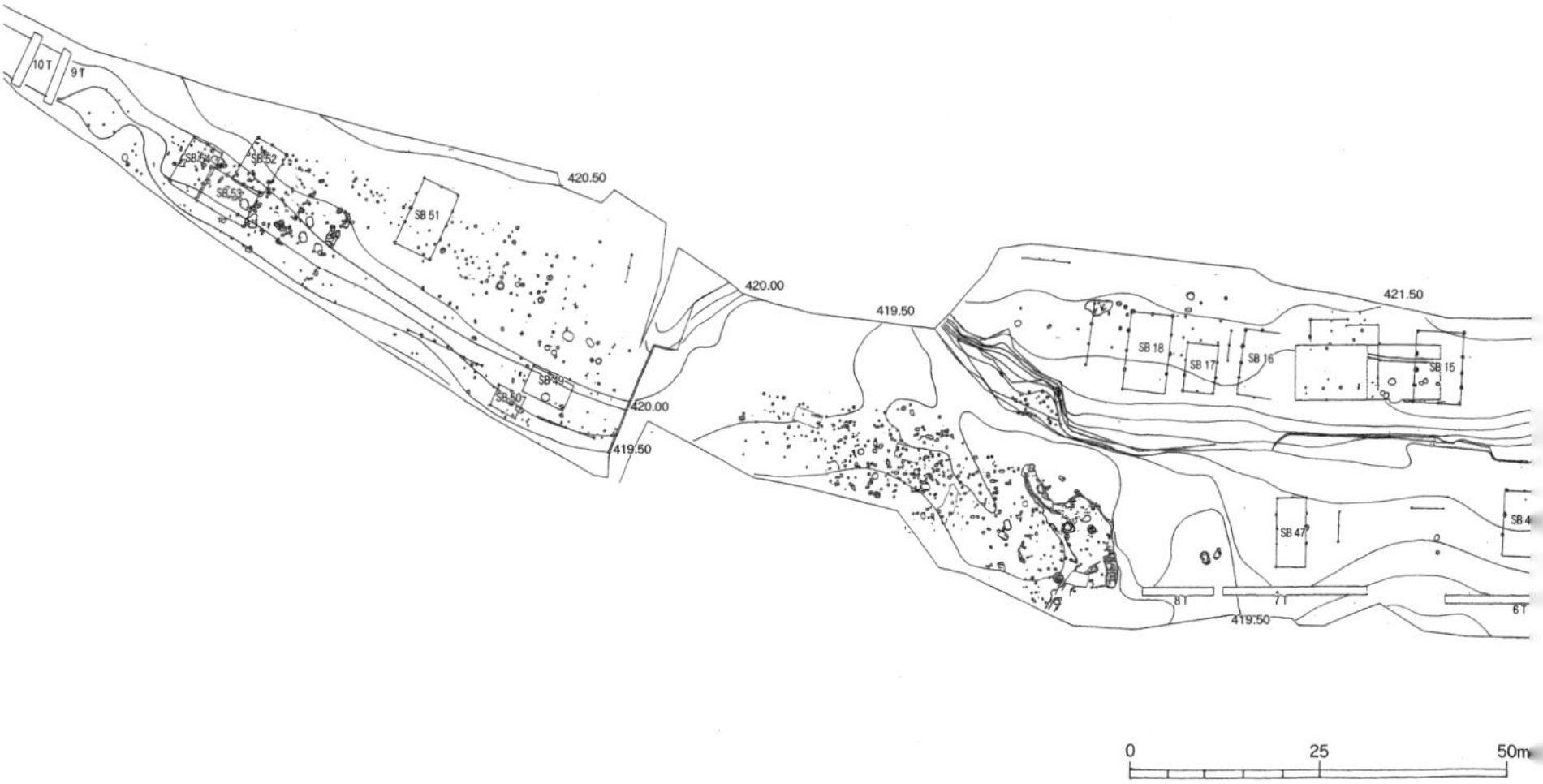

図10　釘野千軒遺跡の遺構図（『九重町文化財調査報告22 釘野千軒遺跡Ⅰ』より）

そこで、次に想定されるのが、同じ鉱山町場でも、金や銀のような金属鉱山ではなく、産地における採鉱や運搬の過程が軽易で、関連鉱業施設の痕跡が遺構として残りにくい非金属鉱石の流通に関わる町場である。

本章でこれまで見てきたように、中世の豊後と薩摩からは、守護大名から戦国大名へと成長を遂げる大友氏と島津氏の活動のもと、大量の硫黄鉱石が採掘され、日本国内のみならず中国大陸へと輸出されていた。なかでも、宝徳三（一四五二）年に大友親繁が中国へ派遣した遣明六号船には、派遣された九艘中最多となる九万二百斤（五十四トン）もの硫黄鉱石が積まれていた。この膨大な量の硫黄鉱石は、豊後国内の伽藍岳・鶴見岳、およびくじゅう連山の硫黄山という二大硫黄産地で採鉱されたものであり、特にくじゅう硫黄山の硫黄鉱石は、山から山麓の玖珠郡飯田郷田野地区におろされた後、大分川水系の由布院・阿南荘甲斐田・府内方面へ搬送するルートと、筑後川水系の鳴子川・玖珠川に沿って筌ノ口から後野上・玖珠方面へ搬送するルートが存在した。そして、前者ルートの硫黄鉱石中継基地として機能したのが文献史料上で検出できた阿南荘甲斐田の市屋敷、後者ルートの硫黄鉱石中継基地として機能したのが考古遺構として検出された飯田郷の釘野千軒遺跡の掘立柱建物群であったと考えられるのである。

(三) 硫黄中継基地の機能

さらに、硫黄鉱石中継基地の機能は、運ばれてきた鉱石を単に計量して保管するだけではなかった。硫黄鉱石の選鉱・熔解という重要な作業も担っていたはずである。

例えば、天文一六(一五四七)年度の遣明船の正使である策彦周良は、船に積まれた一万斤の硫黄の状態について次のような注目すべき記録を残している。

[史料一四]

百斤別松板箱并結桶等ニ入之、先渡唐ハ莚包也、細々依包替、タサレ多之、殊船中無用心之間、桶箱仁入之、(49)

前回派遣の天文七年度の遣明船では、硫黄を莚に包んで船に載せていたが、度々包み替える際に硫黄粉末が多くこぼれて船中無用心(発火の危険性)のため、今回は硫黄を百斤ごとに分けて松材でこしらえた箱や結桶に入れて積載したとの記述である。

実は、船中積載硫黄に関して、この記述と全く同じ状況が、前述の「本邦硫黄論」に見られる。「旧来製硫黄ヲ入ル、ニハ多クハ叺ナリシガ、粉末漏散シ、且其儘久敷貯蔵スルトキハ湿気ヲ含ムノ患アレハ、之ヲ鉄輪ノ樽(ビール樽之如キモノ)ニ改ムヘシ、或ハ地方ニ寄リテハ樽ヲ得ル難シトノ〓ナレトモ、然ラバ他ノ地方ニテ樽形ニ木取リ該地方ニテ組立テ用ニル様ニナスヘシ、然ルトキハ、目前ハ叺ヨリハ高直ニ似タレトモ、漏散及湿気ヲ防キ、又海港ニ近クシテ直ニ帆前船ニ積ミ込等ノトキハ、幾回トナク其樽ヲ用ユルヲ得ヘシ」。

旧来の製法で選鉱した硫黄は「叺《かます》」（藁莚の袋）に入れていたが、粉末が漏れ散ったり、長期間貯蔵すると湿気を帯びて品質が悪化するため、鉄輪の箍《たが》で縛った樽に入れるように改めた。樽のない地方でもよそで樽形にかたどった木材を箱に組み立てて硫黄コンテナとして使用した。樽や箱は叺より高価だが、硫黄の漏散や湿気を防ぐことができ、また、港が近く帆船に直接積み込む際には樽を何度も使うことができるというのである。

天文年間の一六世紀と明治の一九世紀では三百年の隔たりがあるものの、遣明船積載の硫黄を莚包みから結桶や箱入れに変更したとの記録が、明治中期の記録が語る叺から樽への硫黄コンテナの変更に一致していることは、産業革命期以前の日本における伝統的な硫黄産業の形態が、中世末期から明治初期までの数百年にわたってそれほど大きく変化したものではなかったことを明示していよう。

そして注目したいのは、中世の遣明船で百斤ごとに分けられた硫黄の状態についてである。莚や松箱、結桶に入れられた硫黄は、遣明船に積まれて明朝皇帝への朝貢品や中国国内での売却品として出荷される製品（商品）としての硫黄であり、火山の火口から「硫黄山子」が担ぎおろしてきた硫黄鉱石から、石などの不純物を除去（選鉱）し、成分を均一化（熔解）したものでなければならない。

一六世紀とほとんど変わらない明治初期の状況を記録した「本邦硫黄論」によると、まず、硫黄鉱石の選鉱過程を次のように記している。「生硫黄礦ハ大抵石塊ヲ除去シ、図ノ如キ甲ナル屈曲シタル打棒ヲ以テ凡経四・五分以下ノ大サニ打砕シ、之レヲ篩過スレハ其硫黄分ハ質ノ脆弱ナルカ故ニ細粉トナリテ篩出ス、石分ハ篩上ニ残ル、此ノ如クシタル硫黄ノ細粉ハ、更ニ乙ナル水船中ニテ洗滌篩過スレバ、硫黄分ハ能ク細粉トナルヲ以テ篩目ヲ通過シ水中ニ沈澱ス、其上水ヲ去リ、其硫黄ヲ莚上ニ置キテ日光ニ曝シ、以テ之レヲ乾燥ス」。

火口から採掘してきた生の硫黄鉱石から、まず石塊を除去し、次に甲図（図11上）のように三五度ほど折れ曲がった「打棒」でたたいて直径四～五分（十二～十五ミリ）以下に砕き、これを同じく図のような「篩《ふるい》」にかければ、脆い硫黄は細かい粉となって落ち、不純物の石は篩に残る。こうして細粉となった硫黄をさらに乙図（図11下）のような「水船」（水を張った箱）の中で「洗滌篩」にかけると、細粉硫黄が篩目から落ちて水中に沈殿する。その上水を除去し、沈殿した硫黄を「莚」の上で天日干しして乾燥させる。これが、中世以来の伝統的な硫黄鉱石の選鉱法である。

次に、硫黄の熔解過程については以下の通りである。「熔解ノ旧法ハ、其式地方ニ由リテ異同アルモ、先ツ通例ハ前撰礦法ノ如キニ由テ得タル礦ヲ鍋中ニ投スルニ、一回分凡五十貫目ヲ入レ薪木ヲ以テ之ヲ焚クㇹ二時間ナレバ能ク熔解スヘシ、更ニ業ヲ初メルトキハ三時間釜焼スベシ、通例其礦五十貫目ヲ熔解スルニハ薪木凡十二・三貫目ヲ要ス、其熔解シタル硫黄ハ、鉄製ノ杓子ヲ以テ熔液ヲ攪動シ、之ヲ汲取リ木型ニ流移スヘシ、其型ハ、上信奥羽地方ニ於テハ板製ニテ長サ二尺五寸・巾二尺・深サ八寸位ノ平箱内ニ流シ込ムヘシ、九州地方ニ於テハ前図ノ如キ木桶ニ汲移シ、桶ノ下ニハ竹皮或ハ茅艸ヲ敷キ、硫黄液ト灰雑汚物トヲ篩別シテ硫黄ハ木型中ニ溜ルヘシ、而メ礦百分中ヨリ硫黄ハ三十分乃至五十分ヲ得ヘシ」。

選鉱過程を経て天日干し乾燥させた硫黄を五十貫目ずつ「熔解釜」の「鍋」（図12右下）に入れて薪木で二時間（焚き始めの場合は三時間）焚く。硫黄五十貫目を熔解させるのに必要な薪木は十二～十三貫目。こうして熔解した硫黄を「鉄製杓子」（図12左下）でかきまぜて汲み取り、木型に流し移す。そして、東日本では硫黄を板製の平箱に流し込む。一方、九州では硫黄を木製の「桶」（図12上）に汲み移し、桶の下に竹皮や茅艸を敷いて液状化した硫黄と不純物を篩い分け、硫黄を木型に溜めていく。こうして、採掘してきた硫黄鉱石の三十～五十パーセント

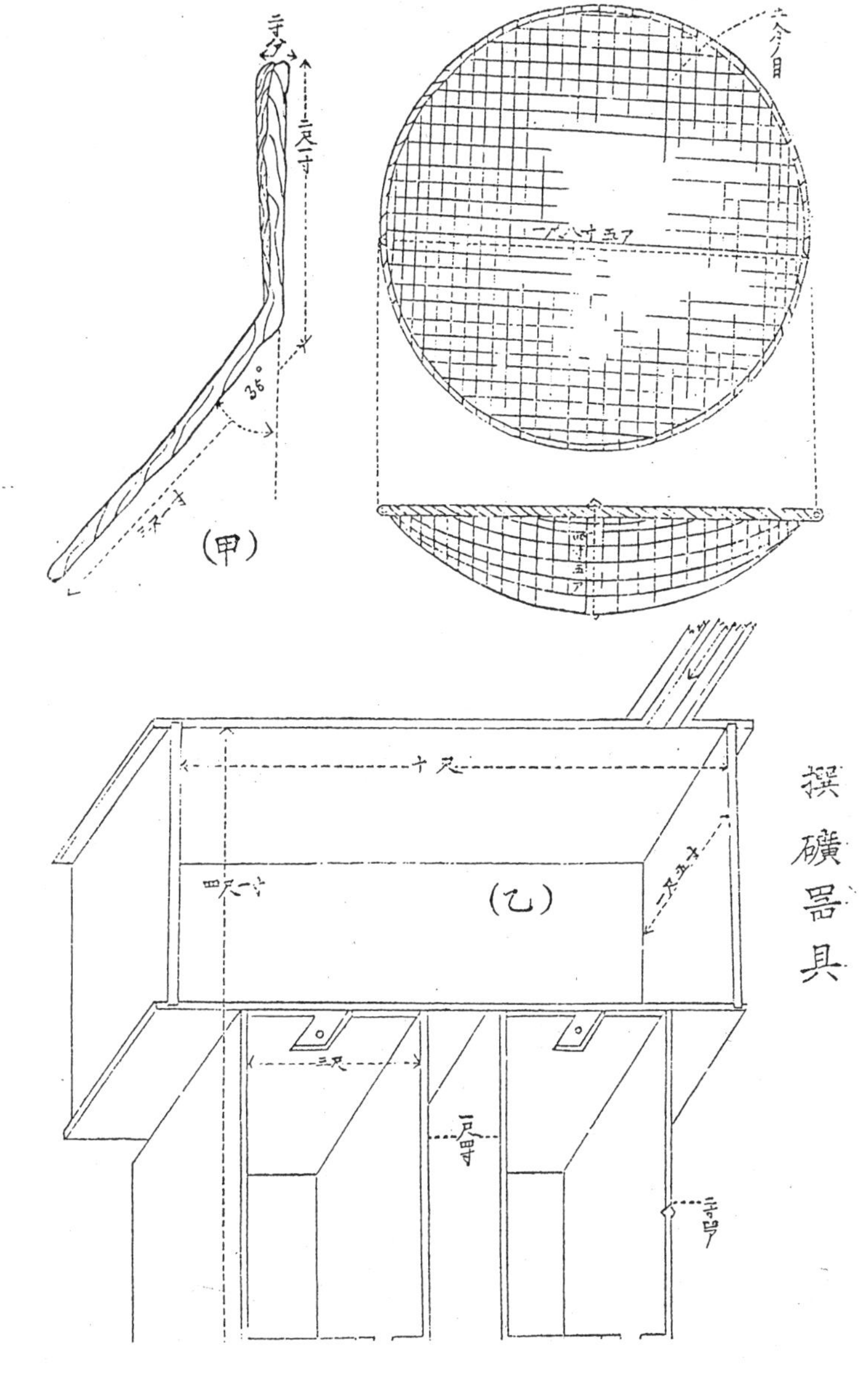

図11　硫黄鉱石の選鉱器具(杉村次郎「本邦硫黄論」より)

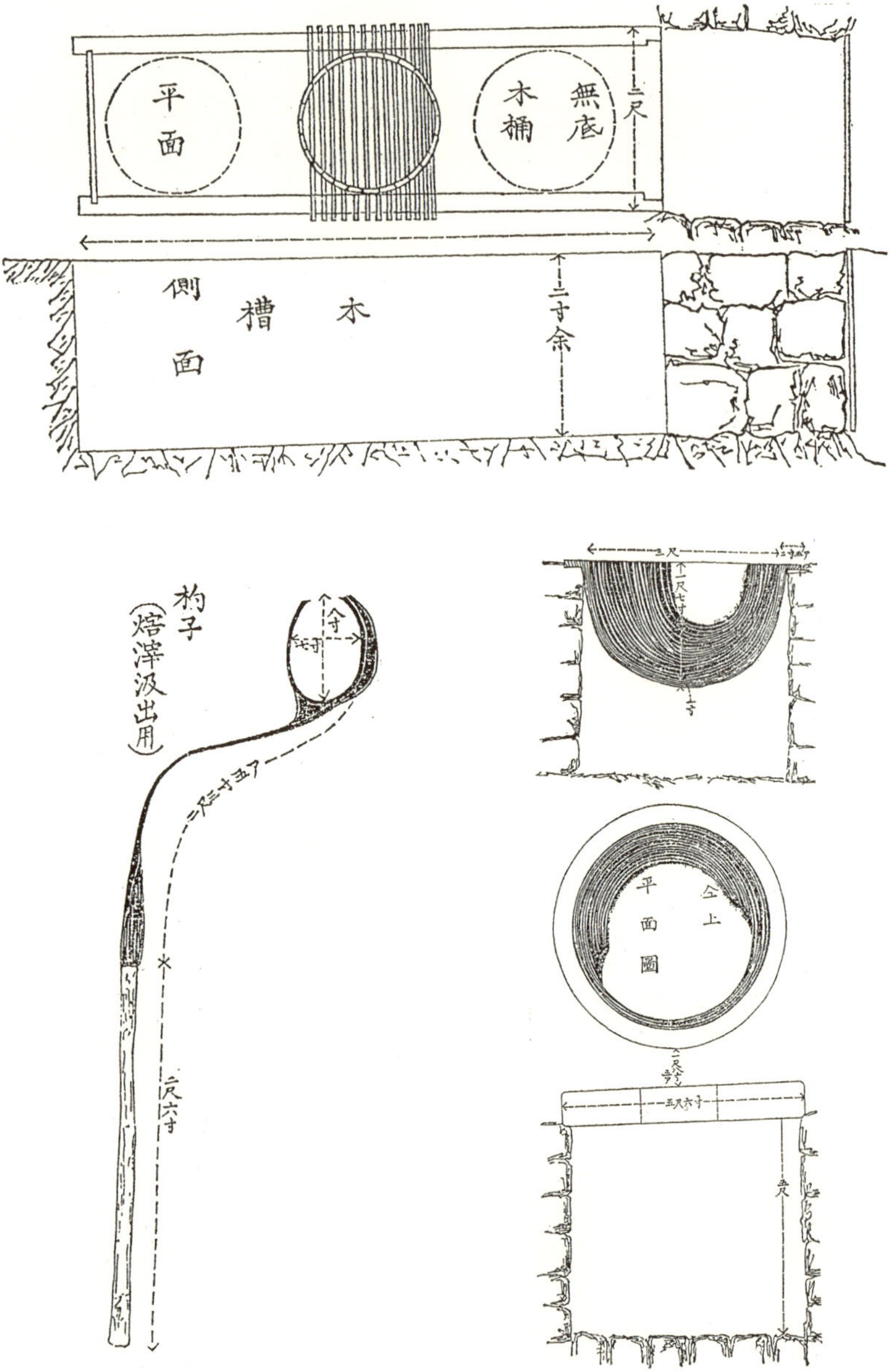

図12　熔解釜と木桶と杓子(杉村次郎「本邦硫黄論」より)

の重さの純度の高い製品（商品）としての硫黄ができあがるのである。

これら硫黄鉱石の選鉱・熔解過程は、明治初期の状況を記したものであるが、「打棒」「篩」「水船」「洗滌篩」そして「莚」を使った簡易な選鉱と、「熔解釜」の「鍋」「鉄製杓子」「桶」で行うシンプルな熔解の作業は、蒸溜壺や精錬釜、精製炉などの産業革命期の本格的な鉱業施設が明治中期に導入される以前の、中世から続く日本の伝統的な選鉱・熔解方法と大差はないものと思われる。

すなわち、一六世紀においても、前述の手作業による選鉱と熔解を経て高純度に精錬された硫黄が、木箱や結桶に詰められ、遣明船に積み込まれたものと考えられよう。そして、注目されるのは、この硫黄鉱石の選鉱・熔解作業には、打砕して細粉化した硫黄を「洗滌篩」にかけて沈殿させるための大量の水と、沈殿した硫黄を莚を敷いて乾かすための平坦な土地、さらに、硫黄を鍋で熔解させるための大量の薪木が必要であることである。

つまり、硫黄鉱石の選鉱・熔解の作業を行う場所には、薪木を大量に確保できる山間部でありながらも、近くに豊富な水量を有する川が流れ、かつ、適度な平坦地も有するという地理的条件が求められるのである。

そして、くじゅう硫黄山から山子が運んできた鉱石を受け取った計屋が、選鉱と熔解の作業を進めて硫黄の製品（商品）化をすべく、これらの地理的条件を満たす場所として選んだのが、阿南荘甲斐田と飯田郷釘野千軒なのである。この両地は、九州山地の中腹に位置する林産資源の豊富な地域でありながらも、眼下にそれぞれ豊かな水量の大分川と玖珠川が流れる河岸段丘の平坦地に位置しており、硫黄鉱石の洗滌・乾燥・溶解の各作業にうってつけの環境を有している。

おわりに

ここまで述べてきたことをまとめておこう。

中世後期の九州豊後の大分川と玖珠川というともに河川に沿った河岸段丘上に立地する阿南荘甲斐田と飯田郷釘野千軒では、「硫黄山子」たちが担ぎおろしてきた硫黄鉱石を計量・選鉱・熔解して保管する屋敷が営まれていた。ただし、例えば、石見銀山では、坑夫や銀吹師（精錬師）などの分業化された多数の専門鉱業従事者が町に長期間住み込んで「石銀千軒」と呼ばれる鉱山町を形成した(50)のに対して、非金属鉱業の硫黄鉱山の場合は、火山の火口に自然生成した硫黄鉱石をはぎ取って中継基地まで運び込み、粗雑な道具を使って手作業で不純物を除去して製品化するだけの単純な採鉱・運搬・精錬作業に過ぎず、必ずしも鉱山町に専門職人が長期間住み込んで生活する必要はなかった。金・銀・硫黄など同じ日本国内の鉱物資源の産地に繁栄した「千軒」名称の鉱山町であっても、多数の専門鉱業従事者が住み着いて消費生活まで行う金山町や銀山町と、「山子」が運んできた鉱石を「計屋」が計量・精錬するだけの硫黄山町とでは、「千軒」の賑わいの性質が基本的に異なるのである。

加えて、中世日本の硫黄鉱業の場合は、恒常的な需要が維持される国内消費に加えて、単発的かつ大口の需要を伴う遣明船による海外輸出が、その生産活動を大きく左右させていた。

すでに見てきたように、輸出用硫黄の生産調達は、十年に一度ほどの頻度で実行される中国への遣明船の派遣を契機として、室町幕府や守護・戦国大名などの船の派遣主体からの上意が産地に伝えられて開始されるものであり、毎年恒常的に行われるものではない。幕府主導期の遣明船では、無文梵章等の「硫黄使節」が薩摩や豊後の産地に出向いて硫黄の調達や輸送を指示し、大名主導の遣明船では、調達奉行が領国内各地に派遣されて進貢物の調達にあたった。すなわち、中世の硫黄鉱業は、国内需要に対応した恒常的採鉱を維持しつつも、特に、遣明船の進貢物の調達期になると急激に需要が高まる特徴を有していたといえよう。

釘野千軒遺跡で検出された掘立柱建物群が、二列に整然と並んだ市屋敷や町屋敷の様相を呈しながらも、居住地としての生活痕が極めて希薄であり、かつ、一六世紀のわずか三年から五年の間しか機能していなかったのは、こうした特徴をもつ硫黄鉱業の中継基地の町であったからと考えられる。

くじゅう硫黄山を領有する大友氏が、一六世紀に大規模な遣明船派遣事業を手がけたのは、第一部第一章で見た「弘治度の遣明船」である。大友義鎮は、倭寇禁圧の宣諭使として弘治元（一五五五）年と翌年に来日した鄭舜功と蔣洲の帰国に随行して、使僧の清授・徳陽・善妙の三名を明へ派遣し、特に、明側から「巨舟」と称された善妙の遣明船は、寧波沖の舟山島の港町岑港に着岸したことが記録されている。また、大内義隆没後に大友家から養子に入った義鎮の弟大内義長も、弘治二（一五五六）年に倭寇被擄の中国人を伴って明へ入貢している。この一六世紀後半の大友─大内連合による「弘治度の遣明船」は、実質的には大友氏主導による遣明船派遣事業であり、明側への進貢物の調達などでは、宝徳三（一四五一）年の大友親繁の遣明船の成功例が先例として参照されたことであろう。親繁の遣明船は、その船蔵に九万二百斤、およそ五十四トンもの硫黄を山積みして明へ輸出し、莫大な利益を得た。「弘治度の遣明船」派遣に際しても、大友義鎮は、大友船と大内船の双方に積み込むべき膨大な量の硫黄の調達を奉行を通じて指示したものと思われる。生活痕が希薄で存続期間の短い釘野千軒遺跡の謎の掘立柱建物群は、この「弘治度の遣明船」に積載するくじゅう硫黄山からの硫黄鉱石の搬出中継基地として営まれたものと考えることが妥当であろう。

釘野千軒遺跡の発掘で発見された四十七棟の掘立柱建物群は、中世の日本では数少ない硫黄鉱山の「千軒」町として多くの「硫黄山子」と「計屋」の活動で賑わった、「硫黄の世紀」の遺構であり、そうした硫黄産地の社会構造が、アジア諸国との交易関係を推進してみずからの領国制を展開させようとする九州の戦国大名を支えていたと言えるのである。

［註］

(1) 村井章介・須田牧子編『東洋文庫　七九八　笑雲入明記』(平凡社、二〇一〇年)。
(2) 『臥雲日件録抜尤』享徳四(一四五五)年正月五日条。
(3) 「大友家文書録」四五七(『大分県史料』三二)。
(4) 『明太祖実録』洪武一二(一三七九)年閏五月丁未および同一三(一三八〇)年五月条。
(5) 山内晋次『日宋貿易と「硫黄の道」』(山川出版社、二〇〇九年)。
(6) 『続日本紀』和銅六(七一三)年五月癸酉条。
(7) 「大徳寺文書別集　真珠庵文書」一―一(『大日本古文書』家わけ一七)。
(8) 「大徳寺文書」四―一六四四、三―一三八九(『大日本古文書』家わけ一七)。
(9) 「室町家御内書案」下。
(10) 前掲註(5)山内晋次『日宋貿易と「硫黄の道」』。
(11) 二一世紀の現代においても、例えば、インドネシアのジャワ島東部の活火山であるイジェン山(標高二千三百八十六メートル)では、火口カルデラで採鉱した硫黄鉱石を、天秤棒に一人当たり四十五～百キログラム担いで、十数キロ離れた麓の村まで人力運搬している(図13)。自らの体重を超えるほどの多くの硫黄を一度に運ぶのは、担ぎ下ろしてきた鉱石の重さを麓で計測して、その重量に応じて日銭が支払われるからだという。

図13　イジェン山の硫黄鉱石運搬夫(インドネシア・ジャワ島)

(12) 伊藤幸司「硫黄使節考」(『アジア遊学』一三二、二〇一〇年)。
(13)「島津家文書」一―六六(『大日本古文書』家わけ一六)。
(14)「島津家文書」一―六七(『大日本古文書』家わけ一六)。
(15)「島津家文書」一―三三五(『大日本古文書』家わけ一六)。
(16) 伊藤幸司『中世日本の外交と禅宗』(吉川弘文館、二〇〇二年)。
(17)「島津家文書」二―八四八(『大日本古文書』家わけ一六)。
(18)「島津家文書」二―八二一(『大日本古文書』家わけ一六)。
(19)「島津家文書」二―九三六(『大日本古文書』家わけ一六)。
(20)「島津家文書」一―四七一、二―一〇二一(『大日本古文書』家わけ一六)。
(21)「島津家文書」二―一〇四九(『大日本古文書』家わけ一六)。
(22) 前掲註(3)「大友家文書録」四五七。
(23)「島津家文書」一―二八四(『大日本古文書』家わけ一六)。
(24) なお、室町幕府の「硫黄使節」に選ばれた陳外郎は、単に唐人としての出自を有して外交上の交渉や通訳に長けていただけではなく、元来は医術治療や投薬の知識・技術に優れた医師であり、また、文明一三年に薩摩に下向した際には、薩南学派の開祖で臨済僧の桂庵玄樹とも交流して漢詩を贈答しあった文化人でもあった(藤原重雄「陳外郎関係史料集(稿)・解題」『東京大学日本史学研究室紀要』二、一九九八年)。室町幕府の遣明船派遣という国家的外交・貿易に携わる使節として選ばれる人物に、禅僧や唐人が多いのはうなずけることであるが、彼らは当時の社会において総合文化的素養を有する高度な知識・教養人であったことが特筆されよう。
(25)「大友文書」二―六、二―七(『大分県史料』二六)。
(26)「大友家文書録」八三二(『大分県史料』三二)および「入江文書」三―八(『大分県史料』一〇)。
(27)「詫摩文書」九―九―五(『大分県史料』一二)。
(28)「真修寺文書」一四(『大分県史料』一三)。
(29) 久多羅木儀一郎『大分県地下資源史考』(一九五一年)。
(30)『田野村古伝集』(九重町教育委員会、一九八三年)は、近世末期の文化から弘化年間(一九世紀前半)に田野村の甲斐市左衛門が書き記した記録で、小野喜美夫氏による解読文が『九重町文化財調査報告』一二として公開されている。

(31)「時松正平文書」（『九重町誌』九重町、一九九五年）。

(32)「島津家文書」一―二七一（『大日本古文書』家わけ一六）。

(33)「金山坊文書」五八（『九重町文化財調査報告三二　修験道資料』九重町教育委員会、二〇〇八年）。

(34)「金山坊文書」八五（『九重町文化財調査報告三二　修験道資料』）。

(35)「金山坊文書」二三（『九重町文化財調査報告三二　修験道資料』）。

(36) 享保六（一七二一）年『玖珠郡田野村村鑑帳』（渡辺澄夫編『豊後国村明細帳』一〈大分県地方史研究会、一九六三年〉）。

(37) 前掲註(33)『九重町文化財調査報告書三二　修験道資料』、および松岡実「九重山の修験者」（中野幡能編『英彦山と九州の修験道』名著出版、一九七七年）を参照されたい。

(38)「金山坊文書」八七（『九重町文化財調査報告　三二　修験道資料』）。

(39)『九重町文化財調査報告　三二　修験道資料』。

(40) すでに前掲註(11)において、インドネシアのジャワ島のイジェン山で採鉱された硫黄鉱石が、現在でも天秤棒を担いだ人夫たちによって十数キロ離れた麓の村まで運ばれ、その中継地では担ぎおろしてきた鉱石の重さを計量して日銭を支給している実態（図14）を紹介した。田野村無田口の「硫黄荷中屋」の業務とは、まさに、その硫黄運搬ルートの途中で「硫黄山子」が担いできた鉱石を計量して駄賃を支給し、次の中継地へと「硫黄荷」をさばく、いわば硫黄中継問屋の仕事ということができよう。そして、その中継問屋の業務のメインは、鉱石の

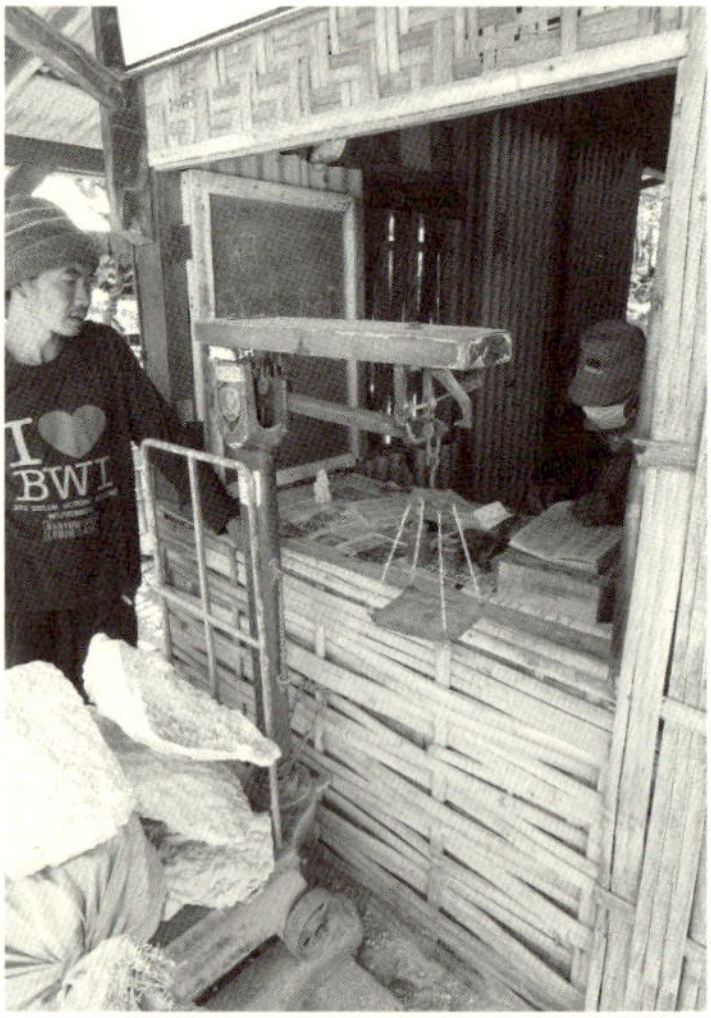

図14　「硫黄山子」(左)が担ぎおろしてきた硫黄鉱石を計量・駄賃支給する「計屋」(右)（イジェン山）

重量を計ることであったため、当時の人々のなかでは「計屋」との名称で呼ばれるようになったものと推測される。

(41) 天保九（一八三八）年『玖珠郡田野村銘細帳』（渡辺澄夫・安部巖編『豊後国村明細帳』二〈大分県地方史研究会、一九六四年〉）。

(42)『豊後国荘園公領史料集成』五（上）、阿南荘史料一四四。

(43)『豊後国荘園公領史料集成』五（上）、阿南荘史料一七六。

(44) その詳細については、『九重町文化財調査報告　二二　釘野千軒遺跡Ⅰ』（九重町教育委員会、一九九七年）を参照されたい。

(45) 玉永光洋「大分県釘野千軒遺跡発見の建物群跡」（『中世都市研究　三　津・泊・宿』新人物往来社、一九九六年）。

(46) 甲斐素純「戦乱の世と異文化との出合い」（『玖珠郡史談』三六、一九九六年）、および前掲註（44）『九重町文化財調査報告　二二　釘野千軒遺跡Ⅰ』。

(47)『増補訂正編年大友史料』二二―二六三。なお、「宿誘」について、甲斐氏は「やどさそい」と読んでいるが、出兵先での宿陣所の建設を意味する「やどこしらえ」がふさわしいであろう。

(48) 飯沼賢司「「鍛冶の翁」と「炭焼小五郎」伝説の実像」（『中世の風景を読む　七　東シナ海を囲む中世世界』新人物往来社、一九九五年）。

(49)「渡唐方進貢物諸色注文」（牧田諦亮編『策彦入明記の研究』上〈法藏館、一九五五年〉）。

(50) 近世におけるその実態については、仲野義文『銀山社会の解明』（清文堂出版、二〇〇九年）を参照されたい。

第三部　倭寇とキリスト教——相互認識のねじれ——

第一章　『抗倭図巻』『倭寇図巻』と大内義長・大友義鎮

はじめに

一六世紀の倭寇の活動と、明軍によるその撃退を描いた倭寇図に関しては、近年、日中双方に残存する倭寇絵巻の分析が進み、その実態が明らかになりつつある。

中国国家博物館が所蔵する『抗倭図巻』に関しては、孫鍵、朱敏、陳履生の各氏による絵巻の内容解説と、描かれた戦闘場面への考察が加えられた。(1)孫鍵氏は、同図巻の作成動機を嘉靖三四（一五五五）年の王江涇の戦いに求め、その制作年代を、中国沿海地方の軍務を総括した工部侍郎趙文華と、実際に倭寇防御軍を監督した胡宗憲の二人が全盛を誇った嘉靖四一（一五六二）年以前と推測した。また、朱敏氏も、同図巻を王江涇の戦いにおける明軍の勝利を描いたものと判断しているが、その制作者は、総督として同戦いを指揮したものの趙文華に迎合せず失脚した張経の部下か家族がその戦功を偲ぶために描かせたものと推測している。さらに、陳履生氏は、美術史的な観点から同絵巻を呉派文人画と判断するとともに、描かれた場面が王江涇の地形や風景と一致しないことから、その制作動機については、具体的な戦闘と言うより、還朝を期す趙文華が一連の嘉靖大倭寇を終息させた事実とその功績を記録するために制作したものと考察している。

一方、東京大学史料編纂所が所蔵する『倭寇図巻』に関しては、古くから多くの分析論考があるが、特に近年の新しい研究成果として須田牧子氏の内容解説と考察があげられる。(2) 須田氏は、中国国家博物館の『抗倭図巻』に描かれた倭寇船の船旗に「日本弘治（一年）」の年号が記されていることに着目して、さらなる文字情報の収集を期して日中双方の倭寇絵巻を赤外線撮影したところ、日本の『倭寇図巻』冒頭で遠方から近づきつつある倭寇船の旗にも「弘治（四年）」の年号を、さらに中国の『抗倭図巻』に描かれるもう一隻の倭寇船の旗にも「日本弘治（三年）」の年号を確認した。弘治三（嘉靖三六・一五五七）年は、浙直総督胡宗憲が嘉靖大倭寇の頭目王直を日本の九州から中国浙江省の舟山におびき寄せて捕縛した年、それに続く弘治四（嘉靖三七・一五五八）年は、王直が杭州按察司に投獄された年である。須田氏は、両年を嘉靖大倭寇鎮圧を象徴する年ととらえ、『倭寇図巻』『抗倭図巻』が特定の戦闘を描いたと言うより、嘉靖大倭寇に対する明軍の勝利の物語として象徴的に描かれ、それにふさわしい年として弘治三年と四年が選ばれたと推測している。

このように、『抗倭図巻』は特に中国の研究者によって当該期中国の社会状況のなかでの内容の分析とその歴史的な位置づけが進み、また、日本の『倭寇図巻』とあわせての比較分析も日中双方の研究者によって行われている。これらの成果により、双方の絵巻の内容分析が進展し、また、具体戦闘場面か戦功の象徴かの見解の相違はあるものの、その作画のモチーフや動機についても、随分と的が絞られてきた。

そこで本章では、こうした共同研究のさらなる深化をめざして、双方の絵巻をこれまでとは異なった視点から分析していきたい。前述の成果は、中国で描かれた双方の絵巻の制作者の謎とその制作意図に迫ろうとする各論考によるものであり、その分析視角は、中国江南社会に深刻な影響をおよぼした海賊を鎮圧して沿海地域の平穏を回復した明側に目線をすえたものである。では、ひるがえって、この絵巻を、鎮圧された倭寇の側に視点をすえて分析した時に何が見えてくるであろうか。本章では、嘉靖大倭寇の日本側首謀者として胡宗憲や趙文華ら明側から取り締まりを受けた倭寇船団がどこから来たのか、そして特に『抗倭図巻』の中に描かれる明軍被擄の倭人はどのような立場の人物なのか等について、二つの絵巻に描かれる倭寇船の「弘治」年旗との関わりのなかで考察していきたい。

一　日本「弘治」年旗の倭寇船の派遣者

まず、『抗倭図巻』『倭寇図巻』ともに日本の「弘治」の年号を記した旗（図1）を掲げた倭寇船の襲来を描いている以上、具体戦闘場面か戦功の象徴かの議論は別として、両絵巻が弘治年間の日本から中国に渡って倭寇と見なされた日本船をモチーフとしていることに異論はなかろう。幸いなことに、日本の弘治年間は元年から四年までに限定でき、それは中国の嘉靖三四年から三七年、西暦一五五五年から一五五八年に相当する。当該の戦国時代末期の日本社会において、海禁政策をとる中国へ東シナ海を渡る渡航船団を派遣しうる有力勢力は誰であろうか。

注目したいのは、日本の戦国大名の対明交渉に関わる以下の一連の記録である。

嘉靖期の海禁政策を破り中国沿岸で密貿易を行っていた倭寇の動きを封じるため、明の総督楊宜は嘉靖三四（弘治元・一五五五）年に鄭舜功を日本に派遣した。鄭舜功は同年四月に広州を発ち、福建から琉球を経て日本に渡り、九州東岸を北上して豊後に上陸する。倭寇禁圧を依頼するための使者を室町幕府に派遣、自らは豊後に滞

図１　倭寇船上の「日本弘治」年旗（中国国家博物館蔵『抗倭図巻』〈赤外線撮影〉）

在し、嘉靖三五（弘治二・一五五六）年一二月に帰国する。この鄭舜功の帰国の際に、豊後の戦国大名大友義鎮（宗麟）は使僧清授を同行させ、倭寇禁圧要請への返書を送ったらしい。『明世宗実録』には次のように記録されている。「前総督楊宜所遣鄭舜功、出海哨探夷情者、亦行至豊後、豊後島遣僧清授、附舟前来、謝罪言、前後侵犯皆中国姦商潜引小島夷衆、義鎮等初不知也(3)」。

楊宜が派遣した鄭舜功は、倭寇の一因とみられる日本の情勢を探るため豊後に上陸した。それに対し、豊後の大友義鎮は使僧清授を派遣し、「近年中国沿岸で海禁を破って密貿易をしているのは、中国の姦商が日本人を呼び寄せて行っていることだということを、私は知らなかった」と倭寇の罪を謝したと言う。中国側史料において、倭寇の活動に関して大友義鎮が「謝罪」したと記載されており、明政府にとって日本の戦国大名大友氏は、王直らと結託して海禁政策を無視した国際取引を行う密貿易者に責任を負う人物として認識されていたことによる表現である。鄭舜功が豊後に上陸し、そのまま大友氏のもとに留まったのも、大友義鎮が倭寇的活動の日本人側の動きを制御しうる存在と見なしてのことと思われる。

弘治年間の九州は、豊後から勢力を伸張させた大友義鎮が北部九州一帯に領土を拡張し、また、弟の大友晴英（＝大内義長）を義隆没後の周防大内家家督に送り込んで大友―大内連合を成立させた、いわば西日本社会における豊後大友氏の黄金時代(4)である。この時期の日本の様子を描いた西洋人の地図では、例えば、ポルトガルのイエズス会士ルイス・ティセラ（Luis Teixeira）は一五九五年に作成した日本地図で、本州部分をIAPONIAとし、九州全体をBVNGO（豊後）と表記し、また、オランダの地理学者ペトルス・ベルチウス（Petrus Bertius）も一六一〇年作成のアジア図で、本州部分をIapanとし、九州全体をBungo（豊後）と記している（図2）。つまり、一六世紀後半の日本に接近した西洋人は、九州全体をIAPONIA（Iapan）国に並立するBVNGO（Bungo）国と錯覚して認識していたわけで、大友―大内連合の成立を機に始まった豊後大友氏の黄金時代が、実質的には第一・第二ピークあわせてもわずか二十年の期間にしか及ばないものの、接近した外国勢力の目には九州全域に勢力を拡大した、まさに「九州大邦主」(5)に見えていたのである。倭寇禁圧宣諭のために訪れた鄭舜功と後述する蔣洲の二人ともに、日本のなかで主に豊後に滞在して大友義鎮との交渉に最も力を注いでいること、さらに、『日本一鑑』によると鄭舜功は当主大友義鎮のみならず臼杵鑑続、吉岡長増等、加判衆と呼ばれる当該期大友政権中枢奉行人七名とも交渉を重ねていることから(6)、ポルトガルのみならず中国の明側からも、大友氏が九州島各地に盤踞する日本人倭寇を制御しうる実質的な九州の支配者と見なされていたことがわかる。

図2　九州全体をBungoと表記したベルチウスのアジア図(部分)

二番目に注目したいのは、翌嘉靖三五（弘治二・一五五六）年の動きである。楊宜に代わって浙直総督となった胡宗憲が、同年九月に蔣洲と陳可願を日本に派遣する。その際の記録は次の如くである。

「浙直総督胡宗憲為巡撫時、奏差生員陳可願・蔣洲、往諭日本、至五島遇王直・毛海峯、先送可願還、洲留諭各島、至豊後阻留、転令使僧前往山口等島、宣諭禁戢、於是、山口都督源義長（大内）、且咨送回被擄人口、咨乃用国王印、豊後太守源義鎮（大友）、遣僧徳陽等、具方物、奉表謝罪、請頒勘合修貢、護送洲還[7]」。

胡宗憲が派遣した蔣洲と陳可願は、日本の五島でまず王直らに会う。そして陳可願は王直との会見の報告のため先に明に帰り、蔣洲が日本各地に倭寇禁制を諭した。蔣洲は豊後に滞在し、使者を山口に派遣して禁令宣諭した。それを受けた山口の戦国大名大内義長は倭寇被擄の中国人を本国に送還するとともに、日本国王の印を用いて朝貢してきた。一方、豊後の大友義鎮も蔣洲を本国まで護送するとともに、使僧徳陽に貢物を献上させ、上表文で倭寇の罪を謝し、さらに勘合頒布を願って朝貢してきたのである。

蔣洲が対馬宗氏に宛てた嘉靖三五（弘治二・一五五六）年一一月三日付咨文[8]には、「近年以来、日本各島小民、假以買売為名、屢犯中国辺境、刼掠居民」と、日本人が商取引を名目に中国海辺に侵入し、民衆を脅かしていることを伝え、「自旧年十一月十一日、来至五島、由松浦・博多、已往豊後大友氏会議、即蒙遍行禁制各島賊徒、備有回文、撥船遣僧徳陽首座等、進表・貢物」と、自らが五島から松浦、博多を経て豊後に来たこと、豊後では大友氏と会合して倭寇禁制を蒙り、各地の海賊衆への回文も得たこと、そして徳陽が上表文と貢物を携えて豊後から明へ発つこと等を連絡している。

さて、ここで興味深いのが、この蔣洲の宣諭を受けての大内義長と大友義鎮の対応である。まず、大内義長が使用した日本国王の印は、現在、毛利博物館に蔵されている。それは印面十センチメートル四方桜材の木製「日本国王之印」で、「日本国昔年欽奉　大明国勅賜御印壱顆」との由来を記した義長の証状が付属しているが、その判は弘治二（嘉靖三五・一五五六）年一一月付、まさに日本の「弘治」年号である。一方、大友義鎮も、上表文を認めて新たな勘合の頒布を願い出ているのである。

この大内義長・大友義鎮の明への交渉は、まさに「弘治」年間西日本の有力戦国大名の対明政策の特徴を物語っている。周知のとおり、日明間の勘合貿易は、その末期において実質的には大内氏が日本国王の名義で朝貢船を派遣していた。中国側でも、大内氏の名は貿易の継承者として周知されていたものと思われるが、大友家から同家に入った義長は、まさにその大内氏の名に拠って貿易を継承しようと試みたのである。

一方、それまで有効な勘合や「日本国王」上表文を持てないまま半ば確信犯的に私的遣明船を派遣し続けていた大友氏側にとってみても、「日本国王」の遣明表を有する正式な遣明船団に荷担するのは、一五世紀半ばの「宝徳度の遣明船」以来、およそ百年ぶりの待望の出来事であった。

この、いわば「弘治度の遣明船」を艤装する段階で発給されたと思われる書状がある。

［史料一］

就渡唐船、重々荷所之儀、以　御書奉書被仰出候、然者此等之趣、従我等所至各可申達之由蒙仰候之条、令啓候、必近日渡邊宗佐可参之間、其内御分別専要存候、可得御意候、恐々謹言、

九月廿日　　　鑑述（花押）

三池殿《親員》　参御宿所(9)

［史料一］は、鑑述某が筑後の在地領主三池親員に宛てた書状である。本書第一部第一章でも述べたように、『熊本県史料』では、鑑述の姓、および発給年を不明としているが、東京大学史料編纂所蔵写真帳にて花押を確認したところ、大友家家臣の豊饒鑑述が弘治年前後に使用した花押であることが判明した(10)。このことから、この史料は、大友氏が「弘治度の遣明船」に積み込む進貢物の調達を当時北部九州一帯に広がっていた領国各地に命

じ、筑後方面からも朝貢品を上納させるべく、その調達奉行渡邊宗佐を三池氏のもとに派遣したことを通達したもので、その前後関係から弘治二年九月のものと推測できるのである。

さて、「日本国王之印」を保有する対明外交貿易権継承者としての立場の認証に成功し、かつて大内義隆が天文年間に行った手順に基づいて「日本国王」としての遣明船団を派遣したつもりの大内義長と大友義鎮であったが、その後、思わぬ落とし穴が待っていた。義長が仕立てた遣明表を審査した明側は、一行の朝貢をしりぞけたのである。『明世宗実録』では「豊後雖有進貢使物、而実無印信勘合、山口雖有金印回文、而又非国王名称」[11]と、大友義鎮・大内義長共に、各々勘合の不備と国王名を名乗っていなかったことにより朝貢を許されなかったのである[12]が、ここでは、大内義長が「回文」に捺した木製「日本国王之印」（模造印）の印影が、明側ではかつて永楽二（応永一一・一四〇四）年に永楽帝が足利義満に下賜した正規の「金印」の印影と見なされたことが重要である。室町将軍が封をして幕府の庫に保管していた明国勅賜の「金印」が、どういう経緯で大内家に移り、また、どの段階で失われたのかは明らかにしえないが、義長が大内家家督を継いだ天文二一（一五五二）年の段階ではすでに正規の「金印」は失われていた。前述の対馬宗氏宛てと同内容の嘉靖三五（弘治二・一五五六）年一一月三日付咨文を蔣洲の使者から受けた大内義長は、その月のうちに倭寇被擄の中国人を本国に送還する旨の回文を認めて、模造した木製「日本国王之印」を捺印したのであるが、さらに、蔣洲の使者に勅賜「金印」喪失の事実を悟られないようにするために、その模造印影に「日本国昔年欽奉　大明国勅賜御印壱顆」との由来を記した花押入りの証状を作成し、残存していた勅賜金印箱[13]に添えて使者に披露したのであろう。

三番目に注目したいのは、嘉靖三六（弘治三・一五五七）年から翌年にかけての倭寇鎮圧のなかでの日本側戦国大名遣明使節の動きである。胡宗憲は、倭寇の中国側の最大の首領である王直を帰順させるため、次の史料の如く、その母子を撫犒し、王直自身には従前の罪を許し、また海禁政策を緩和して貿易を許可することを伝えている。「宗《(胡)》憲与直《(王)》同郷、習知其人、欲招之、則迎直母与其子、入杭厚撫犒之、而奏遣生員蔣洲等、持其母与子書、往諭以意謂、直等来、悉釈前罪不問、且寛海禁、許東夷市、直等大喜、奉命即伝諭各島如山口・豊後等、島主源《(大友)》義鎮等亦喜即装巨舟、遣夷目善妙等四十余人、随直等来貢市、以十月初、至舟山之岑港泊焉」[14]。

胡宗憲の海禁緩和政策を知った王直は、山口、豊後をはじめ西日本各地の領主に連絡した。互市の許可を知った大友義鎮は、早速に「巨舟」を建造し、使僧善妙ら四十余人を帰国する王直に随行させ、彼らは一〇月初めに浙江省舟山島の岑港に着岸した。ところが、許可されて入港したはずのこの貿易船団が岑港で受けた処遇は次の通りであった。「岑港倭凡五百余人、於三《(嘉靖)》十六年十一月、随王直至求市易、及王直被擒、見官兵侵逼焼船」、「海《(毛)》峰遂絶与倭目善妙等、列柵舟山、阻岑港而守、官軍四面囲之」[15]。一行は岑港に上陸したが、王直が明政府によって捕縛されたため、その配下の毛海峰は大友氏の使僧善妙らと分かれて防御柵を並べ、四面を取り囲む明の官軍の岑港入港を阻止したのである。すなわち、胡宗憲の海禁緩和・互市許可の政策は、倭寇の頭目王直を捕らえるための策略だったのであり、彼に同行して入港した大友義鎮の船団も、明政府からは海賊船団の一味（まさしく倭寇）としての扱いを受けたのである[16]。岑港での攻防で船を焼かれた大友氏の遣使一行は、舟山内陸部の「上山拠険屯駐」し、翌嘉靖三七（弘治四＝永禄元・一五五八）年七月に「携帯桐油鉄釘、移駐柯梅、造舟」と、造船用物資を調えて岑港の裏手の柯梅に移り、新たな船の建造に取り掛かる。この一行に対し、明側も厳しい攻撃を仕掛けるのであるが、「浙江岑港倭徒、巣柯梅、総督侍郎胡宗憲屢督兵討之、不能克」という状況であった。遣使団は同年の「至十一月舟成、於十三日開洋去」るが、この時の明官兵による攻撃もその末船を捕らえたのみで、本船は南洋に下海していったことが「浙江柯梅倭、駕舟出海、総兵兪大猷等、自沈家門引舟師、横撃之、沈其末艘、稍有斬獲、各賊舟趨洋南去」との記事からわかる。

ところが、交渉に失敗して舟山の柯梅を発った大友氏の派遣船団は、その後帰国の途に就いたのではなく、中国沿岸を更に南下して、今度は福建省の浯嶼に現れている。「浙江前歳舟山倭、移舟南来者、尚屯浯嶼」、あるいは「福建浯嶼倭、始開洋去、此前舟山寇、随王直至岑港者也」との記録[17]がそれを明示しているが、実は、明政府の厳しい攻撃を受けながらも、それを巧みにかわして華南海域で商取引を行おうとするこの船団の姿こそ、一六世紀倭寇の組織実体の一端そのものに他ならない。

統一権力をもたない地域分権の時代とも言える日本の戦国時代において、その地域公権を担った各戦国大名のなかでも、大友義鎮や大内義長のように環シナ海域の一角（九州や中国地方）に領国を有し、大船[18]を建造する技術と財力をもち、さらに直轄水軍を軸に領国沿岸の海上勢力を組織しうる政治力と軍事力を保持した人物は、明政府からは、倭寇組織のうちの日本側構成員を統轄・制御しうる最上級首領と見なされていたに違いない。弘治年間直前の天文二〇年代に肥後の戦国大名相良氏が不知火海から派遣した遣明船に関わる史料を分析した田中健夫氏は、「朝貢船以外の外国船はすべて密貿易船すなわち倭寇とする中国側の常識にたてば、不知火海の渡唐船は日本側ではたとえそれを普通の通商貿易船と考えていたにしても、中国側にとってはまぎれもなく倭寇船だった」と結論づけている[19]。

舟山から福建の浯嶼に移った大友義鎮の船団は、明政府に対する勘合貿易継承工作に失敗し、沿岸警備の手薄な華南海域での密貿易交渉に切り換えようとする、日本の戦国大名の貿易姿勢の転換を示しており、その転換後の活動こそ、朝貢体制の枠組みをかい潜って活動する日本の地域領主（日本国内史的には戦国大名）のアジア外交の実質的姿勢と言えよう。一六世紀の日本の大内義長や大友義鎮は、国内史的には日本列島周縁部に位置する戦国大名であるが、中国を中心とした環シナ海域の世界秩序のなかでは、朝貢体制下の通交秩序に則った対明交渉者の一員としての姿勢を維持していると同時に、その交渉による実益が見込めないと判断した瞬間からは倭寇的勢力としての実像を顕在化させるという、階級的二重性を有する存在であった。

一方、明側の浙直総督胡宗憲や工部侍郎趙文華からすると、嘉靖期の倭寇活動のなかでも特に、王直と結託して公許を得ない密貿易を行おうとする日本の有力戦国大名の渡航船団の末端の活動は、冊封体制という国家の根幹を揺るがしかねない外患（まさしく倭寇）であった。なかでも、倭寇禁圧要請のために、嘉靖三四（弘治元・一五五五）年に派遣して翌嘉靖三五（弘治二・一五五六）年に帰国した鄭舜功や、同じく嘉靖三四（弘治元・一五五五）年に派遣して嘉靖三六（弘治三・一五五七）年に帰国した蔣洲に同行するかたちで朝貢を求めてきた大内義長と大友義鎮の遣明船の動きは、明側に大きなインパクトを与えたものと思われる。蔣洲からの禁圧咨文を受けた大内義長は、大内家に伝わる木製「日本国王之印」の印影に、「日本国昔年欽奉　大明国勅賜御印壱顆」と記した「弘治」二年一一月付の証状を附属させて入貢（いわゆる偽使入貢）することで、「金印」と「回文」の照合にまで成功している。その後、国王名称の相違を理由に朝貢要求を退けられたこの大内船団は、近海での密貿易交渉に切り替えて実利を得て、倭寇の取り締まりを行う胡宗憲や趙文華を大いに悩ませ、日本「弘治」の倭寇として大きくイメージ化されることになったであろう。また、帰国する王直に同行するかたちで嘉靖三六（弘治三・一五五七）年一〇月に舟山島の岑港に入港して朝貢を求めてきた大友義鎮の渡航船については、『明世宗実録』にあえて「巨舟」と表現していることに、その船の大きな特徴が表れている。杭州湾の入り口に浮かぶ舟山島は、日本の種子島ほどの小島で、その周囲には東シナ海を行き交う朝貢船が頻繁に往来していたはずである。数多くの渡航船のなかでも、あえて「巨舟」と称された大友船は、まさに物理的に大きな構造船であると同時に、イメージとしても王直らと連携して密貿易を行おうとする巨大倭寇船団であった。

『抗倭図巻』と『倭寇図巻』の制作者が、沿岸を襲撃する倭寇船の船旗にあえて「弘治」の日本年号を記したのは、明らかに、「弘治」年間の日本から中国沿海部に渡航して倭寇的密貿易や略奪を行った倭寇船を作画モチーフとしたからに他ならない。そして、『明世宗実録』『日本一鑑』や日本に残存する日明交渉関係の史料によると、この期間に数度にわたって中国に渡航船を派遣して大規模に倭寇的活動を行ったのは、日本の戦国大名大内義長と大友義鎮による派遣船団であった。「巨舟」を操り、「弘治」年署名の証状を付した「日本国王之印」印影を使って朝貢を求めてきた彼らの船団は、明の海防担当者にとって大きな脅威であった。実際、朝貢を拒絶された瞬間から彼らは、倭寇的勢力としての実像を現して、沿岸警備の手薄な地域に回り込んで、王直らと結託して密貿易活動を行い、また、商取引を拒まれた際には強奪行為に及んだ。浙直総督胡宗憲と工部侍郎趙文華は、こうした日本「弘治」の大倭寇を取り締まるべく動き、嘉靖三六（弘治三・一五五七）年にその中国側誘引者の王直を捕縛し、翌年には王直らと結託していた大友義鎮の使僧の徳陽や善妙らを退けることに成功した。

『抗倭図巻』『倭寇図巻』の両絵巻は、こうした日本「弘治」年間の一連の倭寇を撃退し、いわゆる嘉靖の大倭寇を終息させた戦功の記録として描かれたものである。近年、明代絵画史の立場から両絵巻と関連史料を考察した馬雅貞氏は、『抗倭図巻』の描写内容が、清の張鑑がまとめた『文徴明画平倭図記』のなかで紹介される文徴明作の『胡梅林平倭図巻』（阮元所蔵）の解説文にほぼ一致することを指摘し、『抗倭図巻』に登場する中国側の文官・武官の人物比定に成功している[20]。馬氏によると、こうした画中人物をそれぞれ特定できる図は、中国における文官戦勲図によく見られる表現であり、『抗倭図巻』と『倭寇図巻』、および『胡梅林平倭図巻』は、いずれも胡宗憲の倭寇平定の顕彰と関係の深い作例であると言う。

馬氏の研究は極めて貴重な成果と言えるが、ただ、ここで留意しておかなければならないのは、三つの倭寇図の制作主題が微妙に変化していることである。この点について、須田牧子氏は、嘉靖三五（弘治二・一五五六）年八月に中国人倭寇の首領であった徐海の誘殺に成功した乍浦・梁荘の戦いの戦勝を描いた『胡梅林平倭図巻』を「ほかの二種よりも原・倭寇図巻に近い」と判断し、また、模本作成の過程で胡宗憲個人の顕彰から倭寇に対する明軍の勝利という一般的物語へと主題が展開変化していき、その過程で、絵巻主題の設定年も、乍浦・梁荘の戦いの年から「嘉靖大倭寇の終焉をもたらした事件として語られた王直捕縛の年へと変化していった」と推測される[21]が、筆者も基本的には同感である。

三点の倭寇図の制作主題の変遷は、次のように推定できるであろう。

①『胡梅林平倭図巻』…嘉靖三五年八月の乍浦・梁荘の戦いで倭寇の首領徐海の退治に成功した胡宗憲の戦功を描いたもの。中国人倭寇の鎮圧が主題であるため、描かれた倭寇船の船旗に「日本弘治」の年号は記されていなかった（図を詳細に解説した張鑑『文徴明画平倭図記』にも「日本弘治」の文言は出てこない）。

②『抗倭図巻』…『胡梅林平倭図巻』を原図としてほぼ同じ図柄で制作したものであるが、絵巻の主題は胡宗憲によるより最終的な嘉靖大倭寇の鎮圧・終焉を象徴する舟山島での王直捕縛と日本人倭寇撃退の物語に変更したため、絵巻中央部で明軍と対峙する倭寇船と、右端で沿岸襲撃する船団のうちの最も大きな倭寇船という、メインの二つの倭寇船に「日本弘治」の船旗を描き加えた。①から②への主題の変遷には、「平倭」や「抗倭」をテーマとした戦勲図であるからには「倭」（日本）を登場させるべきとする中国側ナショナリズムの影響も想定できよう。

③『倭寇図巻』…『抗倭図巻』同様、胡宗憲による嘉靖大倭寇の最終的鎮圧を描いたもので、遠来する倭寇船

旗に「弘治」の日本年号を描くものの、メインの倭寇船二艘が掲げる旗からはその文言は消えている。明軍官船上の首級や被擄倭人の姿も省略されており、「平倭」や「抗倭」の意識がある程度希薄化した段階の制作と推測される。

胡宗憲による倭寇平定をモチーフとした戦功図や戦功記としては、この他に『胡少保平倭戦功』という文献史料もあり、「先臣少保胡宗憲」（姓胡、雙諱「宗憲」、號梅林）が、嘉靖年間の王江涇や乍浦・梁荘での戦いや蔣洲と陳可願の日本への宣諭派遣を経て倭寇船団を舟山島岑港に誘い込み、最終的に王直を捕縛することに成功する顚末が記録されている。(22) 注目されるのは、この記録では、王直一派の岑港入港について、「王直遂着王激、葉宗満等統領大小海船、鋭卒千餘、蜂擁而来、執無印表文、詐称豊洲王入貢」と記されていることである。すなわち、その真意を確認するために胡宗憲のもとに遣わした王激が戻ったことで、王直は、配下の葉宗満らに大小の海船に千名の卒兵を乗せて岑港に入港させたのである。そして、この船団の中には、「豊洲王」（豊後国王＝大友義鎮）派遣の善妙らも含まれていた。しかしながら、今回はかつて明側に真印と見まちがわせた模造「日本国王之印」を有する大内氏の使節は同行していなかったため、彼らは「日本国王之印」捺印のない表文を携えた「豊洲王」の詐称船団と見なされることになったのである。

二　戦国大名の水軍と倭寇

『抗倭図巻』『倭寇図巻』の両絵巻に描かれる「弘治」年旗の倭寇船の派遣主体が、日本の戦国大名大内義長や大友義鎮であったとするならば、絵巻のなかで中国沿岸部の村に上陸して略奪行為をはたらき、出撃してきた明軍と戦っている人物は、日本の戦国大名のもとに組織化された水軍ということになる。

長門の赤間関や豊後の佐賀関等、海に面した自己の領国内に優れた港湾を有し、古代からの海辺生活民を中世後期に家臣化していった西日本の戦国大名のもとに、優れた水軍組織が経営されていたことは、これまで幾多の先学が明らかにしてきたとおりである。

その一例として、一六世紀の後半、大友氏の水軍大将と称された若林一族の状況を、本書第一部にたち戻って再確認してみよう。

中世後期に戦国大名大友氏の水軍組織として編成される若林氏は、古代の海部の歴史と伝統を有する豊後国海部郡を舞台に成長を遂げた海の領主である。若林氏の本貫地は、佐賀関半島南部で臼杵湾に面した海部郡佐賀郷一尺屋である。黒潮が北上する豊後水道は、伊予の佐田岬と豊後の佐賀関半島が向かい合う豊予海峡（速吸瀬戸）で急激に狭まるが、半島の先端部の佐賀関と、その南方の一尺屋は、ともに外洋航路と内海航路の境界に位置する港町と言うことができる。

若林氏の在地領主制が海を基盤とした海部郡の歴史と伝統のうえに展開したことは、伝来した史料群の随所に明証された。例えば、一六世紀初頭の若林源六および越後守が大友氏へ渡した贈答品として史料上に確認できるのは、「鯛」「塩鯛」「いか」等の海産物がほとんどであり、豊後水道からの特産物の贈与を受けた大友親治は「近比見事にて候」と感嘆した礼状を送っている。(23) また、漁獲のための網に関しても、大友政親が若林源六に「しきあミのいと」（敷網の糸）を催促した事例(24)や、天文末年に大友義鑑が真那井の渡辺氏のもとに払底していた「網」を、海部郡の上野氏や若林氏のもとから調達しようとした事例(25)が散見される。若林氏の生産活動がまさに海からの恩恵に大きく依存していた事実をこれらの史料は示している。さらに、元亀三（一五七二）年前後のものと考えられる若林家当主若林鎮興書状では、一族の人物に対して、「御りやう（料）田」と「居屋敷」に加えて「敷網船」の父親からの相続を了承している。(26) 海部の伝統を有する海の領主若林氏にとって、海上に浮かぶ船は、陸上で占有する土地や屋敷と並ぶ重要な相続財産であった。この船の相続という事実に加えて、さらに一五世紀後半の若林仲秀は、居屋敷として「水居船」を構え、大友氏のために「海上御用」の馳走奉公をすると述べている。(27)「水居船」とは、一般に「家船」と呼称される水上生活船のことであり、中世の若林氏が、豊後水道の海岸部に領地を有しながら、長期間の船上生活に対応可能な船を経営して、土地・屋敷とともに船を代々相続していたことが確認できる。

さて、天正一四（一五八六）年もしくはその翌年に比定される若林越後入道宛の大友義統書状に、「態染筆候、仍至口津無餘儀用所之子細候、打続辛労雖無盡期候、舟一艘可預馳走候、上乗・水主・武具以下、手堅可被申付事肝要候」(28)との一文がある。書状は、「舟一艘」を豊後から肥前の島原半島南端の港町「口津」（口之津）へ派遣する内容であるが、注目されるのは、この船派遣に際して義統が「上乗」や「水主」の編成を若林氏に指示している事である。

大友氏が各地に派遣した船にどのような人々が乗り込み、また船をどのような人々が操舵したかについて、史料的に明らかにすることは容易ではない。しかしながら、次の大友義統軍忠注進披見状によると、大友水軍若林氏による「警固船」の乗組員の状況がある程度推測可能である。

【史料二】

（花押）（大友義統）

天正八年八月廿日従上表兵船立下、於安岐切寄表懸合防戦、依被砕手、退散之刻、向地室冨（室積）口迄付送、諸警

固船帰津之砌、同廿二若林中務少輔（鎮興）敵船一艘切取、鎮興自身分捕高名、其外親類被官討捕頸着到、銘々加披見訖、

頸一　野田弥右衛門　若林中務少輔討之、
頸一　小田原丹後　若林因幡守討之、
頸一　若林九郎兵衛尉討之、
頸一　幸野勘介討之、
頸一　丸尾野新五兵衛尉討之、
頸一　合澤市介討之、

被疵衆
首藤源介
三郎右衛門
五郎兵衛
太郎左衛門

已上、(29)

［史料二］は、毛利氏の「兵船」と大友氏の「警固船」による海上合戦の際の軍忠注進披見状である。天正八（一五八〇）年八月二〇日、豊後国国東郡の安岐郷に攻めて来た毛利氏の「兵船」に対し、大友氏の水軍衆は防戦し、退散する敵船を周防国熊毛郡の「室富」（室積）まで追跡した。二日後の二二日、豊後へ帰国途中の周防灘で敵船と遭遇した若林中務少輔鎮興の一行は、「敵船一艘切取」ったのである。

この軍忠注進披見状には、若林氏当主の中務少輔鎮興をはじめ、「其外親類被官」の名前が記されているが、これらの記述は当該期の大友氏の「警固船」乗組員の構成を如実に表している。すなわち、当主の若林中務少輔に続く若林因幡守以下九名の人物が、同史料上で若林家の「親類」と称される一族、および「被官」と称される同家の封建的従者と考えることができよう。

このように、若林氏の警固活動は、同氏の当主を中心に、親類衆や被官衆の組織化のうえに成り立つ性質のものであった。大友氏からの指示を受けた若林氏当主によって「上乗」や「水主」としての乗船を命じられたのも、こうした親類・被官衆であると推測できよう。

そして、彼らのなかには、戦国大名の遣明船に「上乗」や「水主」として乗船し、大名の使節や使僧、あるいは貿易商人を中国へ送り届ける重要な任務を担った人物もいたと思われる。若林氏同様、佐賀関を本拠とする大友氏の水軍衆上野家に伝わる「家譜」によると、上野親俊は弘治二（一五五六）年に「軍船惣頭」として「明朝ノ使来着」（蔣洲の豊後渡来）の際に山口に禁令宣諭する明人使者を関門海峡まで護送し、また、上野統知は「大内義隆ニ頼、天文十六未年義隆明ニ公使ノ時、十一歳ニテ随兵」している。明側への朝貢要求を拒絶されると、彼らは、密貿易船の「上乗」や「水主」と化し、日本刀や弓、槍を構えて、出撃してきた明軍と戦う海戦集団（倭寇）としての姿を顕在化させることになるのである。

『抗倭図巻』の後半部分には、戦いに敗れて、「浙直文武官僚」の旗を掲げた明軍総督胡宗憲のもとに連行される三名の倭寇が描かれている（図3）。また、戦勝した明側の軍船上にも、手足を拘束された被擄倭人四名と、明側が討ち取った倭寇の首級八〜九個が乗せられている（図4）。乍浦・梁荘の戦いを描いた『胡梅林平倭図巻』の方にも同様の図が描かれていたらしく、張鑑の『文徵明画平倭図記』では、連行される三名の倭寇を徐洪（徐海

図3　連行される3名の倭寇(『抗倭図巻』)

の弟)・陳東・麻葉(ともに徐海一党)にあて、被擄倭人の一人を「辛五郎」という徐海傘下の日本人倭寇と比定している。[30] これらの光景は、まさに前掲[史料二]で、大友氏の水軍大将若林鎮興の「自身分捕高名」(大将自身が敵将を討ち取った手柄)と、「其外親類被官討捕頸着到」(従軍した乗組員が討ち取った敵の首級(頸)が論功行賞の材料として大友義統のもとに届けられた)と記されている事態の裏返しの状況である。日本国内の瀬戸内海であろうが、東シナ海を渡った中国の沿岸であろうが、海上での合戦に直面した戦国大名水軍の末端構成員たちは、常に生死の際にあって活動していたことを、日中双方の古文書と絵画史料が証明している。

明軍の厳しい攻撃の前に捕らえられ、あるいは首をはねられた倭寇がいる一方で、攻撃の網の目をくぐり抜けて密貿易を成就させた人物も少なからずいた。相続財産としての「敷網船」や「水居船」の経営に見られるように、彼らのなかには造船の技術と知識を兼ね備えた人物も存在し、その技能は、嘉靖三七(弘治四

図4　明船上の首級と拘束された被擄倭人（『抗倭図巻』）

＝永禄元・一五五八）年に確認された明の舟山島の柯梅での帰国船の建造という事態をはじめ、渡航先での船の修造等で発揮されたものと思われる。(31)

おわりに

最後に、嘉靖三六（弘治三・一五五七）年に大友義鎮が中国浙江省舟山島の岑港に派遣した「巨舟」に関わる展望を記したい。この巨大な貿易船は、明軍の攻撃を受けて岑港に沈んだ。

筆者は、二〇〇五年・二〇〇八年・二〇一二年の三度にわたり、この「巨舟」が入港した岑港、およびその港のある舟山島を訪問した。目前に里釣山・中釣山・外釣山という三つの小島を擁した岑港は、湾ではなく、舟山本島と三島の間の狭く曲がりくねった海峡地形をそのまま活かした小港である。中心部の岑港鎮は、里釣山に正対する場所に位置し、船着場も海峡が湾曲して最も狭まった位置にある。岑港と里釣山の間を長く湾曲して流れる海峡は、その最狭部は百メートルに満たない。里釣山の海岸部に下りて、岑港の対岸部を捜索すると、緩やかな海流の関係で、この部分の泥浜に陶器・瓦・木片等の多くの遺物が打ち上げられているのを確認することができた。また、岑港の船着場周辺の海岸部では、複数の船繋石も確認される。無論、これらは現代のものであるが、自然の海峡地形をそのまま活用する同港の特性上、船着場の位置を大きく変更することはありえないと考えられる。こうしたことから、嘉靖三六（弘治三・一五五七）年一〇月に入港したと記録される大友義鎮の「巨舟」の係留場所も、岑港の現船着場付近と推定して間違いないであろう。

ところで、舟山島の中心都市定海にある舟山博物館には、興味深い遺物が保管されている。岑港海峡に浮かぶ三つの島のうち最も南にある外釣山の海岸から出土した明代の鉄銃・鉄砲弾丸・大砲弾丸・銅水注・銅香薫、および、岑港で出土した明代の鉄権類である。『明世宗実録』の「阻岑港而守、官軍四面囲之」との記述から、岑港と里釣山が対峙する海峡の中心部に善妙ら大友氏の使節が立てこもり、その外側に明の官軍兵が包囲するといった陣形が推測される。外釣山は、岑港海峡の南側の出口に位置することから、岑港を攻撃しようとする明官軍の陣営がここに置かれたものと思われる。詳細な科学的調査はいまだ行われていないが、外釣山の海岸から出土した鉄銃や鉄砲弾丸等の武具については、この時の官軍が使用したものである確率はそう低くないであろう。また、岑港に沈んだ大友義鎮の「巨舟」についても、泥層の沈殿が目立つ岑港海峡の船着場近辺の科学的調査を今後進めていけば、焼損部をもつ大型の木造船体とその積荷の遺物が必ずや見つかることであろう。そして、それらによって、嘉靖大倭寇期の倭寇船の実態が、文献や絵画史料のみならず、考古遺物によっても立体的に明らかになり、一六世紀日中間の倭寇研究の発展に大きく資することになると期待している。

［註］

（1）孫鍵「明代倭患与『抗倭図巻』」（『中国国家博物館蔵文物研究叢書』絵画巻〈歴史画〉、上海古籍出版社、二〇〇六年）、朱敏「『明人抗倭図巻』を解読する――『倭寇図巻』との関連をかねて――」、陳履生「功績の記録と事実の記録：明人『抗倭図巻』研究」（ともに『東京大学史料編纂所研究紀要』二二、二〇一二年）。

（2）須田牧子「『倭寇図巻』再考」（『東京大学史料編纂所研究紀要』二二、二〇一二年）。

（3）『明世宗実録』嘉靖三六（一五五七）年八月甲辰条。

（4）一六世紀日本の戦国時代における豊後大友氏の全盛期は、天文二一（一五五二）年から天正一四（一五八六）年までの間に二つのピークを迎える。第一のピークは、大友義鎮が弟晴英（＝大内義長）を大内義隆没後の周防大内家に送り込んで大内家家督を継承させた天文二一（一五五二）年三月三日から、義長が安芸毛利氏によって自刃に追い込まれる弘治三（一五五七）年四月三日までの五年間で、この期間は西日本に大友―大内連合という兄弟戦国大名による大連合政権が成立した時期である。第二のピークは、九州進出を画策する毛利元就が没して毛利氏が九州から完全撤退した元亀二（一五七一）年から、従来の盟約関係が悪化した薩摩の島津氏が豊後に侵入してくる天正一四（一五八六）年までの十五年間で、この期間は、永禄二（一五五九）年に将軍足利義輝より補任を受けた「九州探題職」大友義鎮の名目的支配が、実質的にも九州一円に安定的に伸張した時期である。弘治年間を中心とした一五五〇年代の北部九州の政治動向を考察した堀本一繁氏によると、「大内義長の治世期は、一五五〇年代における政治構造転換の第一段階として、弘治三年四月以降、大友氏の支配が北部九州三カ国に全面的に展開していくための基盤を形成した段階」と評価されており、本稿における大友氏政権の第一ピークの認識と一致する。なお、堀本一繁「一五五〇年代における大友氏の北部九州支配の進展――大内義長の治世期を中心に――」（『九州史学』一六二、二〇一二年）を参照されたい。

（5）天正七（一五七九）年、大友義鎮はカンボジア国王と「金書」「貢物」を授受する善隣外交関係を構築しているが、その「金書」のなかでカンボジア国王は大友義鎮に「日本九州大邦主源義鎮長兄殿下」と呼びかけている。鹿毛敏夫「戦国大名領国の国際性と海洋性」（『史学研究』二六〇、二〇〇八年。のち、同『アジアン戦国大名大友氏の研究』〈吉川弘文館、二〇一一年〉収載）、および本書第二部第一章参照。

（6）『日本一鑑』窮河話海巻九。

（7）『明世宗実録』嘉靖三六（一五五七）年八月甲辰条。

（8）東京大学史料編纂所蔵。

（9）「三池文書」一三（『熊本県史料』中世篇四）、および「肥後三池文書」一三（『三池氏の古文書』大牟田市歴史資料館、一九九三年）。

（10）豊饒鑑述の詳細については、本書第一部第一章註（58）を参照。

（11）『明世宗実録』嘉靖三六（一五五七）年八月甲辰条。

（12）そもそも、遣明表の作成には、文書の様式や国王印の捺印箇所、そして通交者の名義にいたるまで細かな規定があり（その詳細については、村井章介編『日明関係史研究入門――アジアのなかの遣明船――』〈勉誠出版、二〇一五年〉第六部「外交文書と儀礼の世界」の「総説」〈橋本雄著〉を参照）、天文年間の大内義隆による派遣では、相良武任ら一部の奉行人のみがその書式に沿った文書の作成に携わっていた。陶隆房の乱によって義隆が没し、武任が排斥された後の大内家家臣のなかには、実は、遣明表の作成に精通する人物がいなかったのである。外交故実に不慣れな大内義長は、「金印」の認証と「回文」の作成まではかろうじて成功したものの、肝心な自らの通交者名称を日本国王名義としていなかったのである。

（13）二〇一一年九月に実施した毛利博物館での調査によると、「日本国王之印」が木製模造であり、かつ本来紐がつく背の部分が斜めの荒削りのまま（図5）であるのに対して、印箱の方は、外側の朱漆五面には雲龍文様を彫り金箔を押し込んだ中国伝統の鎗金技法で制作され（図6）、金象嵌の錠も附属していた。印箱は、模造木印の箱ではなく、明らかに本

図5　木製「日本国王之印」の背面（毛利博物館蔵）

図6　勅賜金印箱（毛利博物館蔵）

来存在していた勅賜金印を収めるための金印箱である。
(14)『明世宗実録』嘉靖三六（一五五七）年一一月乙卯条。
(15)以下、大友氏の嘉靖三六（一五五七）年の遣明船に関する史料は、『明世宗実録』嘉靖三七（一五五八）年七月丙辰・同年一〇月辛亥・同年一一月丙戌、及び嘉靖三八（一五五九）年七月戊子の各条に拠る。
(16)胡宗憲と王直は、同じ安徽省徽州府の出身である。両者の直接のつながりを示す史料は見つからないが、王直が胡宗憲を信用して捕縛されたいきさつの裏には、両者の何らかの接点が想起される。この点に関して、増田真意子氏は、胡宗憲が倭寇と関わりを持っていたこと、および、民間貿易容認を提唱する意図を持ちながらも、自らの弾劾の危険性のためにそれを実現できなかった可能性を指摘している。増田真意子「明代嘉靖後期に於ける海禁政策の実行とその転換」（『言語・地域文化研究』一三、二〇〇七年）参照。
(17)『明世宗実録』嘉靖三八（一五五九）年四月丙午・同年五月癸未条。なお、同時期の遣明船が有する倭寇「同質化」のメカニズムについては、橋本雄「天文・弘治年間の遣明船と種子島――大友氏遣明船団と『鉄砲伝来』――」（『九州史学』一七一、二〇一五年）を参照されたい。
(18)すでに、一五世紀前半の守護大名大友親世は、九州豊後から兵庫までの瀬戸内海を縦断する千五百石積みの大型構造船「春日丸」を保有している。また、一六世紀後半の大友義鎮は中国のみならず、南シナ海を横断して東南アジアへ渡る「至南蛮被差渡候船」を派遣している。鹿毛敏夫『戦国大名の外交と都市・流通』（思文閣出版、二〇〇六年）参照。
(19)田中健夫「不知火海の渡唐船――戦国期相良氏の海外交渉と倭寇――」（『日本歴史』五一二、一九九一年）。
(20)張鑑『文徴明画平倭図記』では、「今考図中一人、貝冑組甲、豊頤而短鬚、按轡乗紫騮馬、一武士執大纛前導、稍次両武士、一執終葵、一執鉞者、即総督胡宗憲也」や、「績谿之右、一官朱衣紗帽、頤霤上微鋭、彎眉邃目、乗青驄並駆而前者、其尚書趙文華乎」等のように、胡宗憲や趙文華をはじめ、巡撫の阮鶚、巡按の趙孔昭、総兵の徐珏・盧鏜・兪大猷等の明側の文官・武官が、その服装や風貌とともに詳述されており、その記述は『抗倭図巻』の描写内容にほぼ一致する。馬雅貞「戦勲と官蹟――明代の戦争図像と官員の視覚文化――」（『東京大学史料編纂所研究紀要』二三、二〇一三年）参照。なお、『文徴明画平倭図記』の内容と考察については、山崎岳「張鑑『文徴明画平倭図記』訳注および研究」（『東京大学史料編纂所研究紀要』二三、二〇一三年）を参照されたい。

（21）須田牧子「『倭寇図巻』研究の現在」（『東京大学史料編纂所附属画像史料解析センター通信』五九、二〇一二年）。
（22）周楫纂・陳美林校點『西湖二集』（江蘇古籍出版社、一九九四年）。
（23）「若林文書」一七・二二（『大分県史料』三五。以下、「若林文書」の出典は同）、および「豊後若林家文書」釈文一七・二一（本書八〇・八二頁）。
（24）「若林文書」一〇、および「豊後若林家文書」釈文一〇（本書七六～七七頁）。
（25）合澤康就氏蔵「若林文書」二〇（合沢金兵衛氏蔵として『大分県史料』一三収載。ただし誤読あり）＝本書一三九頁参照。
（26）「若林文書」五二、および「豊後若林家文書」釈文五一（本書九七頁）。
（27）「若林文書」一三、および「豊後若林家文書」釈文一三（本書七八頁）。
（28）「若林文書」七二、および「豊後若林家文書」釈文七一（本書一〇九頁）。
（29）「若林文書」六七、および「豊後若林家文書」釈文六六（本書一〇五～一〇六頁）。
（30）『胡梅林平倭図巻』における船上の被擄倭人と倭寇の首級の状況について、『文徴明画平倭図記』では、「一将右視坐船中、前一卒執旗立、将以右手指船頭、首級累累然者、疑遊撃尹秉衡等」および「尹之左一船稍後、中坐一将弁而朱袍緩帯来献俘者、通眉豊下、按膝凝視船頭反接而囚者四、此総兵盧鏜也」と説明する。奥の船中で旗を立てた卒兵の後ろに座って右手で船頭に指図を出すのが遊撃の尹秉衡であり、彼の船中に倭寇の首級が累々と並べられており、また、その船にやや遅れて進む手前の船に中座するのが総兵の盧鏜であり、その船中には四名の囚人（拘束された倭人）が乗せられている、との情景説明である。
（31）豊後国の各海辺領主の造船に関する史料として、例えば永禄年間に大友義鎮が若林中務少輔に「船誘」を指示した文書が見られる（「若林文書」四六、および「豊後若林家文書」釈文四五〈本書九四頁〉）とともに、別府湾岸の真那井を本拠とする渡辺氏のもとにも、「急度用所之儀、警固船之事、各申合、数艘可被誘置候」との大友義鑑書状や、「至土州、警固船可被差渡之由、兼日被仰付候条、舟誘等定而不可有油断候」との大友氏奉行人連署書状が残されている（「渡辺文書」一一・一四〈『大分県史料』三五〉）。

第二章　ドイツ・ポルトガルに現存する戦国大名絵画史料

はじめに

一六世紀は、人類史上はじめて「世界史」と呼べるような地球的規模での人間のダイナミックな関係が生まれた世紀である。地球を逆まわりしてアジアで出会ったイベリア半島両国の活動により、ユーラシアの東の端にある日本の状況も、さまざまな手法を使って彼らの本国に伝えられた。当該期の日本は、日本史上のいわゆる戦国時代の後期にあたり、列島各地に戦国大名権力が群雄割拠し、その動乱からやがて畿内政権による「天下統一」へと向かう時代である。

一六世紀の日本社会をリードしたこの戦国大名の姿はヨーロッパでどのように描かれ、また、当該の戦国後期の日本社会はどう認識されたのであろうか。本章では、近年の史料調査で確認することができた日本の戦国大名と当該期日本社会を描いたヨーロッパ現存の絵画史料群を紹介・考察していきたい。

一　コインブラ・新カテドラル（ポルトガル）の戦国大名絵画史料

ポルトガル中部の都市コインブラは、丘の上に位置する大学を中心に発展した文化都市である。エストレラ山脈を源流として大西洋に注ぐモンデゴ川の中流域東岸の台地に立地するコインブラ大学は、ポルトガル王ディニス一世が一二九〇年にリスボンで創設したものを一三〇八年に同地に移したヨーロッパでも屈指の歴史を誇る大学で、その中庭からは市街が一望され、また、学内外では黒いマントを着た多くの学生を見かける。

丘上の大学の北側から狭い坂道を下ると、旧カテドラル（セ・ヴェーリャ）にたどり着く。初代国王アルフォンソ・エンリケスが一二世紀に建立した大聖堂であり、箱形をした重厚な外観で傾斜地に威容を誇っている。

一方、大学から通路を挟んだ北東方面に立地するのが、新カテドラル（セ・ノーヴァ）である。一五九八年にイエズス会コレジオ付属の教会として建設されたもので、前庭を擁したバロック様式の正面ファサードが天にそびえ、また、内部には一七世紀の飾り祭壇の彫刻とパイプオルガンがはめ込まれている。

この新カテドラルの奥に進むと、大小無数の額装絵画を壁面に掲げた聖具室(1)がある。扉を入った正面の壁面でまず目につくのが、フランシスコ・ザビエルを描いたやや小ぶりの額装画である。ザビエル画像と言うと、神戸市立博物館蔵の胸の前で両手を組んで赤く燃える心臓を抱えるものが日本では最も周知されているが、コインブラ・新カテドラル蔵のザビエル画像は、キリストを象徴する太陽を右手で掲げあげた構図となっている（図1）。黒く沈んだ背景から光で照らし出された頭部が浮かび上がり、左手を胸に当てて天を見上げた恍惚の表情であり、黒のスータン（聖職者用の長衣）とマントには金糸のアラベスク文様の豪華な刺繍が施されている。作品は、ポルトガルのマヌエル・エンリケスによる一七世紀前半の作とされる。

新カテドラル聖具室には、この他にも、マヌエル・エンリケスによる作品が複数掲げられている。インドの民衆の前で布教をするザビエルの画像や、インド南部のコモリンやトラヴァンコールでの戦いのなかで祈るザビエル画像、あるいは、奇蹟図像の一つで、インドからマラッカに渡る船中でくみ上げた海水に祈りをかけることで枯渇した飲料水を補い乗船者を救ったとする画像である。

図1　新カテドラルのザビエル画像（コインブラ）

この一連のマヌエル・エンリケス作品のなかに、フランシスコ・ザビエルが玉座に座った王に面会する場面を描いた画像（図2）がある。ポルトガル美術史研究者の **Vitor Serrão**（ヴィトール・セラン）氏は、この絵画を一六四〇年の作品とし、玉座の王を豊後の戦国大名大友義鎮（宗麟）と推測する(2)。

一七世紀前半のイエズス会は、こうした図像を複数の画家に描かせて、海外布教に向かう宣教師が心得るべきいくつかのテーマを図示した。エンリケスが描いた図2はその一つで、ローマ教皇の使節としての立場のザビエルが、王冠をのせた異国の王に威厳をもつ高位聖職者として接する場面を描くことは、布教活動の成功のためには現地の権力者に接近することを厭うべきではないとする宣教方針をわかりやすく説くうえで、極めて効果的であったと思われる。

図2　大友義鎮に面会するフランシスコ・ザビエル（マヌエル・エンリケス作、1640年、新カテドラル蔵、コインブラ）

図2で、玉座に歩み寄ってくるザビエルを迎える大友義鎮は、その衣裳や靴こそ当該一六世紀日本の戦国武将の姿にそぐわないものの、絨毯を敷いた玉座から右手をあげてザビエルを迎え入れようとする顔の表情など、極めて写実的な日本人として描かれている。また、大友義鎮の右側に立つ袈裟姿の老僧侶は、両手を合わせてザビエルへの敬意を示そうとしているのに対して、ザビエルの後方に描かれた六～七人の僧侶たちは、右手で棒を誇示してザビエルを牽制しているのは、キリスト教の受容をめぐる豊後府内の仏教界の対応を如実に示していて興味深い。

元来、イエズス会のパードレであったため、必ずしも画家としての才能が豊かであるとは言えないマヌエル・エンリケスが描いた絵画は、他の職業画家の作品のような絵の深みや立体性に欠ける平面的なものであるが、布教活動の効果的な推進をめざして接近してきたフランシスコ・ザビエルを迎える日本の戦国大名や仏教僧の対応と心情を示す史料としては、極めて有益なデータを内包していると言えよう。

二　リスボン・サンロケ教会（ポルトガル）の戦国大名絵画史料

さて、そもそもフランシスコ・ザビエルが日本への宣教活動のために最初に留まったのは南九州の鹿児島である。天文一八年七月二二日（一五四九年八月一五日）に上陸したとされるその場所は定かではないが、一七世紀初頭以前の鹿児島の港は、現ＪＲ鹿児島駅の北方を流れる稲荷川の河口にあったと言われる。当時の稲荷川河口に位置する春日神社の境内には、「薩藩水軍軍港跡」の石碑が建てられており、ザビエルを乗せた船が着岸したのもこの辺りだったと考えられる。

フランシスコ・ザビエルが日本への宣教活動の最初の目的地として鹿児島を選択したのは、日本上陸一年半前の一五四七年一二月に、マラッカでアンジロウ（ヤジロウ）という鹿児島出身の日本人と出会ったことがきっかけである。その語学力と旺盛な知識欲をザビエルから認められたアンジロウは、マラッカでの出会いののち、ザビエルに随伴してインドのゴアに渡り、正式にキリスト教の洗礼を受けてパウロと名乗った。

鹿児島に上陸したザビエルが、ゴアのイエズス会員に宛てた手紙には、「こうして神は私たちをあこがれていたこの地にお導きくださり、一五四九年八月、聖母の祝日（十五日）に到着したのです。日本の他の港に寄ることができず、聖信のパウロの郷里である鹿児島（Cangoxima）にやって来ました。ここで私たちは彼の親戚や親戚でない人たちすべてより、心からの歓迎を受けました」[3]と綴られている。
このアンジロウとザビエルが鹿児島に到着した当時の様子を描いた絵画が図3である。
この絵画は、ポルトガルの画家アンドレ・レイノーゾのグループが描いた二十点の連作油彩画の一つであり、原本はリスボンのサン・ロケ教会の聖具室に展示されている。[4]
図3は、白馬にまたがって鹿児島の地を先導するアンジロウがザビエルを気にかけて振り向いたのに対して、素足のザビエルが「MAIS MAIS」（さらにさらに）と声をかけて先へ進もうとしている構図である。待望の日本の

図3　アンジロウとともに鹿児島の地を進むフランシスコ・ザビエル（アンドレ・レイノーゾ一派作、1619-22年、サン・ロケ教会蔵、リスボン）

地へ足を踏み入れて、これから布教活動に邁進しようとするザビエルの気迫が伝わってくる光景である。

ザビエルがゴアのイエズス会員に宛てた手紙には、薩摩の戦国大名島津貴久の対応について、次の記述がある。

善良で誠実な友聖信のパウロの町で、城代や奉行はたいへんな好意と愛情をもって［私たちを］迎えてくださいました。そして一般の人すべても同じように歓迎し、ポルトガルの地から来た神父たちを見て、皆たいそう驚嘆しています。パウロがキリスト信者になったことを奇異に感じる者は誰もおりません。むしろ彼を尊敬しています。そして親戚も、親戚でない人たちもすべて、彼がこの地の日本人たちが見たこともないものをインドで見てきたことを、パウロ本人とともに喜んでいます。またこの地の領主（島津貴久）も彼を引見して大いに喜ばれ、たいへん礼遇して、ポルトガル人の生活様式や気品の高いことなどについて尋ねられました。そしてパウロはすべての質問について詳しく説明をしましたので、領主はたいへん満足されました。

パウロが領主に引見された時に、領主は鹿児島から五レグア（二八キロ）離れたところにおりました。パウロは私たちが［インドから］持って来た聖母のたいそう敬虔な聖画を持参しました。領主はそれを見て非常に感激し、主なるキリストと聖母のご絵の前にひざまずき、深い敬意と尊敬をもって聖画を拝まれました。そして、そこに居合わせたすべての人たちに彼と同じように拝むことを命じられました。(5)

大永から天文初年にかけての一六世紀前半、薩摩では国人の割拠と島津家一族の守護職継承をめぐる抗争が激化する。対抗する島津勝久や実久が敗れていくなか、貴久は、天文一四（一五四五）年前後に伊集院で守護としての実力を蓄積し、やがて同一九（一五五〇）年に鹿児島に進出する。貴久が、パウロ（アンジロウ）を引見したのは、まさに薩隅日三ヶ国守護としての権威を確立する時期にあたり、「鹿児島から五レグア（二八キロ）離れたところ」とは、伊集院をさすものと考えられよう。伊集院の一宇治城には、「太守島津貴久・聖師ザビエル会見の地」と記した石碑が建つが、前掲のザビエル書簡に記されるように、両者の会見は実際には通訳兼案内人のアンジロウを介したものなのである。アンドレ・レイノーゾが描いた図3においても、ザビエルの前をアンジロウが先導する構図となっており、その背後の薩摩の森に羊飼いを描く誤謬を加えたとしても、主たる画題としては史実に忠実に描かれた作品と言うことができよう。(6)

さて、リスボンのサン・ロケ教会に架蔵されるアンドレ・レイノーゾとその一派が描いた戦国日本の画像は、連作シリーズのなかにこの他に二点ある。

まず、図4は、日本の大名館でフランシスコ・ザビエルが説教をする場面である。ヴィトール・セラン氏は、この絵を「The scene represents Saint Francis Xavier preaching at the court of Prince Oufsi Yositaka, from Yamaguchi, in March 1551」（一五五一年三月に山口の王大内義隆の館で説教するフランシスコ・ザビエル）と説明する。(7) しかしながら、図4を詳細に見てみると、大内館での説教であるならば画面に必ず登場するはずのPrince Oufsi Yositakaの姿が描かれていないことに気づくであろう。

実際に、ザビエルがヨーロッパのイエズス会員に宛てた手紙には、大内館での大内義隆との二度の面会について次のように記している。

このようにして私たちが家いえに「招かれたり」街頭に立って説教して宣教する幾日かが過ぎたのち、そ

図4　山口の寺院（のちの教会「大道寺」）で僧侶と討論するフランシスコ・ザビエル（アンドレ・レイノーゾ一派作、1619-22年、サン・ロケ教会蔵、リスボン）

の町に住んでいる山口の領主《(大内義隆)》は、私たちを招くように命令され、種々さまざまなことをお尋ねになりました。どこから来たのか、どのようなわけで日本へ来たのか、などと尋ねられました。私たちは神の教えを説くために日本へ派遣されたもので、神を礼拝し、全人類の救い主なるイエズス・キリストを信じなければ誰も救われる術はないと答えました。領主は神の教えを説明するように命じられましたので、私たちは「信仰箇条の」説明書の大部分を読みました。読んでいたのは一時間以上にも及びましたが、そのあいだ、領主はきわめて注意深く聞いておられました。その後私たちは「御前を退出し」領主は私たちを見送ってくださいました。

（中略）

神の聖《み》教えを述べ伝えるためには、ミヤコは平和ではないことが分かりましたので、ふたたび山口に戻り、持って来たインド総督（ガルシア・デ・サ）と司教（ジョアン・デ・アルブケルケ）の親書と、親善のしるしとして持参した贈り物を、山口侯に捧げました。この領主は贈り物や親書を受けてたいそう喜ばれました。領主は私たちに［返礼として］たくさんの物を差し出し、金や銀をいっぱい下賜されようとしましたけれど、私たちは何も受け取ろうとしませんでした。それで、もし［領主が］私たちに何か贈り物をしたいとお思いならば、領内で神の教えを説教する許可、信者になりたいと望む者たちが信者となる許可を与えていただくこと以外に何も望まないと申しあげました。領主は大きな愛情をもって私たちにこの許可を与えてくださり、領内で神の教えを説くことは領主の喜びとするところであり、信者になりたいと望む者には信者になる許可を与えると書き、領主の名を記して街頭に布令《ふれ》を出すことを命じられました(8)。

右の書簡に綴られているように、山口の大内館でのザビエルは、贈答品や親書の受け渡しと、来日の目的やキリスト教の教義概略の説明、そして、大内氏領内での布教許可の獲得をめぐって、その領主である大内義隆と直接面会しているのであり、図4のような、大勢の僧侶や民衆に囲まれての説教行為は行っていないのである。では、図4はどこでの場面を描いたものなのであろうか。注目されるのは、同じ山口でのザビエルの次の活動である。

領主（大内義隆）はこれと同時に、学院のような一字の寺院を私たちが住むようにと与えてくださいました。私たちはこの寺院に住むことになり、普通、毎日二回説教しましたが、神の教えの説教を聞きに大勢の人たちがやって来ました。そして説教の後で、いつも長時間にわたって討論しました。質問に答えたり説教したりで、絶えず多忙でした。この説教には大勢の僧侶、尼僧、武士やその他たくさんの人が来ました。家の中はほとんどいつも人がいっぱいで、入りきれない場合がたびたびありました。彼らは私たちにたくさん質問しましたので、私たちはその答えによって彼らが信じている聖人《しょうにん》たちの教えは偽りであり、神の教えこそ真理であることを理解させました。幾日間も質問と答弁が続きました。そして幾日かたった後、信者になる人たちが出はじめました。説教においても、討論においても、もっとも激しく敵対した人たちがいちばん最初に信者になりました(9)。

二度目の面会の際、大内義隆はザビエルに領内での布教を認めるとともに、住居用の寺院を与えている。ザビエルは、この寺院をキリスト教の「学院」として、一日に二回の説教を励行するとともに、説教終了後にはその教義内容についての討論を行い、「大勢の僧侶、尼僧、武士やその他たくさんの人」との長時間にわたる質問と答弁によって彼らを改宗させていったのである。

再度図4を見てみると、ザビエルは一人の大名に対峙しているのではなく、大勢の僧侶の輪の中に入ってキリストの福音を説いていることが明らかである。そして、僧侶たちとの討論によって神の教えこそが真理であるとの結論に行き着いた瞬間を、ザビエル頭上の鳩（聖霊）の出現と、僧侶たちの驚嘆の表情によって、描こうとしているのである。また、背後には建物の外からそのやりとりを見物する多くの人々が描かれており、「家の中はほとんどいつも人がいっぱいで、入りきれない」状況も忠実に再現されている。

ザビエル一行が山口で二度目の布教活動を行い、大内義隆から「学院のような一宇の寺院」を与えられたのは、天文二〇（一五五一）年の三月から八月の間のことである。その後、義隆は、家臣陶隆房の謀反によって九月一日に自刃し、大内家家督は豊後大友家から迎え入れた義長に引き継がれる。その大内義長が、翌天文二一年八月二八日（一五五二年九月一六日）に発給した裁許状が次の史料である。

［史料二］

周防国吉敷郡山口県大道寺事、従西域来朝之僧為仏法紹隆可創建彼寺家之由、任請望之旨所令裁許之状如件、

天文廿一年《(一五五二年)》八月廿八日　周防介《(大内義長)》　御判

当寺住持[10]

大内義隆がザビエルに与えた寺院は、陶隆房の軍事行動の際に破壊されたものと推測されるが、義隆の跡を継いで大内家当主となった義長は、その翌年に、「大道寺」と称する「従西域来朝之僧」（イエズス会のパードレ）が「仏法」（キリスト教）を紹隆するための「寺家」（教会）を建立することを許可したのである。

また、この大道寺裁許状の発給の背後には、次のザビエルの書簡に記されるように、義隆没後の大内家当主となった義長と、その実兄で豊後の大名である大友義鎮の連携があった。

　この豊後の領主《(大友義鎮)》はポルトガル人にも私にも自分の弟《(義長)》が山口の領主になれば、コスメ・デ・トーレス神父とフアン・フェルナンデスを心から歓待し、［布教のために］便宜を与えようと約束されました。彼の弟自身も山口へ着いたらそのようにすると約束なさいました。[11]

大内義長が建立許可した「大道寺」という名称の「寺家」（教会）は、その前年に義隆がザビエルに与えた「学院のような一宇の寺院」を前身とするものであり、現山口市金古曾町の聖ザビエル記念公園（図5）付近か、同

図5　聖ザビエル記念公園（山口市）

市道場門前一丁目の本圀寺向かいが、その跡地の候補とされている。

これらのことから、図4は、フランシスコ・ザビエルが大内義隆との二度目の面会の後に与えられた寺院での宣教活動のようすを描いたものであり、画題を付すならば、「山口の寺院（のちの教会「大道寺」）で僧侶と討論するフランシスコ・ザビエル」とするべきであろう[12]。

さて、リスボンのサン・ロケ教会に架蔵されるアンドレ・レイノーゾとその一派が描いた戦国日本の画像の三点目は、図6である。

ヴィトール・セラン氏は、この作品を「the scene shown may correspond to Saint Francis Xavier's stay in the Japanese court of Fu-Tcheu (from Bungo's king), on the Island of Xamo, in September 1551」と分析する[13]。一五五一年九月、Bungo（豊後）のFu-Tcheu（府中=府内）にある大友氏の館に滞在した時のもので、ザビエルが病める日本人女性を癒す場面である[14]。

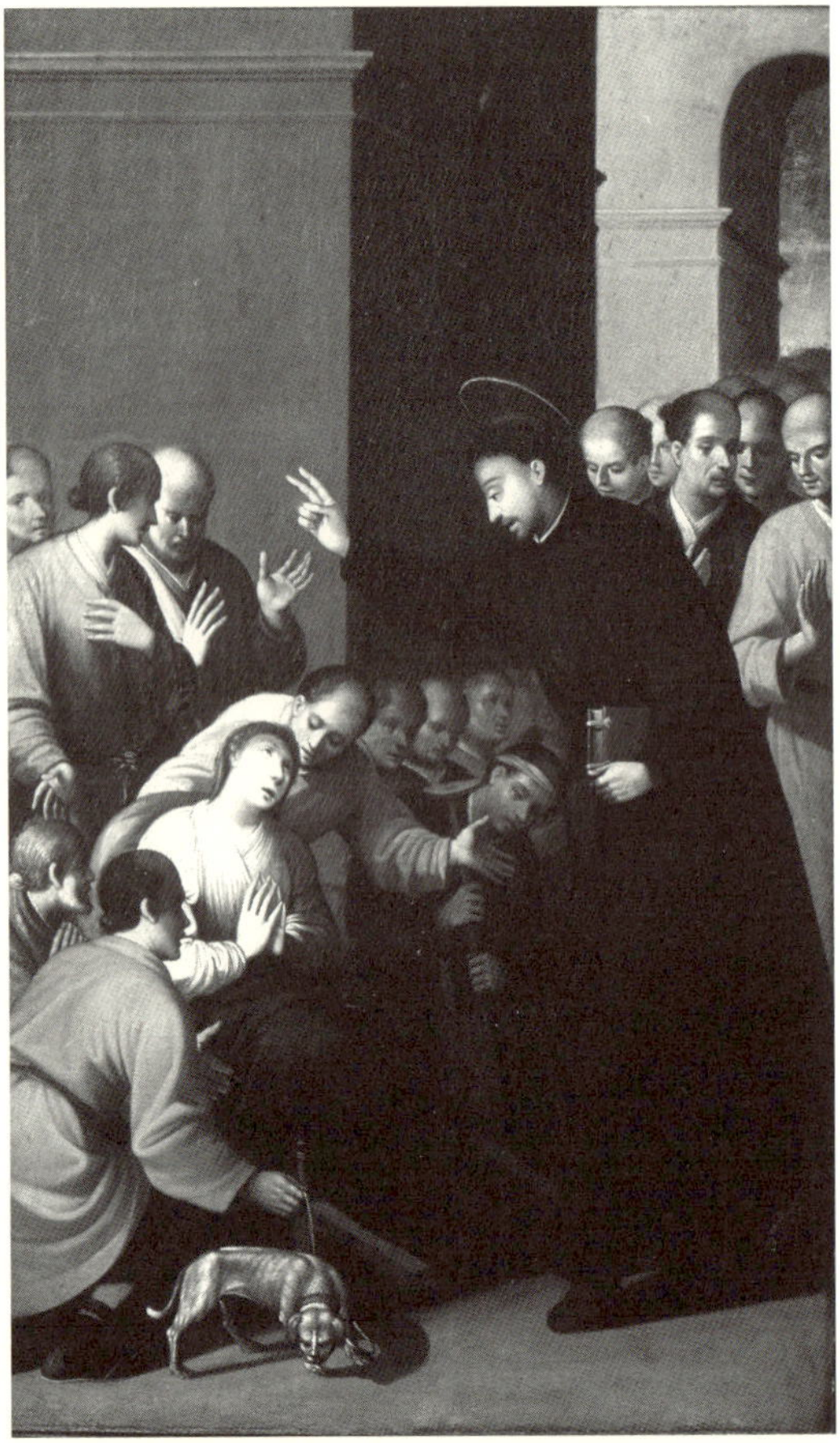

図6　豊後府内で病める日本人を癒すフランシスコ・ザビエル（アンドレ・レイノーゾ作、1619-22年、サン・ロケ教会蔵、リスボン）

左手に聖書を持って身ぶり手ぶりで言葉をかけるザビエルに対して、椅子に座った病める女性は両手を合わせ、祈るようなまなざしでザビエルを見上げている。そして、注目したいのは、女性の背後でザビエルの施しの言葉を日本語に訳してわかりやすく伝えようとする日本人男性（通訳）の存在である。

二年あまりの日本滞在期間におけるザビエルの日本語の習得レベルについては、ゴアのイエズス会員に宛てた手紙のなかで次のように記している。

この島、日本は、聖なる信仰を大きく広めるためにきわめてよく整えられた国です。そしてもし私たちが日本語を話すことができれば、多くの人びとが信者になることは疑いありません。主なる神は私たちが短い期間に［日本語を］覚えるならば、きっとお喜びくださるでしょう。私たちはすでに日本語が好きになりはじめ、四〇日間で神の十戒を説明できるくらいは覚えました。(15)

来日二ヶ月あまりでの日本語の習得の早さを綴ったものであるが、しかしながら、同じ手紙の後半部分では、言葉が通じずに直接意志の疎通ができない現状について、次のように吐露してもいる。

主なる神が嘉《よみ》し給うならば、神について話すことができるように、私たちに言葉をお与えくださいますことを。そうすれば、神のお助け、お恵みとご好意によって、多くの成果を挙げることができるでしょう。現在、私たちは日本人のなかに、彫像のようにつっ立っているだけです。彼らは私たちについていろいろなことを語り、話し合っているのに、私たちは言葉が分からないために、おし黙っているだけです。(16)

図6では、病める女性と、その女性に言葉をかけるザビエルのみに注目しがちであるが、元来、言葉の通じない二人のやりとりが、背後に描かれる日本語通訳者の仲介によって成り立つものであった現実にも着目すべきであろう。

三　ポンメルスフェルデン・ヴァイセンシュタイン城（ドイツ）の戦国大名絵画史料

ドイツ南部のバイエルン州に、ポンメルスフェルデンという人口二千人あまりの小さな町がある。一八世紀初頭、マインツ選帝侯でバンベルク司教のロタール・フランツ・フォン・シェーンボルンは、この町にヴァイセンシュタイン城（図7）を造営し、その宮廷内を多くの絵画で飾った（図8）。シェーンボルン伯爵コレクションと称されるその絵画群のなかに、一七世紀フランドルの画家アンソニー・ヴァン・ダイクが描いた図9の作品がある。

作品のテーマは、二人の人物の出会いである。そのうち、画面左側の白いアルバを着た髭の人物はフランシスコ・ザビエルであり、彼は身をかがめて両手を広げ、壇上の面会者を敬意のまなざしで見上げている。一方、画面右側の王冠の人物は、壇上から歩み寄り、右手を差し出してザビエルを迎え入れるかのように歓迎している。

木村三郎氏は、美術史の視点からこの作品を考察し、一七一九年の美術館収蔵作品目録のなかでザビエルの面会者を「Kaiser von Japonien」（日本の王）と表現していること、一六世紀フランドルの版画作品では共通して貴人を壇上に描く視覚伝統を有すること、さらに、ヴァン・ダイクが描く作品で壇上の王が立ち上がってザビエルを「強い情念を抱きつつ迎えている」ことが、フェルナン・メンデス・ピント『東洋遍歴記』の「座っていた場所から五、六歩踏み出してきて彼を迎えた」と記す「豊後大名が、ザビエル師に示した敬意」の記事に一致することと等より、「当該作品は、ザビエルを歓迎する大友宗麟《義鎮》を描いたもの」との結論を導いている。(17)

天文二〇（一五五一）年八月、周防山口を発ったザビエルは九州に渡り、豊後府内の戦国大名大友義鎮の館を訪ねるが、次の書簡にザビエル自身が記すように、その訪問はこれまでの島津貴久や大内義隆の館への訪問とは

図7　ヴァイセンシュタイン城(ポンメルスフェルデン)

図8　ヴァイセンシュタイン城内の絵画群(ポンメルスフェルデン)

図９　大友義鎮に面会するフランシスコ・ザビエル（アンソニー・ヴァン・ダイク作、1641年、ヴァイセンシュタイン城蔵、ポンメルスフェルデン）

趣が異なっていた。

コスメ・デ・トーレス神父とファン・フェルナンデスと私とがいっしょに山口の町にいた時に、非常に有力な領主である豊後侯から、一隻のポルトガル船が豊後の港（沖ノ浜）に着き、あることについて私と話したいので、（府内《ふない》、現在の大分市へ）来てほしいとの手紙が届きました。私は［豊後の領主が］信者になることを望んでいるかどうかを見極めるため、またポルトガル人に会うために（九月中旬）豊後へ行きました。山口にはコスメ・デ・トーレス神父とファン・フェルナンデスとを、すでに［洗礼を受けて］信仰を持っている信者たちとともに残しました。［豊後の］領主は私をたいそう歓待し、また私はその地に到着したポルトガル人たちと話して大いに慰められました。[18]

右のザビエル書簡から、ザビエルの大友義鎮との面会は、大友氏側の招きに応じたものであり、大友館を訪ねたザビエルを義鎮は「たいそう歓待」したことが明らかである。図９の油彩画は、まさに、壇上の王が玉座から立ち上がって待望する訪問者を今にも抱きかかえようとする瞬間を描いており、ザビエルが来日中に面会を遂げた複数の「Kaiser von Japonien」（日本の王）のなかでこの構図に当てはまる人物は、大友義鎮以外にあり得ないであろう。

豊後府内では、この二人の面会ののち、天文二二（一五五三）年には大友義鎮が土地を与え、教会堂、司祭館（修院）、十字架、墓地等の施設を備えた教会「顕徳寺」が建立される。また、弘治元（一五五五）年には、ルイス・デ・アルメイダによる育児院が開設され、さらにその翌年には土地を拡充させて病院も建設された。そして、天正六（一五七八）年になると領主の大友義鎮自身が洗礼を受け、同八（一五八〇）年には教会隣接地にコレジオも創設されて、日本キリスト教界の一大宗教センターが豊後に形成されていくことになるのである[19]。

おわりに

本章では、ドイツとポルトガルに現存する日本の戦国大名と当該期日本社会を描いた絵画史料群を紹介し、その内容について関連する文献史料との考証から若干の考察を加えてきた。

ここで取りあげてきたような宗教性を帯びる絵画史料は、歴史学の分野では伝統的に敬遠されがちで、これまで積極的に分析する営みはなされてこなかった。しかしながら、地球的規模での人間の関係が発生した一六世紀前後には、日本の情報もまた、文字史料のみでなく、視覚に訴える絵画や版画、彫刻等の手法を通して諸外国へと伝達されていった事実に間違いはない。

例えば、織田信長が巡察師アレッサンドロ・ヴァリニャーノに与えた安土城とその城下を描いた屏風は、その後、ローマ教皇グレゴリウス一三世に献上された。また、天正の遣欧使節がローマ教皇に進呈した贈り物についても、イタリアのモデナ文書館文書のなかに、次のような注目すべき書簡の一節がある。

かの日本人等は昨日教皇に進物を呈したる由なり（トスカナ大公の書記官ジリニが臣に語りたるところを真実とせば）、進物は机、並びに豊後の王が建設したる市、かの国の動物、馬の代りに牛に乗りたる男子（かの国にはこの習慣ある由なり）、婦人及び彼等の著用せる衣服、その他の画を彫りたる板のほかに、犀の骨を以て作りたる水呑にして、要するにその価高からず、かの地方より来りしことのほかには珍重の価値なきものなり、[20]

贈られた教皇側は「珍重の価値なきもの」として必ずしも重宝な扱いをしたわけではないが、一五八五年四月に遣欧使節は教皇に机、画を彫った板、犀の骨の水呑の三点の進物を贈ったことがわかる。そして、注目されるのは、その二つ目の贈り物の板には、豊後の王が建設した都市・日本の動物・牛に乗った男子・日本婦人・日本人の衣服等の絵が描かれていたと記していることである。

一六世紀後半にヨーロッパに贈られたこの安土城とその城下の屏風や、豊後の王が建設した都市を描いた板には、織田信長の安土城や大友義鎮の豊後府内（もしくは臼杵）の城や館、都市構造等に関わる多くのデータが含まれていたことであろう。また、同じく板に描かれた日本の動物や男性・女性の姿、衣服の絵にも、文献史料では伝えきれない歴史的な視覚データが盛り込まれていたはずである。

海外に現存、あるいは現存するはずのそうした絵画や版画、彫刻等の史料を幅広く調査・蒐集することで、これまで文献史料のみでは描くことのできなかった学際的歴史像が今後浮かび上がってくるものと期待したい。

［註］

（1）コインブラの新カテドラルの聖具室では、多くの重要な絵画を額装して壁面に掲示しているが、美術品としての保存上で大きな問題をかかえていると言わざるを得ない。それは、窓から差し込む太陽光線が各美術品に直接当たり、各作品を日々傷めていることである。図10は、聖具室の扉を入った正面壁面の午前中の様子であるが、左手上方からの太陽光が各額装絵画に直接注いでいることがわかるであろう。また、図1のフランシスコ・ザビエル画像も、太陽光が直接当たっている状況を撮影したもので、画面手前の黒い影の部分とのコントラストで、その展示環境の状態が明らかである。図1を注意深く見てわかるように、すでにザビエル画像の髭や頭髪、背景部分がひび割れている。博物館や美術館のような専用の展示・保存施設を有さない教会の聖具室としてやむを得ないこととは言え、関係者には貴重な文化財の可能な限り良好な環境での展示・保存をお願いしたい。

（2）Vítor Serrão「作品解説四九　日本の大名に説教する聖フランシスコ・ザビエル」（『大ザビエル展』〈東武美術館・朝日新聞社、一九九九年〉）一八六頁。

（3）河野純徳訳『東洋文庫五八一　聖フランシスコ・ザビエル全書簡』三（平凡社、一九九四年）、書簡第九〇（一五四九年一一月五日、鹿児島よりゴアのイエズス会員あて）九五～九六頁。

（4）二十点の連作油彩画の美術史的視点からの考察は、Vítor Serrão, *A Iconografia Artística de São Francisco Xavier em Portugal*. その日本語訳としては、日埜博司・内藤理佳訳、ヴィトール・セラン「ポルトガルにおける聖フランシスコ・ザビエルの美術的図像表現」（前掲註（2）『大ザビエル展』、のち改稿して『流通経済大学流通情報学部紀要』八（一）〈二〇〇三年〉に収載）を、また、歴史学の視点からの考察については、鹿毛敏夫「ポルトガル人が描いたザビエルとアジア・戦国日本」（同『アジアン戦国大名大友氏の研究』〈吉川弘文館、二〇一一年〉）、および鹿毛敏夫編『描かれたザビエルと戦国日本——西欧画家のアジア認識——』（勉誠出版、二〇一七年）を参照されたい。

（5）前掲註（3）『東洋文庫五八一　聖フランシスコ・ザビエル全書簡』三、書簡第九〇（一五四九年一一月五日、鹿児島よりゴアのイエズス会員あて）一一六

図10　新カテドラルの聖具室内（コインブラ）

～一一七頁。

(6) 当初、キリスト教の布教を認めていた島津貴久であったが、その後、次のザビエル書簡（前掲註（3）『東洋文庫五八一　聖フランシスコ・ザビエル全書簡』三、書簡第九六（一五五二年一月二九日、コーチンよりヨーロッパのイエズス会員あて）一七六頁）に記録されるように、仏教界の圧力におされる形で布教活動を禁止する。

その地の領主《島津貴久》は広大な領地を持っている大名ですが、ボンズ《坊主》たちは領主に迫って、もしも領民が神の教えを信じることを許すならば、領地を失い、また神社仏閣は破壊され、領民は離反するだろうと言いました。なぜなら、神の教えは彼らの宗教と反対であり、領民たちが神の教えを信ずるようになれば、彼らの宗派の祖師たちに以前持っていた信仰を失うに至るからです。ボンズたちはキリスト信者になった者は、誰であっても死罪に処すと領主が命ずるように［策謀］して成功し、それで領主は誰も信者になってはならないと命じました。

日本の領主のなかで最も早くキリスト教を受け入れた島津貴久が、ヨーロッパで描かれた宗教画に登場しない理由がここにある。

(7) *Vitor Serrão, The legend of Saint Francis Xavier by the painter André Reinoso*, Lisboa: Bertrand Editora, 2006, pp.94-95.

(8) 前掲註（3）『東洋文庫五八一　聖フランシスコ・ザビエル全書簡』三、書簡第九六（一五五二年一月二九日、コーチンよりヨーロッパのイエズス会員あて）一七九～一八二頁。

(9) 前掲註（3）『東洋文庫五八一　聖フランシスコ・ザビエル全書簡』三、書簡第九六（一五五二年一月二九日、コーチンよりヨーロッパのイエズス会員あて）一八二頁。

(10) 「一五五二年九月十六日付、山口発、大内義長のコスメ・デ・トルレス宛判物」（『日本関係海外史料　イエズス会日本書翰集』訳文編之二（下））。

(11) 前掲註（3）『東洋文庫五八一　聖フランシスコ・ザビエル全書簡』三、書簡第九六（一五五二年一月二九日、コーチンよりヨーロッパのイエズス会員あて）一九七頁。

(12) 図4のアンドレ・レイノーゾ一派が描いた画像については、これまでヴィトール・セラン氏の説に従って「日本の大名の館でザビエルがキリスト教の教義を説明している場面」と解釈してきた（前掲註（4）鹿毛敏夫「ポルトガル人が描いたザビエルとアジア・戦国日本」二二〇頁）が、これは訂正しなければならない。

（13）前掲註（7）Vítor Serrão, *op.cit., The legend of Saint Francis Xavier by the painter André Reinoso*, pp.96-97.

（14）日埜博司「作品解説四七　病める日本人を癒す聖フランシスコ・ザビエル」（前掲註（2）『大ザビエル展』）一八五頁では、「聖フランシスコの纏う朱色をあしらったカズラはひときわ鮮やかな印象を与える」、「聖母マリア――グァダルーペの聖母――の祭壇の前で、信者多数――すべてポルトガル本国からの人々――の助力を得、病者を癒《いや》す奇蹟を演じつつあるザビエルの姿が描かれる」等として本図を解説するが、ザビエルの衣裳は黒色で、背後の信者は日本人であり、また、聖母マリアの祭壇もこの図には描かれていない。この解説文は、同じサン・ロケ教会架蔵アンドレ・レイノーゾ一派による連作油彩画の類似テーマの別作品「インドのゴアで病める男性を癒す聖フランシスコ・ザビエル」（前掲註（4）鹿毛敏夫「ポルトガル人が描いたザビエルとアジア・戦国日本」一九四頁に図版掲載）を誤認して解説したものと思われる。

（15）前掲註（3）『東洋文庫五八一　聖フランシスコ・ザビエル全書簡』三、書簡第九〇（一五四九年一一月五日、鹿児島よりゴアのイエズス会員あて）一〇二頁。

（16）前掲註（3）『東洋文庫五八一　聖フランシスコ・ザビエル全書簡』三、書簡第九〇（一五四九年一一月五日、鹿児島よりゴアのイエズス会員あて）一一八頁。

（17）木村三郎「ヴァン・ダイク作、通称《日本の王に拝謁する聖フランシスコ・ザビエル》について」（前掲註（2）『大ザビエル展』）。

（18）前掲註（3）『東洋文庫五八一　聖フランシスコ・ザビエル全書簡』三、書簡第九六（一五五二年一月二九日、コーチンよりヨーロッパのイエズス会員あて）一九五頁。

（19）一六世紀後半の豊後府内におけるキリスト教関連施設の拡充の様相については、フーベルト・チースリク「府内のコレジヨ――大友宗麟帰天四百周年によせて――」（『キリシタン研究』二七、一九八七年）、五野井隆史「豊後府内の教会領域について――絵図、文献史料と考古学資料に基づく府内教会の諸施設とその変遷――」（『東京大学史料編纂所研究紀要』一四、二〇〇四年）、鹿毛敏夫「アジアン大名家から生まれたキリシタン大名」（前掲註（4）同『アジアン戦国大名大友氏の研究』）の各論考を参照されたい。

（20）『大日本史料』第一一編別巻一（天正遣欧使節関係史料一）、一五八五年四月五日、ローマのテオドシオ・パニッツァよりカルヂナル・デステに呈せし書翰の一節。

結論
――一六世紀の時間軸・空間軸における戦国大名の評価――

本書は、一六世紀を中心とした戦国時代の歴史を「海」に視座を置き、戦国大名領国が有した「海洋性」の特質と海外交易の展開を支えた「経済力」の実態を解析するとともに、海外諸勢力との外交交渉や交易活動がどのような「相互認識」のもとで繰り広げられていたのか、その心的背景の問題についても考究した。明らかになった事実をまとめるとともに、若干の展望を述べておきたい。

まず、戦国大名領国の特質を「海洋性」の視座からとらえた第一部では、以下の諸点を明確にした。

第一章では、西日本の守護大名や戦国大名クラスの領主が、自らの船を建造・保有する船持ち大名である実態が明らかになった。肥後の相良氏は、領国内における銀鉱脈の発見と産出を契機に大名船を新造し、従前の琉球に加えて明へ積極的に交易船を派遣した。周防の大内氏は、宝徳度の遣明船から従前の対朝鮮交易に加えて明との交易に主体的に乗り出していき、一六世紀半ばの天文年間には二度の遣明船経営の独占を勝ち取った。豊後の大友氏は、宝徳度以後の遣明船では後方支援にまわっていたが、その間も数度にわたって有効勘合や上表文を保持しない私的遣明船（偽使密貿易船）を派遣し続け、大内義隆没後におよそ百年ぶりに正規の遣明船派遣（「弘治度の遣明船）を実現した。こうした西国の船持ち大名は、遣明船警固等の室町幕府からの上位命令を梃子として、船による活動を介した家臣団の組織化や大名水軍の編成を進めていく存在であったと言えるのである。

第二章では、そうした大名水軍を構成する武士団に注目し、彼らが中世後期に大名家臣団に編成されて主従関係のもとで取り交わした書状等を分析して、その本来的な生活や文化活動の様相をあぶり出した。中世後期社会における彼らは、大名傘下の被官武士でありながら、同時に、陸上での農業より海に関わる漁撈・造船・水運等に日常的生産活動の比重を置く海民的武士であった。海民は本質的に権力編成の枠組みから見過ごされることが少なくなく、その生活や文化活動の実態は、文献史学が研究対象とする古文書史料として文字に記録されることは稀である。しかしながら、一五・一六世紀に強大化する戦国大名の家臣団に組織されて活動するようになったことで、わずかな古文書史料を残すことになったのである。

第三章では、戦国大名の海上合戦や流通、アジア外交を「船」によって支えた海民的武士団の活動の様相を、古文書史料に基づいて紹介した。国立歴史民俗博物館蔵「豊後若林家文書」から、大友氏の水軍大将とも呼ばれた若林氏の活動実態が明らかとなるが、特に合澤康就氏蔵「若林文書」の中世文書を修正翻刻することで、大名権力が家臣団から漁撈用の「網」や「綱」を調達するような社会史的史料を発掘することができた。『大分県史料』における「若林文書」の誤刻の問題は、大名権力の政治・軍事的動向の解明に傾倒していた昭和中・後期の日本史学界の研究関心のあり方に起因しており、従来見過ごされてきた分野に幅広く目配りして史料が語る本質を見落とすことなく分析することの重要性を物語っている。

次に、戦国大名の海外交易を支えた「経済力」の根源とその展開をとらえた第二部では、以下の諸点が明らかになった。

ての側面である。従来、日本の船による南シナ海を越えた東南アジア方面への能動的進出は、個別戦国大名権力期（一五七〇年代まで）の技術では難しく、文禄の豊臣統一政権期（一五九〇年代）とその後一七世紀初頭の近世大名や豪商による朱印船派遣期を待たねばならないと考えられてきた。しかしながら、戦国末期の激化した軍事情勢のなかで、九州の戦国大名は、東南アジア諸国との善隣外交において国交関係の主導権を獲得しようとする強い意識を有しており、そうした競合関係にもまれる形で、一五七〇年代（天正初年段階）での東南アジアへの交易船の派遣を実現し、その後の一七世紀前半に全盛を迎える朱印船貿易の先駆けをなしていた実態を明確にできた。

第二章では、嶋井氏や末次氏等と同時期に九州豊後を本拠として活動した豪商仲屋氏について、新たに確認された文献史料と考古史料を活用して、二代およそ四十〜五十年間におよぶ成長の軌跡を明らかにした。天文年間の仲屋顕通は、物資輸送の物流収益を基盤としながら、寺社領年貢の運用投資益や、地域升の換算差と米・銭交換のレート操作益等の重層的な収益システムによって富を蓄え、大名権力と結んだ政商と化した。一六世紀半ば以降の銀流通の増大期になると、都市の衡量制（秤と分銅）規格権益を獲得して大名権力公定分銅を製作・発行し、海外貿易を含めた銀取引を統括する立場に成長した。一方、天正年間の仲屋宗越は、大友氏に加え豊臣氏とも結んで商圏の拡大に成功し、堺や長崎等の西日本に広がった遠隔地商圏における自らの衡量権益を担保した。また、九州南部の日向・大隅へも商業活動を展開して南方貿易への活路を模索し、カンボジア交易を手がける明の貿易商人と結んで東南アジアの物資を入手するとともに、大名大友氏がカンボジアに派遣した交易船では、積み荷商品の統括者として同貿易に関与していたと推測された。

第三章では、一五・一六世紀の対明貿易において船に大量に積み込んで輸出された日本の鉱物資源硫黄に着目し、その採鉱と選鉱、運搬に至る産業構造を明らかにした。中世の硫黄鉱業は、国内需要に対応した恒常的採鉱を維持しつつも、特に、遣明船の進貢物の調達期になると急激に需要が高まる特徴を有していた。幕府主導期の遣明船では「硫黄使節」が薩摩や豊後の産地に出向いて硫黄の調達や輸送を指示し、大名主導の遣明船では調達奉行が派遣されて進貢物の調達にあたっていた。豊後の例では、宝徳三（一四五一）年の大友親繁の遣明船が、その船蔵に九万二百斤（およそ五十四トン）の硫黄を山積みして明へ輸出し、莫大な利益を得た。「弘治度の遣明船」に際しても、大友義鎮が大友船・大内船双方に積み込む膨大な量の硫黄の調達を奉行を通じて指示した。非金属鉱業の硫黄鉱山の場合、「硫黄山子」が火山の火口に自然生成した硫黄鉱石をはぎ取って「計屋」が営む中継基地まで運び込み、粗雑な道具を使って手作業で不純物を除去して製品化するだけの単純な採鉱・運搬・精錬作業に過ぎず、必ずしも鉱山町に専門職人が長期間住み込んで生活する必要はなかった。同時期の金山町や銀山町とは賑わいの性質の異なる硫黄山町が、産地周辺に形成され、アジア諸国との交易関係を推進しようとする九州の戦国大名の領国制を経済的側面から支えていたのである。

そして、戦国大名の海を越えた政治・経済的交流や外交活動がもたらした「相互認識のねじれ」について論じた第三部では、以下の諸点を明確化した。

第一章でとらえたのは、日明間の認識のねじれである。『倭寇図巻』『抗倭図巻』という日中双方に残る倭寇絵巻では、沿岸を襲撃する倭寇船の船旗に「弘治」の日本年号を記していたことが赤外線撮影から明らかになり、同絵巻が、「弘治」年間の日本から中国沿海部に渡航して密貿易や略奪を行った倭寇船を作画モチーフとしたことが推測された。文献史料によると、弘治年間に数度にわたって中国に渡航船を派遣して大規模に倭寇的活動を行ったのは、大内義長と大友義鎮であり、「日本国王之印」印影を使って朝貢を求める彼らの船団は、明の海防担当者にとって大きな脅威であった。浙直総督胡宗憲と工部侍郎趙文華は、この日本「弘治」の大倭寇を取り締まるべく動き、嘉靖三六（弘治三・一五五七）年にその中国側誘引者の王直を捕縛し、翌年には王直と結託していた大友義鎮の使僧を退けることに成功した。二つの絵巻は、この日本「弘治」年間の倭寇を撃退し、嘉靖の大倭寇を終息させた戦功の記録として描かれたものと推測された。そして、この章で浮き彫りになった、朝貢体制のたてまえを前面に押し出してくる明王朝と、その通交秩序を遵守するように見せかけながら、交渉による実益が見込めない瞬間から倭寇的実像を顕在化させる戦国大名との、外交にかける認識のずれは、やがて、古代以来の中国を中心とした東アジアの外交秩序を突き崩す動き（豊臣政権の外交課題）に変質していくのである。

第二章で考察したのは、ヨーロッパのイエズス会世界で描かれた戦国大名像である。地球的規模での人間の関係が広がった一六世紀後半以降、日本の情報は、文字史料のみでなく、絵画や版画、彫刻等の手法を通してヨーロッパへと伝達された。フランシスコ・ザビエルをはじめとしたイエズス会宣教師の活動は、同時期にアジア方面への外交・交易政策を重視していた西国大名の志向性ともリンクし、やがて、そのうちの良き理解者数名の授洗に成功して、大村純忠・大友義鎮・有馬晴信らキリシタン大名の誕生に結実していく。しかし、九州のキリシタン大名の多くは、純粋な信仰というより、貿易船の来航を視野に入れた受洗であった。そうした大名側の現実的な政策や対応の一方で、ヨーロッパのキリスト教世界では、日本におけるキリシタン大名の誕生がアジア宣教活動の極めて大きな成果として認識され、その先鞭をつけたザビエルの功績として、現実以上に膨らんでいくことになったのである。

戦国大名とその領国を、従来見過ごされてきた「海」の視座から考察し直すことで明らかになった、西国の守護大名や戦国大名クラスの領主が自らの船を建造・保有する船持ち大名であった事実と、その大名の水軍家臣団として組織化された海民的武士の末裔に伝わった文献史料が明証する豊かな「海洋性」の実態は、海に囲まれた日本列島に生きた古代以来の人々が根本的に有した特性のひとつである。ただ、その伝統的な海洋性質のなかで、なぜ中世後期という時期に特に着目する必要があるのかを問われるならば、一五・一六世紀という時期が織り成す時間軸と空間軸の接点の歴史的重要性を答えにあげることができよう。

周知のように、日本では一世紀の奴国や三世紀の邪馬台国の時代から「海外」の国に使者を遣わし物品を交わす外交・交易活動を繰り広げてきた。その移動と輸送の手段は間違いなく「船」であり、その船を操ったのは列島各地の海民勢力である。国家外交という言葉が示すように、外交は本質的に国を代表する「国家権力」（国王や元首等。日本では天皇や将軍等）が行うものであるが、古代から現代まで二千年の日本の歴史のなかで、その立場ではない「地域公権力」が外交権を行使した時期があった。一五世紀後半から一六世紀の守護大名・戦国大名と、一九世紀後半江戸時代末期の西南雄藩（薩摩藩や長州藩等）である。特に前者では、室町将軍が義満以来行使してきた「日本国王」としての対明外交権を奪取した大内氏や細川氏が遣明船を派遣し、大友氏や相良氏も倭寇的遣明船を派遣して、対明交易を実現した。一六世紀後半になると、松浦氏や大友氏、島津氏等が東南アジア諸国との外交・交易活動を繰り広げることになり、本書ではその始期を一五七〇年代に比定した。

このように、日本史の時間軸における一五・一六世紀は、列島の地域社会に生きた人々が実力を積み上げて政治や経済の表舞台に現れ、さらに「海外」勢力を相手とした外交・交易の世界にまで乗り出していった特徴ある時代なのである。そうした時代相のなかで、「船」の操りに長けた海民的武士が大名水軍の中心的構成員として躍動し、また、仲屋氏の事例にみたような流通機構での商機を適確にとらえ大名とも結びついて富商化した商人が、海外交易の一翼を担うことになる。守護大名や戦国大名たちは、その海外交易の原資として、火山の少ない中国大陸ではほとんど産出しない硫黄（サルファー）に着目し、自領産地からの採鉱・輸送システムをいち早く確立して、木造帆船に大量に積み込み海外輸出した。守護・戦国大名の海外交易を支えた「サルファーラッシュ」の産業構造は、やがて一六世紀後半から一七世紀になると銀鉱山をおさえた大名たち（毛利氏、豊臣氏、徳川氏等）による「シルバーラッシュ」に転換していくのである。

一方、世界史の空間軸における一六世紀も、特徴的な時代である。東アジアでは、それまでの明朝を中心とした朝貢・海禁体制が弛緩し、中国に求心・一元化してきた国際秩序が動揺する時期と言える。一五世紀末以降、中国東南部では、自立性の高い小農民が成長して集約的農業に基づく市場経済が発達し、また、福建や広東等の沿海地域では、禁止されているはずの外国船との貿易（互市）が中国人海商によって活発に行われるようになった。また、多くの港市国家が成立していた東南アジア島嶼部では、新たにこの海域に進出してきたポルトガルが一五一一年にマラッカ王国を占領して南シナ海貿易に参入し、さらに海域を北上して中国のマカオに到達した。明朝から居留権を獲得したポルトガルは、一六世紀後半以降、このマカオを拠点として対日貿易に乗り出していくのである。

このように、明朝を宗主国とあおぐ従来の国家間の合法的な通交（勘合貿易等）に代わって、一六世紀後半の東アジアでは、さまざまな国と立場の交易集団が錯綜的に交流するようになり、やがてそうした人々の活動が東アジアの交易システムの主流の位置を占めるようになる。この東アジア空間における時代の大きなうねりのなかで、日本の戦国大名という「地域公権力」が「日本国王之印」印影を使って派遣した遣明船が、明側からは倭寇一味と見なされて撃退され、一方、ヨーロッパのキリスト教世界では、日本におけるキリシタン大名の誕生がイエズス会のアジア宣教活動の極めて大きな成果として認識され、交易活動を第一ととらえる大名側の思惑以上に好意的に膨らんでいったのである。いずれも海外交易の展開を期した戦国大名の外交活動でありながら、中国ではその船と乗組員が略奪・海賊行為を働く貧しい倭寇として絵巻に描かれ、ヨーロッパでは宣教活動を保護する王侯貴族の姿に描かれている事実は、一六世紀という時代が織り成す時間軸と空間軸の接点における日本の地域公権力に対する、外交交渉対象としての東西の評価のねじれを示していて興味深い。

さて、「戦国大名の海外交易」と題した本書での総合的考察は、筆者がこれまで一〇年程度かけて分析・解明してきた六編の論文と一編の一般書を基礎に、不足を補うべき新稿を付して有機的に関連づけたものである。その基となる旧稿を発表順に並べると、次のようになる。

①「中世港町佐賀関と海部の海民文化」（川岡勉・古賀信幸編『中世日本の西国社会』三、清文堂出版、二〇一一年）
②「戦国大名の海洋活動と東南アジア交易」（『貿易陶磁研究』三二、二〇一二年）
③「『抗倭図巻』『倭寇図巻』と大内義長・大友義鎮」（『東京大学史料編纂所研究紀要』二三、二〇一三年。のちに改稿して、須田牧子編『「倭寇図巻」「抗倭図巻」をよむ』〈勉誠出版、二〇一六年〉収載）
④「一六世紀九州における豪商の成長と貿易商人化」（鹿毛敏夫編『大内と大友――中世西日本の二大大名――』勉誠出版、二〇一三年）
⑤「遣明船と相良・大内・大友氏」（『日本史研究』六一一、二〇一三年）
⑥「ドイツ・ポルトガルに現存する戦国大名絵画史料」（中島楽章編『南蛮・紅毛・唐人――一六・一七世紀の東アジア海域――』思文閣出版、二〇一三年）
⑦「硫黄の世紀」（鹿毛敏夫『アジアのなかの戦国大名――西国の群雄と経営戦略――』吉川弘文館、二〇一五年）

すでに、いくつかの論考には批評も出ており、ここで短く応答しておきたい。

まず、③の論考に対しては、村井章介氏より、「両図巻、なかんずく「倭寇図巻」を、特定の史実を描いた歴史画とする観念から自由になったほうが、作品の理解は深まるのではないか」との見解から、「両図巻に描かれた風景を舟山諸島のものとするには無理がある」あるいは「大友船の実際の描写と解するのは無理がある」との批評が出されている。(1) 実は、筆者自身も二つの図巻を「特定の史実」を忠実に描写する意図をもった写実画とは全く考えておらず、図巻が描く背景を舟山諸島の実景に当てはめたり、沿岸を襲撃する倭寇船が実際に「弘治」の日本年号の幟を掲げていたと考えたりする必要はないと判断している。③の論考の論点は、二つの図巻の制作者が倭寇船旗にあえて「弘治」の日本年号を記した事実から、「弘治」年間の日本から中国に渡航して密貿易や略奪を行った倭寇船が作画モチーフになっていると言えること、そして、その期間に数度にわたって中国に渡航船を派遣して大規模に倭寇的活動を行ったのは、日本の戦国大名大内義長と大友義鎮による派遣船団であったと確認できること、の二点であり、その論証に倭寇船旗や背景描写の写実性の確認は必要でないと考える。重要なのは、「弘治」年署名の証状を付した「日本国王之印」印影を使って朝貢を求めてきた大内・大友船団が、明の海防担当者に与えたインパクトである。実際、朝貢を拒絶された瞬間から彼らは、倭寇的勢力としての実像を現し、沿岸警備の手薄な地域に回り込んで密貿易活動を行い、商取引を拒まれた際には強奪行為に及んで大きな脅威を与えた。嘉靖大倭寇を終息させた戦功の記録として描いた図巻に添える象徴的日本年号として、「天文」や「永禄」ではなく、なぜ「弘治」年号が選ばれたのか。その契機は、本来の金印ではない木製「日本国王之印」の印影に、「日本国昔年欽奉　大明国勅賜御印壱顆」と偽証した「弘治」二年一一月付の証状を附属させて偽使入貢した大内・大友船団にあると考えられよう。

また、⑥の論考から発展させた在ヨーロッパの戦国日本画論(2)については、黒嶋敏氏が、「それまで、ヨーロッパ現地で連綿と描かれてきたわけではない日本の権力者の図像が、日本との通交が絶えた後になって登場するものであれば、その図像表現の中に、日本戦国期を語るような歴史認識を読み取るのは非常に困難なものとなる。もちろん、通交が絶えた後のヨーロッパで、どのような記述やモノから日本側のイメージを膨らませていったのかを探ることの意義はあるとしても、そこで描かれた図像と戦国期日本との間に直接的・同時代的な関係性を認めることはできない」との批評を寄せられた(3)。確かに、絵画、特に海外に残存する日本を描いた画像を「絵解き」して日本認識を読み取っていく手法は、黒嶋氏が指摘する通り「非常に困難」で、いまだその方法論が確立されたとは言えず、これからもノウハウを蓄積すべき発展途上中の学問分野である。そうであるからこそ、⑥の論考では、画像単独の「絵解き」ではなく、信頼できる一次的文献史料(ザビエル書簡や大内義長書状等)の記述内容で「裏」をとりながら画像場面の論証を進めた。従来「大内氏館で」説教をする場面と解されてきた画像を、「山口の寺院(のちの教会「大道寺」)で僧侶と討論するフランシスコ・ザビエル」と修正できたのも、文献史料から絵画史料の画像細部を考証する方法論の試行的成果であることを、あらためて指摘しておきたい。

[註]

(1) 村井章介「結語――「倭寇図巻」研究をめぐって」(須田牧子編『「倭寇図巻」「抗倭図巻」をよむ』勉誠出版、二〇一六年)。

(2) 鹿毛敏夫編『描かれたザビエルと戦国日本――西欧画家のアジア認識――』(勉誠出版、二〇一七年)。

(3) 黒嶋敏「書評　鹿毛敏夫編『描かれたザビエルと戦国日本――西欧画家のアジア認識――』」(『年報中世史研究』四二、二〇一七年)。

図版一覧

序論

図1：二艘の船が線刻された一五世紀の土師器椀（大分市教育委員会蔵。同『大友府内』二二〈二〇一六年〉より）

第一部

第一章

図1：「千五百石」積載「春日丸」の就航を証する摂津国守護代長塩備前入道過書（御花史料館蔵「大友文書」。大分県立先哲史料館『大友水軍――海からみた中世豊後――』〈二〇〇三年〉より）

図2：寧波の川港（中国浙江省。筆者撮影）

第二章

図1：早吸日女神社（大分市佐賀関。筆者撮影）

図2：豊後府内の一四世紀の遺構から出土した黒鮪の椎骨（大分県立埋蔵文化財センター蔵。大分県教育庁埋蔵文化財センター『豊後府内』五〈二〇〇六年〉より）

図3：若林家の「センソバカ」（大分市一尺屋。筆者撮影）

第三章

図1：若林源六からの「塩鯛」贈答を謝す大友親治書状写（国立歴史民俗博物館蔵「豊後若林家文書」）

図2：合澤康就氏蔵「若林文書」中の「大友義鑑書状」原本（筆者撮影）

第二部

第一章

図1：「南蛮」（カンボジア）への交易船派遣を証する大友氏奉行人連署書状（東京大学史料編纂所蔵「島津家文書」。鹿毛敏夫『戦国大名の外交と都市・流通――豊後大友氏と東アジア世界――』〈思文閣出版、二〇〇六年〉より）

第二章

図1：「仲屋顕通」の自筆署名と黒印（京都大学総合博物館蔵「大徳寺黄梅院文書」）

図2：豊後府内出土の三木紋を刻んだ分銅（大分県立埋蔵文化財センター蔵。鹿毛敏夫編『大内と大友――中世西日本の二大大名――』〈勉誠出版、二〇一三年〉より）

図3：豊後府内「桜町」で三個連なって出土した八角形未製品分銅（大分県立埋蔵文化財センター蔵。鹿毛敏夫編『大内と大友――中世西日本の二大大名――』〈勉誠出版、二〇一三年〉より）

図4：「仲屋宗越」の為替状（天理大学附属天理図書館蔵「三聖寺文書」。鹿毛敏夫編『大内と大友――中世西日本の二大大名――』〈勉誠出版、二〇一三年〉より）

図5：カンボジア産の花紋様の緯絣（シルクロード研究所蔵。福岡市美術館『カンボジアの染織』〈二〇〇三年〉より）

第三章

図1：硫黄島（鹿児島県三島村。筆者撮影）

図2：硫黄鉱山にのぼる鉱夫（三島村誌編纂委員会『三島村誌』〈一九九〇年〉より）

図3：原鉱石運搬の婦人たち（三島村誌編纂委員会『三島村誌』〈一九九〇年〉より）

図4：伽藍岳（大分県由布市。筆者撮影）

図5：くじゅう硫黄山（大分県九重町。筆者撮影）

図6：硫黄採収器具（杉村次郎「本邦硫黄論」〈『日本鉱業会誌』二〇、一八八六年〉より）

図7：白鳥神社鳥居の施主銘「計屋陽三郎」（大分県九重町。筆者撮影）

図8：硫黄鉱石搬出二ルート関係地図（筆者作成）

図9：釘野千軒遺跡の河岸段丘（大分県九重町。筆者撮影）

図10：釘野千軒遺跡の遺構図（九重町教育委員会『九重町文化財調査報告　一三　釘野千軒遺跡I』〈一九九七年〉より）

図11：硫黄鉱石の選鉱器具（杉村次郎「本邦硫黄論」〈『日本鉱業会誌』二〇、一八八六年〉より）

図12：熔解釜と木桶と杓子（杉村次郎「本邦硫黄論」〈『日本鉱業会誌』二〇、一八八六年〉より）

図13：イジェン山の硫黄鉱石運搬夫（インドネシア・ジャワ島。筆者撮影）

図14：「硫黄山子」（左）が担ぎおろしてきた硫黄鉱石を計量・駄賃支給する「計屋」（右）（イジェン山。筆者撮影）

第三部

第一章

図1：倭寇船上の「日本弘治」年旗（中国国家博物館蔵『抗倭図巻』〈赤外線撮影〉。須田牧子編『「倭寇図巻」「抗倭図巻」をよむ』〈勉誠出版、二〇一六年〉より）

図2：九州全体をBungoと表記したベルチウスのアジア図（部分。須田牧子編『「倭寇図巻」「抗倭図巻」をよむ』〈勉誠

出版、二〇一六年〉より）
図3：連行される三名の倭寇（『抗倭図巻』。須田牧子編『「倭寇図巻」「抗倭図巻」をよむ』〈勉誠出版、二〇一六年〉より）
図4：明船上の首級と拘束された被擄倭人（『抗倭図巻』。須田牧子編『「倭寇図巻」「抗倭図巻」をよむ』〈勉誠出版、二〇一六年〉より）
図5：木製「日本国王之印」の背面（毛利博物館蔵。須田牧子編『「倭寇図巻」「抗倭図巻」をよむ』〈勉誠出版、二〇一六年〉より）
図6：勅賜金印箱（毛利博物館蔵。須田牧子編『「倭寇図巻」「抗倭図巻」をよむ』〈勉誠出版、二〇一六年〉より）

第二章

図1：新カテドラルのザビエル画像（コインブラ）
図2：大友義鎮に面会するフランシスコ・ザビエル（マヌエル・エンリケス作、一六四〇年、新カテドラル蔵、コインブラ）
図3：アンジロウとともに鹿児島の地を進むフランシスコ・ザビエル（アンドレ・レイノーゾ一派作、一六一九～二二年、サン・ロケ教会蔵、リスボン）
図4：山口の寺院（のちの教会「大道寺」）で僧侶と討論するフランシスコ・ザビエル（アンドレ・レイノーゾ一派作、一六一九～二二年、サン・ロケ教会蔵、リスボン）
図5：聖ザビエル記念公園（山口市。筆者撮影）
図6：豊後府内で病める日本人を癒すフランシスコ・ザビエル（アンドレ・レイノーゾ作、一六一九～二二年、サン・ロケ教会蔵、リスボン）
図7：ヴァイセンシュタイン城（ポンメルスフェルデン。筆者撮影）
図8：ヴァイセンシュタイン城内の絵画群（ポンメルスフェルデン。筆者撮影）
図9：大友義鎮に面会するフランシスコ・ザビエル（アンソニー・ヴァン・ダイク作、一六四一年、ヴァイセンシュタイン城蔵、ポンメルスフェルデン）
図10：新カテドラルの聖具室内（コインブラ。筆者撮影）

あとがき

図：トンレサップ川と渡し船（ロンヴェーク。筆者撮影）

あとがき

平成三一（二〇一九）年二月、私たちは文献史学と考古学のメンバー五名で「甘埔寨」（カンボジア）を訪問した。私にとっては十年ぶりの再訪だったが、今回は、プノンペンから車で一時間ほど北方に位置する一六世紀後半の王都ロンヴェークを訪ね、遺跡の現状を把握するとともに、奈良文化財研究所が数年前から継続する発掘調査の状況を視察することが主たる目的である。ポスト・アンコール期のカンボジアは、インドシナ半島周辺国との紛争や軍事衝突が絶えず、一六世紀後半の情勢はさながら日本の戦国時代末期の社会状況にも共通する。ロンヴェークを本拠とするカンボジア国王「浮喇哈力汪加《プレアレアチアアンチャ》」（サター一世）が、日本の「九州大邦主源義鎮」（大友義鎮）や「三州太守藤原義久」（島津義久）と善隣外交関係を結んだことは、本書第二部第一章で紹介したが、互いに困難な政治情勢のなかで効果的な外交チャンネルを模索した結果としてたどり着いたのが当時の日甘関係と言える。

乾期でも豊かな水量を誇るトンレサップ川に面したこの王都跡に橋はなく、今でも木造の渡し船が川を渡る庶民の移動手段であり続けている（図）。船頭に頼んで対岸まで揺られたが、天正元（一五七三）年に豪商仲屋宗越が手がけた物資を満載した大友船がまさにこの川をさかのぼってロンヴェークにたどり着き、ま

図　トンレサップ川と渡し船(ロンヴェーク)

た、天正七（一五七九）年にはカンボジア国王の国書を携えた使節が大友義鎮への贈答品（象・銅銃・蜂蠟等）を積み込んでこの場所から出航していったことを想いながら、夕暮れる川面にひとり時間を忘れてしまった。日本はもちろん、中国でさえ近年は見かけることのなくなってしまった鎌倉・室町時代を彷彿とさせる景色が、二一世紀のカンボジアには残っている。この場所に立って、「戦国大名の海外交易」を考える意味は、私にとって大きかった。

さて、本書は、私が勤務する名古屋学院大学の総合研究所研究叢書のひとつとして刊行するものである。出版事情の厳しいなか、こうした研究成果公開への援助はありがたく、出版助成制度に感謝したい。また、本書第一部第三章における「若林家文書」の修正翻刻は、平成三〇年度国立歴史民俗博物館共同利用型共同研究への応募・採択を経て実現したものである。同館からの研究助成および史料閲覧の便宜に、深く謝意を表したい。編集と校正においては、勉誠出版編集部の黒古麻己さんに大変お世話になった。そして、「戦国大名の海外交易」先のひとつであるロンヴェークの視察では、奈良文化財研究所の佐藤由似さんに多大なご尽力をいただいた。「海と船」「貿易と豪商」そして「倭寇とキリスト教」という六つのキーワードから戦国日本を読み解こうとする本書を、こうして多くの支えを受けて刊行できることに感謝しつつ、ひとまず筆を擱きたい。

二〇一九年三月二日

鹿毛敏夫

中世地下文書の世界
史料論のフロンティア

「地下」（荘園・公領の現地）において、作成され、機能した文書群の生成・機能・展開などの全体像を明らかにし、従来の古文書学の枠組みや発想を捉えなおす。

春田直紀 編・本体二八〇〇円（＋税）

「近世化」論と日本
「東アジア」の捉え方をめぐって

諸学問領域から「日本」そして「近世化」を論究することで、従来の世界史の枠組みや歴史叙述のあり方を捉えなおし、東アジア世界の様態や変容を描き出す画期的論集。

清水光明 編・本体二八〇〇円（＋税）

隠れキリシタンの布教用ノート
吉利支丹抄物
影印・翻刻・現代語訳

十六世紀の終わりごろ、宣教師と日本人信者により著されたと目され、異文化接触の実際を伝える貴重資料の全篇を影印・翻刻。現代語訳と解説を附した決定版。

大塚英二 編・本体一〇〇〇〇円（＋税）

由緒・偽文書と地域社会
北河内を中心に

地域の優位性、淵源や来歴を語るために捏造された偽文書や由緒の生成・流布の過程を解明。地域史の再構築をはかり、歴史学と地域社会との対話を模索する。

馬部隆弘 著・本体一一〇〇〇円（＋税）

長篠合戦の史料学
いくさの記憶

諸資料の分析により、後世の人々が合戦をどのように認識し、語り伝えたのかを解明する。「長篠合戦図屏風」諸本に言及し、成立過程や制作意図に関する新解釈を提示。

金子拓 編・本体五〇〇〇円（＋税）

関ヶ原合戦を読む
慶長軍記　翻刻・解説

『慶長軍記』二種（寛文三・八年本）全編を本邦初翻刻。関ヶ原合戦をめぐる歴史叙述の理解が一層深まる充実の解説と多彩なコラム、主要人名索引も収載した決定版。

井上泰至・湯浅佳子 編・本体六〇〇〇円（＋税）

関ヶ原はいかに語られたか
いくさをめぐる記憶と言説

虚像（文学および美術）を中心に武将の銘々伝的アプローチを行い、この多様な語りの諸相を整理し、関ヶ原の戦いのイメージの形成過程を明らかにする。

井上泰至 編・本体二二〇〇円（＋税）

琉球史料学の船出
いま、歴史情報の海へ

印章や花押、碑文や国王起請文、さまざまな史料が持っている歴史情報に着目し、琉球史料学が持つ魅力と可能性を提示する。

黒嶋敏・屋良健一郎 編・本体四二〇〇円（＋税）

大内と大友
中世西日本の二大大名

文献史学・考古学・分析化学・対外交流史等の観点から大内氏・大友氏を多面的に比較することにより、その歴史的特質を明らかにする。

鹿毛敏夫 編・本体九五〇〇円（＋税）

描かれたザビエルと戦国日本
西欧画家のアジア認識

「ザビエルの生涯」連作油彩画全二十点をフルカラーで公開し、詳細に解説。ザビエルの布教活動の実態、大内氏・大友氏ら大名への影響を考察した論考を収める。

鹿毛敏夫 編・本体二八〇〇円（＋税）

よみがえる荘園
景観に刻まれた中世の記憶

徹底的な現地調査の知見と文献史料・絵画史料の博捜により荘園の歴史的景観およびその実態を解明。現地ガイドを付し、荘園研究の醍醐味、面白さを伝える決定版。

海老澤衷 編・本体九八〇〇円（＋税）

アジアのなかの博多湾と箱崎

多面的・重層的な都市である「箱崎」を中心に、日本およびアジアの結節点である博多湾およびその沿岸地域の歴史的展開と特質を探る。

九州史学研究会 編・本体二八〇〇円（＋税）

著者略歴

鹿毛敏夫（かげ・としお）

1963年生まれ。名古屋学院大学教授。博士（文学）。日本中世史専攻。

著書に、『戦国大名の外交と都市・流通』（思文閣出版、2006年）、『アジアン戦国大名大友氏の研究』（吉川弘文館、2011年）、『大航海時代のアジアと大友宗麟』（海鳥社、2013年）、『アジアのなかの戦国大名―西国の群雄と経営戦略―』（吉川弘文館、2015年）、編著に、『戦国大名大友氏と豊後府内』（高志書院、2008年）、『大内と大友―中世西日本の二大大名―』（勉誠出版、2013年）、『描かれたザビエルと戦国日本―西欧画家のアジア認識―』（勉誠出版、2017年）、『戦国大名の土木事業―中世日本の「インフラ」整備―』（戎光祥出版、2018年）、『戦国大名大友氏の館と権力』（共編、吉川弘文館、2018年）などがある。

戦《せん》国《ごく》大《だい》名《みょう》の海《かい》外《がい》交《こう》易《えき》

著者　鹿毛敏夫

発行者　池嶋洋次

発行所　勉誠出版㈱

〒101-0051 東京都千代田区神田神保町三―一〇―二

電話　〇三―五二一五―九〇二一㈹

二〇一九年三月二十五日　初版発行

組版　トム・プライズ

印刷 製本　中央精版印刷

ISBN978-4-585-22229-3　C3020

索　引

【人　名】

［あ］

［か］

［た］

［な］

［は］

［ま］

［や］

【事　項】

[か]

[さ]

[は]

[ま]

［や・ら・わ］

【研究者名】

［あ］

［か］